ملتے ہیں بریک کے بعد

اور دوسرے ڈرامے

(یک بابی ڈرامے)

محمد اسلم پرویز

نام کتاب : ملتے ہیں...بریک کے بعد (یک بابی ڈرامے)

مصنف : محمد اسلم پرویز

پتہ : ۳؍۱۶، صنوبر منزل، ہال روڈ، کرلا (مغرب)،ممبئی-۷۰

اشاعت : ۲۰۱۶ء

سرورق : ریاض احمد

قیمت :

ناشر : ایم۔آر۔پبلی کیشنز، دہلی

یہ کتاب مہاراشٹر اسٹیٹ اردو ساہتیہ اکادمی کے جزوی مالی تعاون سے شائع کی جا رہی ہے۔

MILTE HAIN BREAK KE BAAD

by Mohd. Aslam Parvez

Add: 16/3, Sanobar Mnazil, Hall Road, Kurla (w), Mumbai -70.
Mobile: 77389 400 46   E-mail: parvez45@gmail.com
Ist Edition: 2016
Cover Design: Riyaz Ahmed
Rs.

Publisher: M.R. Publications, Delhi.

نادرہ ظہیر ببر کے نام

وہ سایہ دار شجر

جو مجھ سے دور، بہت دور ہے، مگر اُس کی

لطیف چھاؤں

سجل، نرم چاندنی کی رات

مرے وجود، مری شخصیت پہ چھائی ہے!

وہ ماں کی بانہوں کی مانند مہرباں شاخیں

جو ہر عذاب میں مجھ کو سمیٹ لیتی ہیں

وہ ایک مشفق دیرینہ کی دعا کی طرح

شریر جھونکوں سے پتوں کی نرم سرگوشی

کلام کرنے کا لہجہ مجھے سکھاتی ہے

پروین شاکر

فہرست

بریک سے پہلے

’’ملتے ہیں بریک کے بعد...‘‘ میرے یک بابی ڈراموں کا مجموعہ ہے جن میں سات ڈرامے شامل ہیں ۔اس سے قبل میرے ڈراموں کی دو کتابیں ’’پکنک‘‘ اور ’’ پنکھ ہوتے تو...‘‘ شائع ہو چکی ہیں ۔ یہ دونوں فل لینتھ ڈرامے انگریزی کے adaptations ہیں، جنہیں نادرہ ظہیر ببر نے اپنے ڈراما گروپ ’’ایکجوٹ‘‘ کے لیے ڈائریکٹ کیا۔ ’’ملتے ہیں بریک کے بعد...‘‘ یک بابی ڈراموں کی میری پہلی کتاب ہے جس میں سبھی ڈرامے اور یجنل یعنی طبع زاد ہیں سوائے ’’دستک‘‘ کے...’’دستک‘‘ کا مرکزی خیال مراٹھی ڈراما ’’چندرا پورچے جنگلات‘‘ سے مستعار ہے۔ جبکہ ’’جلیان والا باغ - ۸۲‘‘ میں نے اقبال نیازی کے ساتھ مل کر لکھا اور ڈائریکٹ کیا تھا۔ اس کے بعد میں نے ہدایت کاری سے توبہ کی اور صرف ڈراما لکھنے پر توجہ دی ۔ زیادہ تر ڈرامے ہندی، مراٹھی اور گجراتی زبان کے لیے لکھے جو وہاں کے پروفیشنل اسٹیج پر کھیلے جاتے رہے ہیں ۔ اردو میں اس لیے نہیں لکھا کہ پروفیشنل تھیٹر نام کی کوئی چیز یہاں پر موجود نہیں ۔ البتہ کچھ ڈرامے اردو میں ایمیچور گروپ کے لیے ضرور لکھے حالانکہ ان کے لکھنے میں بھی لکھوائے جانے کا بڑا دخل رہا ۔ یہ سچ ہے کہ اپنے حالات کے باعث میں بہت کم ڈرامے لکھ پایا اور یک بابی ڈراموں کی تعداد تو بہت ہی کم ہے لیکن اس کے باوجود اتنے ضرور ہیں کہ تین کتابوں میں سما سکیں ۔ ’’ملتے ہیں بریک کے بعد...‘‘ اس سلسلے کی پہلی کڑی ہے ۔ان ڈراموں کو پڑھنے سے پہلے کچھ بات اپنے قارئین سے کہنا چاہتا ہوں ۔

معاف کریں ...اپنی بات میں ایک ذاتی حوالے سے شروع کر رہا ہوں ۔ دس بارہ

برس قبل مہاراشٹر اردو ساہتیہ اکادمی کی جانب سے مالیگاؤں (ناسک) میں ایک سیمی نار میں مجھے اردو ڈرامے کے مستقبل پر مقالہ پڑھنے کے لیے مدعو کیا گیا تھا۔ ڈرامے کے لیے اردو معاشرے کی حوصلہ شکن صورتحال کے حوالے سے جب میں نے ڈرامے کے فن پر گفتگو کرنے یا مقالے پڑھنے کے بجائے ڈراما کھیلے جانے پر زور دیتے ہوئے کہا تھا کہ اردو ڈرامے کا بھلا سیمی نار اور سیمپوزیم منعقد کرنے سے نہیں بلکہ ڈراما کرنے اور کیول ڈراما کرنے سے ہوگا۔ میرا یہ کہنا کہ ہال میں بیٹھے کئی لوگ مجھ پر چڑھ دوڑے ۔ وجہ : اردو ڈرامے پر گفتگو کرنے کے لیے میں نے ٔ کیول ٔ جیسے ہندی لفظ کا استعمال کیا تھا جبکہ اس کے لیے اردو میں ٔ صرف ٔ جیسا عام فہم لفظ موجود ہے ۔ مشکل یہ تھی کہ میں انہیں چاند دکھا رہا تھا اور وہ کہہ رہے تھے کہ تمہاری انگلی ٹیڑھی ہے اور سبھی میری ٹیڑھی انگلی پر ہی بحث کرتے رہے ۔ میں ان سے کہتا رہا میری ٹیڑھی انگلی کو جھونکئے بھاڑ میں اور جس چاند کو دکھانے کی کوشش کر رہا جناب اس کی طرف بھی دیکھئے مگر... اردو زبان کی محبت ان پر اس قدر حاوی تھی کہ فغان درویش سننے کو کوئی تیار نہ تھا اور ایک کے بعد ایک سبھی اردو زبان ہی نہیں اردو زبان کی تہذیب اور اردو ثقافت کے گھونٹ پولیو ڈراپ کی طرح مجھے زبردستی پلاتے رہے ۔

میرے خیال میں اردو ڈرامے کی موجودہ صورتحال اور زوال کا راز اور جواز ہمارے اس رویے کی بنیاد میں بھی مضمر ہے ۔ ڈراما کھیلنے کے لیے نہ ہمارے پاس ڈراما نگار ہیں ، نہ اسے ڈزائین کرنے کے لیے ڈائریکٹر اور پروڈیوسر ہیں، نہ اسے پیش کرنے والے ادا کار ہیں نہ سیٹ بنانے والے، نہ لائٹ ڈزائنر ہیں نہ بیک سٹیج ٹیم ہے، کھیلنے کے لیے نہ سٹیج ہے اور نہ اسے دیکھنے والے ناظرین...۔ اگر کچھ ہے تو یہ نام نہاد اردو کے چوکیدار ہیں جو کسی بھی لفظ کو اپنی زبان میں بغیر پاسپورٹ اور ویزا کے داخلہ کی اجازت نہیں دیتے ۔ مجھے یہ پتہ نہیں یہ صورتحال ادب کی تخلیقی فضا اور زبان کی بقا کے لیے کس قدر مفید ہوگی لیکن ان حالات میں ڈراما پنپ نہیں سکتا، یہ بات پکی ہے ۔

ڈرامے کے دو بنیادی فینومنیا رنگ کرمی اور رنگ درشنگ جو ایک دوسرے کے لیے خونِ گرم کا درجہ رکھتے ہیں اردو میں سرے سے موجود ہی نہیں ہیں، لیکن مزے کی بات یہ ہے کہ گزشتہ کئی دہائیوں سے کالجوں اور یونیورسٹیوں کے نصاب میں مکالموں کی شکل میں لکھی گئی تحریروں کو ''ڈراما'' بطور مضمون زور و شور سے پڑھا اور پڑھایا جا رہا ہے ۔ کہنے کی ضرورت نہیں

ہے کہ اردو میں ڈراما تنقید ان ہی ڈراموں کے اس پاس پپتی پپتی آ رہی ہے، جو اسٹیج کے لیے لکھے ہی نہیں گئے۔ اس صورتحال کا مضحکہ خیز پہلو یہ ہے کہ اسٹیج پر لکھے گئے ڈراموں کی کتابیں چھپتی نہیں اور جو چھپتی ہیں وہ بکتی نہیں۔ جبکہ اسٹیج کی آغوش سے محروم ڈرامے چونکہ نصاب کے بورڈ پر چڑھے ہوتے ہیں اس لیے زور شور سے پڑھے جاتے ہیں۔ ستم یہ نہیں کہ اردو میں ڈرامے لکھے نہیں جاتے، ستم یہ بھی نہیں کہ جو ڈرامے لکھے جاتے ہیں ان میں اسٹیج کی ضرورتوں کا خیال نہیں رکھا جاتا بلکہ ستم ظریفی یہ ہے کہ اسٹیج کی ضرورتوں اور تقاضوں کے مطابق و موافق لکھے گئے اور واد بی و فنی اعتبار سے بہتر اردو ڈرامے بھی سامعین اور قارئین دونوں کا منہ دیکھنے سے محروم اور محفوظ رہتے ہیں۔ اردو میں ڈرامے کے منظر نامہ کا المیہ بلکہ طربیہ یہ ہے کہ ڈراموں کے شو زیادہ کم ہوتے ہیں لیکن ڈراموں پر فیلوشپ زیادہ ملتی ہے۔

مجھے معلوم ہے ادبی کتابیں خریدنے کا چلن اردو معاشرے میں دم توڑ رہا ہے، پھر بھی شعر و شاعری کے علاوہ افسانوی مجموعوں، ناولوں اور خاکوں کی کتابوں کو تو بھولے بھٹکے قاری مل جاتے ہیں کہ ان کی قرأت پڑھنے والے کے سامنے اس دنیا کو منکشف کر دیتی ہے جو ناول افسانہ یا خاکوں کے بیانیہ میں پوشیدہ ہوتی ہے لیکن ڈراموں کا سب سے بڑا مسئلہ یہ ہے چونکہ یہ narrative space میں کھڑے نہیں رہتے بلکہ مکالموں کے پہیے پر دوڑتے ہیں اس لیے پڑھنے والا اپنے چشمِ تخیل سے چاہے کس قدر کام لے مگر مکالمے اور قوسین میں دی گئی ہدایتیں ڈرامے کے پیچھے چھپی ہوئی دنیا کو اس کی پوری تفصیل کے ساتھ منکشف کرنے سے مجبور بلکہ معذور رہتی ہیں۔ ظاہر ہے جس طرح ایک عام سامع موسیقی سے محظوظ ہونے کے لیے میوزیکل نوٹیشن نہیں پڑھتا اسی طرح ڈرامے کے جادو سے شرابور ہونے کے لیے لوگ باگ لکھے ہوئے لفظوں سے کم ہی رجوع ہوتے ہیں۔ بے شک ڈرامے کی اسکرپٹ عام قاری کو اس کی دنیا سے تو متعارف کروا سکتی ہے لیکن اس کا اصل جادو اور جلوہ تو اسی وقت از بام ہوتا ہے جب پلے رائٹ کے لکھے ہوئے متن کو ادا کار منچ پر ادا کرتے ہیں۔ یہی وجہ ہے کہ ڈراموں کی اسکرپٹ کو میں بے جان لفظوں کی تختی گر دانتا ہوں جن میں اصل زندگی تو ایکٹر ہی انڈیلتا ہے اور یوں خدا کی کائنات اور خدا کی صفات کی تجسیم کرتا ہے۔ ہمارے یہاں تھیٹر کے دونوں بنیادی فینومینا مفقود نہیں تو معدوم ضرور ہیں چنانچہ لکھے گئے ڈراموں کی اسکرپٹ ہو یا چھپے گئے ڈراموں کی کتاب... کوئی اس وقت تک اُسے منہ نہیں لگاتا جب تک نصاب کے بورڈ پر نہیں چڑھ جاتی۔

اس لیے ہوتا یہ ہے کہ امکانات سے بھر پور ڈراموں کی کتاب عموماً کتب فروشوں کے شیلف میں رکھے رکھے بوڑھی ہو جاتی ہے۔

سوال یہ ہے کہ اگر صورتحال اس قدر گمبھیر ہے یا میں اسے مزید حوصلہ شکن بنا کر پیش کر رہا ہوں تو پھر ان ڈراموں کی اشاعت کا جواز کیا ہے؟

کہنے کو تو میں یہ بھی کہہ سکتا ہوں ان ڈراموں کو شائع کرنے کی ایک وجہ تو کتاب کے سر ورق پر مصنف کی حیثیت سے اپنا نام دیکھنے کا لوبھ ہے، پھر یہ بھی ممکن ہے کہ مہاراشٹر اسٹیٹ اردو ساہتیہ اکیڈمی نے اس کی اشاعت کے لیے جو مالی تعاون فراہم کیا تھا اسے ٹھکانے لگانے کے لیے بھی مجھے اسے شائع کرنا تھا۔ اس کے علاوہ ایک اور وجہ بھی ہے جو میں ان ڈراموں کو زیور طباعت سے آراستہ دیکھنا چاہتا ہوں۔ وہ یہ کہ ان ڈراموں کا جو کسی وقت لکھے گئے تھے کا کسی طرح documentation ہو جائے۔ یہاں ان ڈراموں کو بغیر کسی دعویٰ کے صرف اس نیت سے پڑھنے والوں کے رو برو رکھ رہا ہوں کہ ان میں کسی کو ممکن ہے ان میں کسی کو اسٹیج پر پیش کرنے کا خیال آئے تو وہ اپنے اس خیال کو عملی جامہ پہنا سکے اور تب میں سمجھوں گا کہ ان کی اشاعت اکارت نہیں گئی۔ ''ملتے ہیں بریک کے بعد...'' میں شامل سات کے سات ڈرامے تمام ترفنی اور ادبی کمزوریوں کے باوجود مجھے اس لیے بھی عزیز ہیں کہ زندگی اور زمانے سے متعلق جو کچھ میں نے الٹا سیدھا سیکھا، سمجھا اور جانا ہے وہ نہ صرف ان ڈراموں میں کسی نہ کسی شکل میں موجود ہے بلکہ زندگی گزارنے اور زمانے سے برسر پیکار رہنے کا سبق بھی مجھے ان ڈراموں سے حاصل ہوا ہے۔ دوسروں کا پتہ نہیں لیکن ان ڈراموں کو at a glance دیکھتا ہوں تو ان میں مجھے اپنی ادبی و ذہنی، جذباتی زندگی کی کروٹیں صاف دکھائی دیتی ہیں۔

جیسا کہ میں نے کہا ''دستک'' کے علاوہ اس کتاب میں شامل سبھی ڈرامے طبع زاد ہیں لیکن سچی بات تو یہ ہے کہ انہیں طبع زاد ڈراما کہتے میرا منہ سوکھتا ہے۔ ممکن ہے ان ڈراموں کا تصور میں نے اکیلے میں کیا ہو یا یہ بھی ممکن ہے اس کا خیال، موضوع یا تھم مجھے سوجھا ہو اور میں نے اس پر ڈراما لکھنے کا قصد باندھا ہو لیکن اب سوچتا ہوں کہ جو ڈراما ناظرین کے سامنے اپنی آخری شکل میں کھیلا گیا کیا اس میں سب کچھ میرے اسی تصور کا ساتھا...؟ یا کچھ بدلا بھی تھا اور جو بدلا تھا اس میں میرا کتنا حصّہ تھا؟ یہ ایسے سوال ہیں جس کا جواب میں تو کیا کوئی بھی ڈراما لکھنے والا کھوج نہیں پایا۔ وجہ تینڈ ولکر بھی نہیں جو ڈرامے کو پوری طرح دماغ میں ڈیزائن کرنے کے بعد کاغذ پر

اترتے تھے۔اس لیے مجھے لگتا ہے ایک ہارڈ باونڈ اسکرپٹ بھی اس وقت تک مکمل نہیں ہوتی جب تک اسے اسٹیج کی آغوش میسر نہ ہو۔اپنی ساری punchuation کے ساتھ لکھی ہوئی اسکرپٹ بھی اصل میں ڈرامے کا پورا crew اور ہال میں بیٹھا ہوا درشک ورگ مل کر اسے دوبارہ لکھتا ہے۔۔۔۔۔ڈراموں کی اسکرپٹ کی خوش نصیبی یا بدنصیبی یہ ہے کہ ہر شو میں ڈرامے کا رنگ کرمی اور رنگ درشک دونوں ایک ساتھ مل کر اس کی تقدیر نئے سرے سے تحریر کرتے ہیں ۔جہاں تک میرے ڈراموں کا تعلق ہے اس کے ساتھ بھی یہی ہوا۔آئی این ٹی کے ڈراما مقابلوں میں ''ناٹ فار سیل'' کے عنوان کے تحت کھیلا گیا ڈراما منشی ٹرافی میں کھیلے گئے ڈرامے سے کس قدر الگ اور مختلف تھا۔میرے ان تمام ڈراموں کے شوز پچھلے شوز سے الگ اس لیے تھے کہ انہیں پیش کرنے اور کھیلنے والے لوگ الگ تھے ۔بے شک ان ڈراموں کی گردنوں میں میرے نام کی تختی لگی ہے لیکن اسے لکھا ان سبھی لوگوں نے ہیں جو ان ڈراموں کی پروڈکشن میں شامل رہے۔۔۔۔یہاں تک کہ ان ناظرین نے بھی۔۔۔۔

یہ ڈرامے ادبی و فنی اعتبار سے کس معیار کے ہیں اس کا فیصلہ قارئین اور ناقدین کریں گے۔لیکن جو بات میں آخری میں کہنا چاہتا ہوں وہ یہ کہ یہ سارے ڈرامے رنگ منچ پر اپنی بھلی بری تقدیر لکھ چکے ہیں ۔یہاں ان کی اشاعت کا مقصد محض یہ ہے کہ کوئی ڈراما کرنے والا کوئی انفرادی شخص یا ڈراما گروپ اسے کھیلنا چاہتا ہو اس تک رسائی حاصل کرنے کی یہ ایک کتابی کوشش ہے ۔اگر کوئی ان ڈراموں کو کھیلنا چاہتا ہے تو اسے اس کی اجازت ہے نہ صرف اجازت ہے بلکہ وہ جب چاہے،جہاں چاہے،جس طرح چاہے انہیں منچ پر پیش کر سکتا ہے انہیں کھیل سکتا ہے ۔اس کے لیے اسے ڈراما نگار سے تحریری اجازت لینے کے تکلف کی بھی چنداں ضرورت نہیں ۔

ایجوکیشنل پبلشنگ ہاؤس اس کتاب کو شائع کر رہا ہے۔میرے ڈراموں کی اس کتاب کی ترتیب میں شاہد ندیم،مطیع الرحمن قاسمی،شاداب رشید اور اظہر خان صاحب نے میری مدد کی،میں اُن کا ممنون ہوں ۔ریاض احمد کا میں خصوصی طور پر شکر گزار ہوں کہ اُنھوں نے اس کتاب کا سرورق تیار کیا ہے۔

محمد اسلم پرویز

بریک سے پہلے - ۲

''ادبی کتابیں خریدنے کا چلن اردو معاشرے میں دم توڑ رہا ہے۔''

''اسٹیج کے لیے لکھے گئے ڈراموں کی کتابیں چھپتی نہیں اور جو چھپتی ہیں وہ بکتی نہیں۔''

''ڈراموں کی کتابیں عموماً کتب فروشوں کے شیلف میں رکھے رکھے بوڑھی ہو جاتی ہیں۔''

''ڈراموں کی کتاب کو کوئی اس وقت تک منہ نہیں لگاتا جب تک وہ نصاب کے بورڈ پر چڑھ نہیں جاتی۔''

''بریک سے پہلے...'' کے تحت لکھے گئے پہلے ایڈیشن کے اپنے دیباچہ میں اگر میں نے محولہ بالا سطریں نہیں لکھی ہوتیں تو طبعِ ثانی پر الگ سے یہ نوٹ لکھنے کی ضرورت مجھے ہرگز محسوس نہیں ہوتی۔ ''ملتے ہیں بریک کے بعد...'' کا پہلا ایڈیشن ایجوکیشنل پبلشنگ ہاؤس، دہلی نے جون ۲۰۱۶ء میں شائع کیا تھا مگر حیرت انگیز طور پر سال ختم ہونے سے پہلے ہی ڈراموں کا یہ مجموعہ آؤٹ آف اسٹاک ہوگیا۔ نصاب کے بورڈ پر چڑھے بنا چھ مہینے کے اندر اردو ڈرامے کی کتاب کی عدم دستیابی میری باتوں کو جھٹلانے کے لیے کافی ہے۔ یہاں ایک اور قابلِ ذکر بات یہ ہے کہ کتاب کی فروخت کرنے کے لیے کوئی پبلسٹی اسٹنٹ یا ہتھکنڈہ میں نے استعمال نہیں کیا۔ تعجب یہ ہے کہ کتاب پر ابھی تک کوئی تفصیلی یا سرسری تبصرہ بھی کسی اخبار رسالے یا جریدے میں نہیں نکلا۔ تو پھر سوال یہ ہے کہ آخر وہ کون سا اندیکھا اور انجانا قاری ہے جس نے کتاب کے سارے نسخے دوکانوں سے اٹھوا لیے۔ کہیں ایسا تو نہیں کہ کتابوں کی نکاسی کے لیے پبلشر نے کوئی

محمد اسلم پرویز
آپ کا سعادت حسن منٹو

خاص طریق کار اپنایا اور آزمایا ہو ۔ اگر ایسا ہے تو کم سے کم میں اس سے پوری طرح لاعلم ہوں ۔ مجھے تو یہ بھی معلوم نہیں کہ کتاب پر لگائی گئی لاگت پبلشر نے کس طرح وصول کی اور ڈرامے کی میری یہ کتاب کن دوکانوں پر فروخت ہوئی ۔ موجودہ صورتحال یہ ہے کہ کتاب نہ پبلشر کے پاس ہے نہ بُک اسٹالس پر دستیاب ہے جبکہ دوستوں اور طلبا کی جانب سے مسلسل کتاب کا تقاضہ اور مطالبہ جاری ہے ۔ اس دل شکن اور صبر آزما دور میں اردو ڈرامے کی کتاب کا آناً فاناً آؤٹ آف اسٹاک ہو جانا ظاہر ہے کسی معجزے سے کم نہیں ۔

تو کیا یہ سمجھا جائے کہ اردو معاشرے میں ڈرامے پڑھنے کا رجحان فروغ پا رہا ہے اور لوگ باگ ڈرامے کی کتاب کو بھی خرید کر پڑھ رہے ہیں ۔ یا پھر میرے ڈرامے عصری تقاضوں اور فنی امکانات سے اس قدر بھرے ہوئے تھے کہ گرم کیک کی طرح فروخت ہو گئے ۔

کاش یہ سچ ہوتا ۔ ۔ ۔ ؟

بادی النظر میں ۔ پبلشر کی دہلیز سے اردو ڈرامے کی کسی کتاب کے آناً فاناً اٹھ جانے کی خبر بنجر زمین پر لہلہاتی فصل جیسی مُسرت آفرین اور راحت بخش ضرور معلوم ہوتی ہے مگر حقیقت کچھ اور ہے ۔ جاننے والے جانتے ہیں اور جو نہیں جانتے وہ جان لیں کہ کتاب کی عدم دستیابی کی وجہ نہ میرے ڈراموں کے فنی امکانات ہیں نہ ہی لوگوں میں فروغ پانے والا مطالعہ کا شوق ہے ۔ ۔ ۔ اصل وجہ پہلے ایڈیشن کی نہایت قلیل تعدادِ اشاعت ہے ۔ کاروباری ضرورتوں اور تقاضوں یا نامعلوم مجبوریوں کے باعث پبلشر نے میری کتاب اس قدر محدود اور قلیل تعداد میں شائع کی تھی کہ چھ ماہ کے اندر ہی کتاب کی عدم دستیابی کی شکایت موصول ہونے لگی ۔ چونکہ طلبا اور دوستوں کی طرف سے کتاب کا مسلسل تقاضہ جاری ہے ، چنانچہ ایم آر پبلی کیشنز کو اس کا دوسرا ایڈیشن شائع کرنے کی اجازت اس امید کے ساتھ دے رہا ہوں کہ اردو معاشرے میں واقعی ادبی کتابیں پڑھنے کا چلن فروغ پائے گا ۔

محمد اسلم پرویز

جلیان والا باغ 82

کردار:

سوتر دھار

اور کم از کم دس افراد کا کورس

اس کے علاوہ ناظرین میں بیٹھا ہوا ایک اجنبی

جلیان والا باغ - ۸۲ پہلی مرتبہ اپٹا ممبئی کے انٹر کالیجٹ
ڈراما مقابلوں میں اقبال نیازی اور محمد اسلم پرویز کی
ہدایت میں 1982ء میں تیج پال ہال، گرانٹ روڈ ممبئی میں
اسماعیل یوسف کالج کے طلبانے پیش کیا۔

(پردہ اٹھتا ہے منچ خالی ہے ۔اور کچھ پل کی خاموشی کے بعد اچانک ناظرین میں کچھ لوگ نعرے لگاتے ہوئے منچ کی طرف بڑھتے ہیں)

انقلاب!

زندہ باد!

انگریزوں...

بھارت چھوڑو!

چلو...جلیان والا باغ!

چلو...جلیان والا باغ!

بھارت دیش ہمارا ہے۔

یہی ہمارا نعرہ ہے۔

وندے ماترم...

وندے ماترم...

انگریز سامراج...

مردہ باد!

(منچ پر پُر جوش انداز میں نعرے لگاتے ہیں تب ہی پس منظر سے ایک انگریز کی آواز سنائی دیتی ہے)

انگریز   بند کرو یہ (نعرے جاری رہتے ہیں) اُم بولٹا ہے بند کرو یہ سب... (نعرے پھر بھی جاری رہتے ہیں) اسٹاپ اٹ... دِس اِز لاسٹ وارننگ (نعرے جاری رہتے

ہیں) شوٹ دیز بلاڈی انڈین ڈاگس...
(فائرنگ کی آواز...لوگ نعرے لگاتے ہوئے گرتے ہیں...شور ہنگامہ...اور پھر خاموشی کچھ پل بعد پس منظر سے "سارے جہاں سے اچھا ہندوستاں ہمارا" کا گیت سنائی دیتا ہے اور اسی دوران نمبر دس انگریز کی طرح فرنگی ہیٹ چڑھائے مرے ہوئے لوگوں کے درمیان سے گزرتا ہے...قہقہے لگاتا ہوا)

دس: All is well ....all is well...سب ٹھیک ہے ...
(مرے لوگوں میں ایک شخص اٹھتا ہے اور ناظرین سے مخاطب ہوتا ہے)

سوتردھار: کہیے...کیسا لگا آپ کو یہ منظر...یہ جلیاں والا باغ تھا...1919ء کا جلیاں والا باغ...جنرل ڈائر کا جلیاں والا باغ...بیس ہزار نہتے ہندوستانیوں کا جلیاں والا باغ، جن پر جنرل ڈائر نے اندھا دھند فائرنگ کی، اس میں سینکڑوں لوگ مارے گئے ہزاروں زخمی ہوئے...اپاہیج ہوئے...کیونکہ اس باغ سے باہر نکلنے کا دروازہ بہت چھوٹا تھا...جنرل ڈائر کے ایک حکم پر سینکڑوں ہندوستانیوں کا خون پانی کی طرح بہا دیا گیا...ویسے تو یہ سب آپ جانتے ہیں...آپ نے اتہاس پڑھا ہے، تاریخ...اس کھیل میں بہنے والے خون کی ہر بوند کو آپ نے اتہاس کے پنوں پر دیکھا ہے، پڑھا ہے آج اس حادثے کو کتنے برس ہو چکے ہیں لیکن بتائیے! کیا آج پورا بھارت جلیاں والا باغ نہیں بنا ہوا ہے؟
(مرے ہوئے لوگوں میں ایک شخص نعرہ لگاتے ہوئے کھڑا ہوتا ہے)

ایک: خالصتان...

سب: زندہ باد!

دو: لے کر رہیں گے...لے کر رہیں گے۔

سب: خالصتان...لے کر رہیں گے۔

تین: یہ پنجاب...

سب: ہمارا ہے!

پانچ: یہ کشمیر...

سب: ہمارا ہے!

چھ: (سب کو مخاطب کرتے ہوئے) کشمیر کے جنگجو سپاہیوں...ہم کشمیر کو آزادی دلا کر رہیں گے۔کشمیر ہندوستان کے ہندوؤں کا نہیں،صرف کشمیریوں کا ہے،مسلمان کشمیروں کا...اس لیے کشمیر کی سرزمین پر کوئی ہندو پنڈت نہیں رہے گا،ہاں! پنڈتائین بے شک رہ سکتی ہے۔

دو: کشمیری پنڈت باہر جاؤ...

سب: پنڈتائین کو چھوڑ جاؤ...

چھ: یہ کشمیر ہمارا ہے...ہندو راجا کا بہت ظلم سہا ہے ہم نے...اب ہندو سرکار کا ظلم نہیں سہن کریں گے...دوستوں کشمیر کی آزادی کے لیے خود تیار ہو جائیے...

سات: سرحد پار جائیں گے۔

سب: کلاشنکوف لائیں گے۔

سات: اب ہم اپنا پاک وطن!

سب: کشمیر آزاد کرائیں گے۔

تین: یہ پنجاب...

سب: ہمارا ہے...

ایک: خالصتان...

سب: زندہ باد...

دو: لے کر رہیں گے... لے کر رہیں گے۔

سب: خالصتان... لے کر رہیں گے۔

آٹھ: پنجاب کے پتروں...ہمیں خالصتان لے کر رہنا ہے،چاہے اس کے لیے ہماری جان چلی جائے،خالصتان ہمارا ہے اور جو بیچ میں آیا وہ بھی ہمارا ہے۔اس بھین دے ٹکے کو چھوڑ و مت...حکومت ہماری بات نہیں مانتی نہ مانے،ہم بھی ہٹ لسٹ بناتے رہیں گے...دہشت پھیلاتے رہیں گے...رکھ لو،رکھ لو جتنے سیکیورٹی گارڈ رکھنے ہے رکھ لو...ہم آج سے ہی بسوں کے مسافروں کو اڑاتے رہیں گے...تو بادشاہو۔ ہو جاؤ شروع...

(لوگ توڑ پھوڑ شروع کرتے ہیں...گولیوں کی آواز...لوگوں کا تڑپ کر مرنا،تب

ہی سر پر گاندھی ٹوپی لگائے اور کھادی پہنے نمبر دس نمودار ہوتا ہے)

دس: (کھادی پہنے ایک ونگ سے نکل کر دوسری ونگ میں جاتا ہے) سب ٹھیک ہے...سب ٹھیک ہے...سب ٹھیک ہے...
(سڑک پر لوگ آ جا رہے ہیں)

تین: بھائی صاب... ٹائم کیا ہوا؟

نو: کل اتنے بجے کتنا بجا تھا؟

تین: کیا مطلب؟

نو: کیوں بے کار میں ٹائم پوچھ کے لوگوں کا ٹائم خراب کرتا ہے...ایک تو ہمارے کو آفس میں جانے کو ٹائم ہوتا ہے اور تم کو ٹائم کی پڑی ہے...ایک گھڑی کیوں نہیں لے لیتا...آج کل مارکیٹ میں بہت گھڑی ملتا...انڈین بھی...امپورٹیڈ بھی...اگر گھڑی نہیں خرید سکتا تو وی ٹی ٹیشن پہ جانے کا ادھر بہت بڑا گھڑیال لگا ہے...

تین: اتنی دیر میں تو آپ مجھے ٹائم بتا سکتے تھے...

نو: ٹائم...ٹائم نا...بہت برا ٹائم ہے بابا...بہت برا ٹائم...
(کہہ کر نکل جاتا ہے ۔ روشنی بدلتی ہے ۔ لوگ یہاں وہاں چلتے ہیں)

آٹھ: (دھکا لگتا ہے) آئے ایم سوری...

ایک: اندھا ہو گیا ہے کیا؟ بمبئی میں نیا آیا ہے کیا؟ سڑک پر بھی چلنے کی تمیز نہیں...کیا معلوم کس چیز کی جلدی ہے تم لوگوں کو، سالا انسان اور جانور میں کوئی فرق ہی نہیں...ابے تیرے کو چلنا نہیں آتا تو آزاد میدان میں چلنے کی پریکٹس کر...

آٹھ: (چڑ کر) ایک بار بول دیا نا سوری...ابھی کیا تیرے پاؤں پڑوں...
(روشنی بدلتی ہے ۔ لوگ پھر سے ہاں وہاں چلنے لگتے ہیں)

دو: بھائی صاب آپ کے پاس ماچس ہے؟

چھ: کدھر آگ لگانی ہے؟

دو: جی؟

چھ: کدھر آگ لگانی ہے؟ بم تو نہیں ہے نا بیگ میں...آتنک وادی لگتا ہے...

دو: جی نہیں مجھے تو سگریٹ جلانی ہے؟

چھ: سگریٹ جلانی ہے تو خود ماچس نہیں رکھ سکتے...آج ماچس مانگ رہے ہو کل سگریٹ مانگو گے اور پرسوں...

(روشنی بدلتی ہے۔سب لوگ پھر سے یہاں وہاں چلنے لگتے ہیں)

چار: ہائے ہائے کیا چال ہے...کیا مال ہے؟

پانچ: اوئے راجہ ہندستانی...لڑکی کو چھیڑتا ہے؟

چار: تو تو کیوں جھٹکے کھار ہا ہے...تیری بہن لگتی ہے کیا؟

پانچ: بہن ہوگی تیری...ایک تو لڑکی کو چھیڑتا او پرسے...

چار: (بات کاٹ کر) اوئے براؤن ویٹا کے ماڈل...چھیڑوں تو تُو کیا کرے گا...

پانچ: میں تیری واٹ لگا دوں گا تیری کھاٹ کھڑی کر دوں گا...

(دونوں جھگڑنے لگتے ہیں۔شور ہنگامہ)

سوتر دھار: دیکھا آپ نے...آج ہر آدمی اپنے ہونٹوں پر زہر لے کر جی رہا ہے اور انتظار کر رہا ہے کب کس جگہ اپنے اندر کا یہ زہر کسی دوسرے کے منہ پر تھوک سکے۔پر یہ زہر...زہر نہیں...یہ تو وہ سپنے ہیں، جو آزادی سے پہلے اس کی اور اس کے ماں باپ کی غلام آنکھوں نے دیکھے تھے کہ وہ اس ملک کا مالک ہوگا...جہاں ہر گھر کے آنگن میں دودھ سے بھرے تھنوں والی گائے ہوئے ہوگی...ہر چہرے پر مسکراہٹوں کی فصل لہلہائے گی...جہاں ہر ایک...(کہتے کہتے رک جاتا ہے...ٹرانس سے نکل کر) مگر وہ سارے سپنے ان برسوں میں زہر میں تبدیل ہو گئے ہیں...اور پورا ہندوستان ایک جلیان والا باغ میں...ایک ایسے جلیان والا باغ میں جہاں مرے ہوئے سپنوں کے سوا کچھ بھی نہیں...بچے کو ماں کی کوکھ سے نکلتے ہی سپنوں کے اس مردہ گھر میں دھکیل دیا جاتا ہے...اُس مردہ گھر میں جہاں سے نکلنے کا کوئی دروازہ نہیں ہے۔

(بچوں کی نرسری کا سین)

ٹیچر: صبح کی پراتھنا...(کا کر) اے تیرے مالک تیرے بندے ہم!

سب: (بچے بن کر ایک ساتھ) پھر بھی کیوں ہیں اتنے گندے ہم؟

ٹیچر: (ڈپٹ کر) ابھی پویٹری شروع کرو... jack and jill

سب: jack and jill

ٹیچر: went up the hill

سب: went up the hill

ٹیچر: to fetch a pell of water

سب: to fetch a pell of water

دو: وائر...ٹیچل ٹیچل...میرے کوشو...شو...آئی ہے۔

ٹیچر: ٹھیک ہے جاؤ۔ (وہ جاتا ہے ٹیچر پھر پڑھانا شروع کرتی ہے۔ پھر رک کر) کیوں تم لوگ کوشو...شو...نہیں آئی ہے؟

سب: (سب خوشی سے) آئی ہے...آئی ہے ٹیچر...

ٹیچر: تو جاؤ...(سب شور مچاتے ہوئے جاتے ہیں سوائے ایک کے) کیا ہوا؟ تم کو شو...شو...نہیں آئی ہے؟

ایک: ٹیچر...ٹیچر...میرے کو پڑھنے کا ہے...میرے کوشو...شو نہیں آئی ہے۔

ٹیچر: لیکن مجھے آئی ہے۔ (ٹیچر غصے سے پیر پٹک کر نکل جاتی ہے)

دس: سب ٹھیک ہے...سب ٹھیک ہے...سب ٹھیک ہے...(ایک ونگ سے نکل کر دوسری ونگ میں چلا جاتا ہے اور تب دونوں طرف کی ونگ سے بچے شور مچاتے ہوئے آتے ہیں اور نمبر ایک کو گھیرے میں لے کر کھیلنے لگتے ہیں)

ایک: یہاں سے چاقو چلاؤں گا۔

سب: نہیں جانے دوں گا۔

ایک: یہاں سے بندوق چلاؤں گا۔

سب: نہیں جانے دوں گا۔

ایک: یہاں سے بم ماروں گا۔

سب: نہیں جانے دوں گا۔

ایک: یہاں سے...یہاں سے...(کہنے جاتا ہے تب ہی سب لوگ مل کر اسے مارنے لگتے ہیں)

سب	مارو...مارو...(اور پھر بچوں کی لڑائی بڑوں کے جھگڑے میں بدل جاتی ہے)
پانچ	کیوں بے...پاکٹ مارتا ہے...وہ بھی میرے ایریے میں!
نو	یہ ایریا...تیرے باپ کا نہیں ہے...سمجھا...
پانچ	تیرے باپ کی پیدائش سے پہلے یہ ایریا میرے باپ کا تھا سمجھا...
نو	تیری تو...(کہتے ہوئے پیٹ میں چاقو گھونپ دیتا ہے۔سب لوگ بھاگ جاتے ہیں ۔منچ پر ایک لاش پڑی ہے تب ہی ایک ونگ سے نمبر تین اور دوسری ونگ سے نمبر چار کچھ لوگوں کے ساتھ نعرے لگاتے داخل ہوتے ہیں)
تین	ہر ہر مہادیو...ہر ہر مہادیو...
چار	اللہ واکبر...اللہ واکبر...
	(لوگ لاش کے آس پاس نعرے لگاتے ہیں اور پھر چیل،گدھوں کی طرح لاش پر جھپٹ پڑتے ہیں ۔اور کتوں کی طرح بھونکنے لگتے ہیں)
دس	سب ٹھیک ہے...سب ٹھیک ہے...سب ٹھیک ہے...(ایک ونگ سے نکل کر دوسری ونگ میں چلا جاتا ہے)
	(کسی غنڈے کا اڈا جہاں وہ اپنے چیلے چپاڑوں کے ساتھ کھڑا ہے)
غنڈہ	سنو بے...بہت مفت کی روٹیاں توڑ لیں،اب کام دھندے پر لگ جاؤ،شہر میں دنگے فساد شروع کر دو...ٹوپی والے سیٹھ نے اپنے کو اس کام کا کانٹریکٹ دیا ہے...اس ریٹ پر کام کروائے گا...لے بے پڑھ کر سنا۔
ایک	(پڑھتا ہے) پانچ ہندو مارنے کا سو روپیہ...پانچ مسلمان مارنے کا سو روپیہ... پانچ سکھ مارنے کا...
پانچ	باس...یہ ریٹ تو بہت کم ہے...
چار	ہاں باس،اور اس میں آدھا مال تو وہ...اوپر والے لے جائیں گے...
غنڈہ	چپ رہو...نئے بجٹ کے حساب سے یہ برو بر ہے،تو آگے پڑھ...
ایک	ایک ہندو لڑکی کی اٹھانے کا...اگر کنواری ہوئی تو...پچاس روپیہ...ایک مسلمان لڑکی کی اٹھانے کا...اگر کنواری ہوئی تو...پچاس روپیہ...پانچ ہر کجن لڑکی... پچیس روپیہ...

پانچ	کچھ بھی بول ریٹ بہت کم ہے...فساد کروانا ہے کرکٹ تھوڑے ہی کھیلنا ہے...
غنڈہ	(ڈپٹ کر) چپ رہو، بھول گئے پچھلی بار کیا ملا تھا... پانچ پانچ روپوں میں گھر جلائے تھے...لڑکیاں اٹھا کر لائے تھے۔ابھی تو پھر بھی اچھا بھاؤ مل رہا ہے... دھندے کا ٹائم ہے،ابھی اپنے کو خالی یہ اسٹیٹ سے نہیں اکٹھے انڈیا سے بلایا جائے گا کہ آؤ...ہمارے یہاں بھی دنگے کرواؤ...فساد کرواؤ...اور سالوں... (لڑکی کی طرف دیکھ کر)اور پر کی کمائی کو کیوں بھول جاتے ہو؟
تین	لیکن باس پولس...
غنڈہ	چپ رہ...ایم پی کا بیٹا ہو کے پولس سے ڈرتا ہے...یہ لو ایڈوانس... پیٹرول، ڈیزل، چاپڑ، چاقو، بندوق اور بم سب سامان جمع کر لو... پر دھیان رہے، کام ہوشیاری سے...کامیابی ملنی چاہئے، سمجھے...(سب لوگ چلے جاتے ہیں...)
سوتردھار	سمجھے!دیکھا آپ نے...جلیاں والا باغ ہمارے دماغوں میں کس طرح پک رہا ہے...کس طرح ابل رہا ہے...ایک لاوے کی طرح...اخبارات چیختے ہیں، لیڈر چلاتے ہیں...کرسیاں الٹ دی جاتی ہیں پارٹیاں بدل دی جاتی ہیں، کمیشن بٹھائے جاتے ہیں اور پھر بٹھائے ہوئے کمیشن کھڑے کر دیئے جاتے ہیں، استعفے دیئے جاتے ہیں کہ فسادات ہو رہے ہیں، دنگے ہو رہے ہیں...لیکن بس وہیں تک...اس کے بعد جلیاں والا باغ کے یہ خونی حادثے آپ کو اتہاس کے کسی پنے پر نظر نہیں آتے... (سب لوگ نعرے لگاتے ہیں)
دو	گاندھی واد...گاندھی واد...
سب	زندہ باد...زندہ باد...
تین	اہنسا واد...اہنسا واد...
سب	زندہ باد...زندہ باد...
چار	دنگا واد...دنگا واد...
سب	زندہ باد...زندہ باد...
پانچ	بازار واد...بازار واد...

سب   زندہ باد...زندہ باد...

چھ   بچولیہ واد...بچولیہ واد...

سب   زندہ باد...زندہ باد...

سات   گھوٹالہ واد...گھوٹالہ واد...

سب   زندہ باد...زندہ باد...

آٹھ   بلاتکار واد...بلاتکار واد...

سب   زندہ باد...زندہ باد...

نو   راشٹر گیت شروع کر...جن...گن...من...آدھینائیک...(سب جمہائی لیتے ہیں) گاتے کیوں نہیں میرے ساتھ راشٹر گیت...

دو   ہمیں نہیں گانا...ہمیں کورٹ سے آرڈر ملا ہے...گانا ہے تو گاؤ...

تین   اور نہیں گانا ہے تو مت گاؤ...

چار   اچھا چلو میں گاتا ہوں...میرے ساتھ گاؤ...نیا گانا...ری مکس انڈین نیشنل سانگ ان پاپ (گاتا ہے) سارے جہاں سے اچھا...چا...چا...چا...ہندوستان ہمارا...ا...مارا...مارا...مارا...(سب ناچتے ہیں)

دس   سب ٹھیک ہے...سب ٹھیک ہے...سب ٹھیک ہے...(ایک ونگ سے نکل کر دوسری ونگ میں چلا جاتا ہے)
(منظر بدلتا ہے...کالج کا کلاس روم)

پروفیسر   Yes there are so many causes of paverty in India, the most important of them are low national income and per capita income, high growth of population, inequality of income and unemployment. The drastic consequences of unemployment are riots... and its affect

تین   سریہ کیسے ممکن ہے؟ دنگوں کا بے روزگاری سے کیا سمبندھ ہے؟

پروفیسر   آج کا بے روزگار نوجوان بالکل ایک بم کی طرح ہے...اور فرسٹریشن کی چنگاری

پاتے ہی وہ پھٹ پڑتا ہے...نتیجے میں فساد ہوتے ہیں، دنگے ہوتے ہیں،اور اسٹرائیک ہوتی ہے۔

(نمبر چار اچانک کھڑے ہو کر نعرہ لگانے لگتا ہے)

چار   Student unity

سب   زندہ باد۔

چار   Student unity

سب   زندہ باد۔

سات   یہ بھوپال یونیورسٹی ہے۔ وائس چانسلر کے چیمبر سے گیس لیک ہونے کے کارن ایس وائی بی اے اور ٹی وائی بی اے کے رزلٹ گیس پر ہیں،جب یہ گیس چھٹے گی تو رزلٹ دیئے جائیں گے۔تب تک اسٹوڈینٹس گیس پر ہیں۔(سب چلاتے ہیں ہو...ہو...)

سات   یہ ناگ...پور یونیورسٹی ہے۔چھما کیجئے یہ ناگپور یونیورسٹی ہے...یہ یونیورسٹی ایس وائی بی کام کے ودیارتھیوں کو ایک خاص سویدھا دیر ہی ہے انہیں اب ٹی وائی بی کام میں داخلہ دیا جائے گا کیونکہ ان کے ایس وائی بی کام کے رزلٹ یونیورسٹی سے چوری ہو گئے ہیں...(سب چلاتے ہیں ہو...ہو)

سات   یہ بنارس یونیورسٹی ہے۔یہ یونیورسٹی برہمن ودیارتھیوں کو شدھ ڈگریاں دے گی اور ہر یجن ودیارتھیوں کو ڈگریاں شدھ کر کے دے گی...اس سے پہلے کے یہ یونیورسٹی بند ہو جائے ودیارتھی بتا دیں کہ وہ برہمن ہیں کہ ہریجن۔(سب چلاتے ہیں ہو...ہو...)

سات   (بھول جاتی ہے) یہ کون سی یونیورسٹی ہے؟ کون سی ہے...؟

سب   اب سمجھ جاؤ نا یار...!

لڑکی   اچھا...اچھا...یہ اپنی یونیورسٹی ہے...بمبئی یونیورسٹی...ایف وائی بی ایس سی کے پیپر آؤٹ ہونے کے کارن ٹی وائی بی اے کے پیپر کھو جانے کے کارن میڈکل اگزام میں منسٹر کے بیٹی بیٹھ جانے کے کارن، یونیورسٹی ایمپلائیز کی اسٹرائیک کے کارن...کمپیوٹر خراب ہو جانے کے کارن...نان ٹیچنگ اسٹاف کی ہڑتال کے

کارن ... (سب چلاّتے ہیں ہو ... ہو ... ہو ...)

لڑکی: اگزام لیٹ ہوں گے، و دیاّرتھی پریکشا کے لیے بالکل تیار رہیں، پریکشا آدھی رات کو بھی ہو سکتی ہے ... و دیاّرتھیوں کی اسو یدھا کے لیے ہمیں کوئی کھید نہیں ہے ...

چار: Student unity

سب: زندہ باد۔

چار: Student unity

سب: زندہ باد۔

(سب ناچنے لگتے ہیں)

ایک: بول جمورے

سب: ہلّا بول۔

ایک: یونیورسٹی پر ...

سب: ہلّا بول۔

ایک: آگے سے بول ...

سب: ہلّا بول۔

ایک: پیچھے سے بول ...

سب: ہلّا بول۔

ایک: ڈرتا کیوں ہے؟

سب: ہلّا بول۔

ایک: زور سے بول ...

سب: ہلّا بول۔

ایک: یونیورسٹی پر ...

سب: ہلّا بول۔

ایک: یونیورسٹی ... یونیورسٹی ... یونیورسٹی ...

(سب یونیورسٹی کے چاروں طرف گھومتے ہیں)

دو: ہمیں گریجویشن کیے ہوئے چار سال ہو چکے ہیں ہم ابھی تک جاب لیس ہیں، بے

روزگاری شاید ہمارا مقدر بن چکی ہے۔

تین: ہمیں کوئی ڈھنگ کا کام نہیں ملتا...نہ ہی ہم ہاتھوں میں ڈگریاں لے کر سڑک پر جھاڑو مار سکتے ہیں...تو پھر فائدہ کیا ہے ان ڈگریوں کا...

چار: اس اونچے ٹاور والی یونیورسٹی کو ہم نے اپنی زندگی کے ۱۵؍ قیمتی سال دے دیئے۔۔اس نے ہمیں کیا دیا...کاغذ کا ایک ٹکڑا۔

پانچ: ارے ہم سے تو اچھا وہ دودھ والا بھیّا ہے جو دن کے چالیس روپئے تو کما لیتا ہے...لیکن ہم...

چھ: ہم کب تک اپنے فیوچر کو چرس کے گنجے اور افیم کے دھوئیں میں اڑاتے رہیں گے اپنے کریئر کو شراب میں گھول کر پیتے رہیں گے۔

سات: ہمیں ایجوکیشن سسٹم بدلنا ہوگا...

آٹھ: یہاں تو سالا پورا سسٹم ہی بگڑا ہوا ہے۔

ایک: کہتے ہیں آرام مت کرو آرام حرام ہے...ارے بے روزگار آدمی آرام نہیں کرے گا تو کیا بابا جی کا گھنٹا ہلائے گا...

دو: ہمیں جاب دو یا جیل دو...

سب: جاب دو یا جیل دو...

(نعرے جاری رہتے ہیں تب ہی ان پر لاٹھی چارج شروع ہو جاتا ہے، ان پر آنسو گیس کے شیل پھینکے جاتے ہیں...سب کھانستے ہیں...شور ہنگامہ...)

سوتر دھار: (مسکرا کر) میں نہیں لوگ کہتے ہیں...ہمارے ایجوکیشن سسٹم میں دو چیزوں کی بہت کمی ہے...ایک ایجوکیشن کی سسٹم کی دوسرے...مگر دیکھئے ہمارا سسٹم ہمارے ایجوکیشن کے ساتھ کیا سلوک کر رہا ہے؟ کسی شہر کی یونیورسٹی تو دیکھی ہوگی آپ نے...نہیں دیکھی تو جا کر دیکھئے یونیورسٹی کی ہر دیوار سے آپ کو اسٹوڈنٹس کی آہیں امیدیں پلٹی ہوئی نظر آئیں گی...یونیورسٹی کیمپس میں اسٹوڈنٹس کریئر پیروں تلے کچلتا نظر آئے گا...(ایک پل رک کر) ہم نے اسکول میں پڑھا تھا کہ بھارت سونے کی چڑیا ہے پر اب پتہ چلا جنرل ڈائر کی ان ناجائز اولادوں نے اس چڑیا کو سوئز بینک کے خفیہ کھاتوں میں قید کر رکھا ہے۔(تبھی

لڑکی کے پیچھے چار پانچ لوگ بھاگتے ہیں)

لڑکی   بچاؤ...اؤ...وَ....و....

سترد ھار   آپ نے کسی چڑیا کی چیخ سنی...(لڑکی بھاگتی ہوئی آتی ہے) یہ چڑیا کی نہیں گڑیا کی
            چیخ ہے...

لڑکی   بچاؤ...اؤ...وَ....و....

سترد ھار   (جاتے ہوئے) دیکھئے...
            (لڑکی کے پیچھے تین چار غنڈے بھاگتے ہیں اسے دبوچ لیتے ہیں اور گھیر کر کھڑے
            ہو جاتے ہیں)

لڑکی   بچاؤ...پلیز مجھے ان غنڈوں سے بچاؤ...یہ میری عزت لٹنا چاہتے ہیں...مجھے ان
            سے بچاؤ، بھگوان کے لیے...نہیں...نہیں...نہیں...(لڑکی کی آواز دھیرے
            دھیرے ڈوبنے لگتی ہے)

ایک   ارے کیا ہو رہا ہے؟ کیا ہو رہا ہے؟ بتانا...

سب   (ایک ساتھ) چل ہٹ...

نو   بھائی صاحب کیا ہو رہا ہے وہاں...؟

ایک   کچھ نہیں یار...ریپ ہو رہا ہے...

نو   اچھا چار ریپ ہو رہا ہے...ہونے دو...ہونے دو...ہونے دو...
            (لڑکی کی دلدوز چیخ...اور پھر گہرا سناٹا...اس کے بعد لوگوں کے بیچ میں سے
            گردن نکال کر لڑکی کہتی ہے)

لڑکی   پروگرام کے اس بھاگ کے پرائیو جک تھے ینگ انڈیاان لیمیٹڈ۔

دس   سب ٹھیک ہے...سب ٹھیک ہے...سب ٹھیک ہے...
            (پولیس اسٹیشن کا سین)
            (ٹیلیفون کی گھنٹی بجتی ہے)

تین   ہیلو...ہاں ماٹونگا پولیس اسٹیشن رام رام...میں انسپکٹر ناگ بولتا...منا بھائی کیا وہ
            تمہارا آدمی تھا...؟ چھوڑ دے گا بھائی چھوڑ دے گا...ہاں ہاں اپن دھیان رکھے
            گا پن تم بھی اپنا دھیان رکھنا...رام...رام...

ایک   ساب باہر ایک عورت آئی ہے...

تین   عورت؟ بوڑھی ہے کے جوان؟

ایک   ساب جوان ہے۔

تین   جوان ہے تو لڑکی بولنے کا...سمجھا...جا جلدی لے کر آ...

ایک   یس سر (مارچ کرتا ہے) لیفٹ رائٹ...لیفٹ رائٹ...لیفٹ رائٹ...(لڑکی
             کو ساتھ میں لے کر آتا ہے)

لڑکی   صاحب میں لٹ گئی برباد ہوگئی...میری عزت لٹ لی گئی...

پانچ   عزت!

آٹھ   عزت!

نو   عزت!

چار   عزت!

تین   عزت...کیا تم جانتی ہو عزت کیا ہوتی ہے...؟

لڑکی   جی...کیا یہ پولیس اسٹیشن ہے؟

سب   (ایک ساتھ) ہاں یہ پولیس اسٹیشن ہے۔

تین   تجھے کیا یہ ہل اسٹیشن لگتا ہے...؟ ہلتی کیوں ہے؟ ادھر ادھر کھڑا رہنے کا سیدھا اور جو
             پوچھا جائے اس کا جواب دینے کا...

سب   عزت سے۔

لڑکی   مگر میری عزت تو...

تین   لٹ گئی ہے نا...میرے کو معلوم...پر کیا تو جانتی ہے عزت کیا ہوتی ہے؟ یہ بہت
             اہم سوال ہے...

لڑکی   جی!

پانچ   کیا تم نے شور مچایا تھا؟ کیا تمہاری چوڑیاں ٹوٹی تھیں...؟

آٹھ   کپڑے پھٹے تھے بال بکھرے تھے؟

نو   کیا تم روئی تھی چلائی تھی؟

چار   کیا تم جانتی تھی جو لٹی جا رہی ہے وہ تمہاری عزت ہی ہے...؟

لڑکی: اس وقت مجھے پتہ نہ تھا...

تین: پھر کب پتہ چلا؟ ہاں بولو کب...؟ یہ اہم سوال ہے...

پانچ: جب تم نیند سے جاگیں!

آٹھ: یا جب کسی نے تمہیں دیکھ لیا!

نو: جب کسی نے کہا یہ ٹھیک نہیں ہے!

چار: یا جب تم کو پیسے نہیں ملے...!

لڑکی: یہ کیا بکواس ہے...کیا یہ پولیس اسٹیشن ہے...؟

سب: (ایک ساتھ) ہاں یہ پولیس اسٹیشن ہے۔

تین: ادھر ادھر کھڑا رہنے کا سیدھا اور جو پوچھا جائے اس کا جواب دینے کا...

سب: عزت سے...

تین: تمہارا نام...؟

لڑکی: لیکن نام کا بلاتکار سے...

تین: تم شادی شدہ ہو یہ بہت اہم سوال ہے...

لڑکی: ہاں میں شادی شدہ ہوں...

تین: اونہہ...واویلا تو ایسے مچا رہی ہے جیسے غیر شادی شدہ ہو...نیٹ کنواری!

سب: ہا...ہا...ہا...ہا...

لڑکی: کیوں شادی شدہ کی عزت نہیں ہوتی...؟

تین: ہوتی ہے، ہوتی ہے، عزت شادی شدہ کی بھی ہوتی ہے مگر ویسی نہیں جیسے کسی کنواری کی...

لڑکی: کیا یہ پولیس اسٹیشن ہے؟

سب: (ایک ساتھ) ہاں یہ پولیس اسٹیشن ہے۔

تین: ادھر ادھر کھڑا رہنے کا سیدھا اور جو پوچھا جائے اس کا جواب دینے کا...

سب: عزت سے...

تین: تم ان میں سے کسی کو جانتی تو نہیں تھی...؟

پانچ: کیا تم جانتی تھی جو لوگ تمہارے پاس آئے ہیں وہ تمہاری عزت ہی لوٹنے آئے

تھے...؟

آٹھ	کیسے لگتے تھے وہ گدھے گھوڑے گدھ یا کوے...؟

نو	ان میں کوئی اپوزیشن پارٹی کا لیڈر تو نہیں تھا...؟

چار	ان میں سے کسی سے تمہارا آپا چھی کا ناتا تو نہیں تھا...؟

لڑکی	یہ کیا بکواس ہے؟ کیا یہ پولیس اسٹیشن ہے؟

سب	(ایک ساتھ) ہاں یہ پولیس اسٹیشن ہے...

لڑکی	میں تم لوگوں کی کمپلینٹ...

تین	خاموش لڑکی والا تو ایسے مچار ہی ہے جیسے بہت ہائی کاسٹ کی ہو...

سب	ہا...ہا...ہا...ہا...

لڑکی	کیوں شیڈول کاسٹ کی عزت نہیں ہوتی...

تین	ہوتی ہے...ہوتی ہے...عزت شیڈول کاسٹ کی بھی ہوتی ہے، مگر ویسی نہیں جیسے ہائی کاسٹ کی...

لڑکی	کیا یہ پولیس اسٹیشن ہے؟

سب	(ایک ساتھ) ہاں یہ پولیس اسٹیشن ہے۔

لڑکی	مگر میں تو اپنے ساتھ کیے گئے بلاتکار...

تین	ادھر ادھر کھڑا رہنے کا سیدھا اور جو پوچھا جائے اس کا جواب دینے کا...

سب	عزت سے...

تین	یہ عزت کہاں لٹی گئی؟

پانچ	پارلیمنٹ اسٹریٹ پر...

آٹھ	کارپوریشن کے سامنے...

نو	اسمبلی ہال کے نیچے...

چار	یا راج گھاٹ پر...

لڑکی	کہیں نہیں...بس آپ کے پولیس اسٹیشن کے پچھواڑے...

سب	(ایک ساتھ) کیا...؟

دو	پر صاحب آپ تو کل سے یہیں ہیں...

دس: سب ٹھیک ہے...سب ٹھیک ہے...سب ٹھیک ہے...
(اس کے جاتے ہی کچھ لوگ ٹی وی بن جاتے ہیں لڑکی سماچار سناتی ہے)

لڑکی: نمسکار...آج کے مکھیہ سماچار...چار غنڈوں نے ماٹونگا پولیس اسٹیشن کے پیچھے
ایک لڑکی پر بلاتکار کیا...بلاتکاری لا پتہ ہے لڑکی پولیس کے قبضے میں...

سب: اسے بھگوان لڑکی کو بچا...

لڑکی: لاتور گاؤں میں بارہ کسانوں نے بھکمری سے تنگ آ کر آتم ہتیہ کر لی...پردھان
منتری کا کہنا ہے کہ...

دو: اس ورش بجٹ میں لگژری کاروں کے بھاؤ کم کر دئیے جائیں گے...

لڑکی: سرکار نے گایوں کی دودھ دینے کی چھمتا بڑھانے کے لیے آسٹریلیا سے دو سو سانڈ
امپورٹ کرنے کا فیصلہ کیا ہے...پردھان منتری کا کہنا ہے...

دو: سرکار منتریوں، افسروں اور ادھیوگ پتیوں کی نسل سدھارنے کے لیے بھی غور کر
رہی ہے...

لڑکی: تیس ہزار کروڑ کا گھپلا کرنے والے عبدل کریم تیلگی کو گرفتار کر لیا گیا ہے...انڈین
مرچنٹس کی میٹنگ میں کسی کا کہنا ہے...

دو: تیلگی سزا کا نہیں بھارت رتن ایوارڈ کا ادھیکاری ہے کہ اس نے وشوا بازار کے
سامنے یہ بات رکھ دی ہے ہندوستان کو خریدا جا سکتا ہے...

لڑکی: آسام جل رہا ہے، پنجاب سلگ رہا ہے پردھان منتری کا کہنا ہے...

دو: کل شہر میں پانی کم ملے گا...

لڑکی: ملک میں دنگے بڑھتے جا رہے ہیں، پردھان منتری کا کہنا ہے کہ...

دو: ہمیں نیوکلیر جنگ کے لیے تیار رہنا چاہیے...

لڑکی: اسی کے ساتھ ہمارے فساد بلیٹن سماپت ہوتے ہیں...ہمارا اگلا فساد بلیٹن ہر فساد
کے آدھے گھنٹے بعد سنئے...آئی مین دیکھئے...نمسکار...

ایک: دِس سماچار اِز براؤٹ ٹو بائے پردھان منتری...
(سب تالی بجاتے ہیں اور چار سر پر گاندھی ٹوپی پہنے ہاتھ میں قینچی لیے کھڑا ہوتا
ہے... رِبن کاٹتا ہے)

سات: یہ بہت خوشی کی بات ہے کے اتنے پچھڑے ہوئے راجیہ میں ہمارا نیتا نے فائیو اسٹار شاپنگ مال کھولنے کا سوچا...اس سے ہمارے (نیتا گھور کر دیکھتا ہے) اب نیتا خود آپ سے دو شبد کہیں گے...

چار: یہ شاپنگ مال کا آدھ گھائن ہمارے راجیہ کے غریب اور پچھڑی جن جاتی کی خوشیوں کا آدھ گھائن ہے... ان کے سکھ کے دن قریب آگئے...

آٹھ: سکھ کے دن...؟ یہاں سوکھا پڑا ہے...

دو: یہاں دو کسانوں نے بھکمری سے تنگ آ کر آتم ہتھیا کر لی...

تین: لوگوں کے پاس کام نہیں ہے... بے روزگاری بڑھتی جا رہی ہے...

چار: ڈونٹ وری ہم اپنے راجیہ کے ہر گاؤں میں، گاؤں کے ہر گھر میں پرائیویٹ چینل کا نیٹ ورک لگا ئیں گے...اور...

نو: مگر...بھوک سے...

چار: ارے بھوک سے مرنے سے اچھا ہے آدمی زی ٹی وی، اسٹار پلس، سونی ٹی وی دیکھتے ہوئے مرے...

ایک: آپ غریبوں اور دلتوں کے نیتا ہیں پھر بھی آپ ایئر کنڈیشن گاڑیوں میں گھومتے ہیں...فائیو اسٹار ہوٹلوں میں کھاتے ہیں...منیش ملہوترا جیسے مہنگے ڈریس ڈیزائنر سے اپنے سوٹ سلواتے ہیں۔

چار: یہ تم نہیں تمہارے اندر اونچی ذات کا سورن بول رہا ہے۔ کیا صدیوں سے پچھلے ہوئے لوگ ٹھنڈی گاڑیوں میں نہیں گھوم سکتے، فائیو اسٹار ہوٹل میں کھانا نہیں کھا سکتے ہیں...مہنگے ڈریس ڈیزائنر سے کپڑے نہیں سلوا سکتے...

نو: لیکن یہاں کے غریب اور آدی واسیوں کو ٹی وی ہی نہیں...

چار: (بات کاٹ کر) ہم نے سنکلپ لیا ہے کہ ہم ہندوستان کی غریب پچھڑی ہوئی پیہرت، ونچیت جنتا کو ماڈرن بنائیں گے، اسمارٹ بنائیں گے، جب ایک آدی واسی آدمی ٹی وی پر "کون بنے گا کروڑ پتی" دیکھے گا تو دنیا بھر میں ہمارے دیش کا کتنا اثر پڑے گا۔

تین: وہ تو ٹھیک ہے لیکن پچھلے مہینے آپ کی پارٹی کے ایک منتری نے اپنے جنم دن پر

سات کروڑ خرچ کیے...

چار   کیے...تو اس میں برائی کیا ہے؟ یہ سوچو اگر وہ پیسے خرچ نہیں کرتے ہیں تو دنیا والے کیا سوچتے ہیں کہ اس دیش کے منتری اتنے کڑکے ہیں کہ وہ ڈھنگ سے اپنا جنم دن بھی نہیں منا سکتے۔ انٹرراشٹر بازار میں ہماری کیا ساکھ نہیں گر جاتی، ورلڈ بینک کے سامنے ہم بدنام اور ننگے ہو جاتے۔

دو   لیکن آج ہر ہندوستانی پر چار ہزار تین سو چار روپے کا ودیشی قرض ہے۔

چار   قرض کی کیا بات! تم دیکھنا کچھ برسوں میں ہم بھارت کے اس پچھڑے گاؤں کو بنکاک بنا دیں گے۔ ایک امریکن کاسمیٹک کمپنی اس گاؤں میں ایک بیوٹی کانٹیسٹ کروانے میں intrested ہے۔ مس جلیان والا باغ...

آٹھ   مس جلیان والا باغ...؟

چار   مطلب اب جلیان والا باغ جیسی گمنام جگہ بھی دنیا کے نقشے پر شان سے ابھرے گی۔

ایک   پینے کا شدھ پانی تک نہیں ہے اور....

چار   پانی نہیں ہے تو منرل واٹر کیوں نہیں پیتے؟ وہ تو ہر جگہ ملتا ہے۔

نو   لیکن سر...

چار   ارے تمہیں تو خوش ہونا چاہئے کہ جو دیش مداریوں، سانپوں جادوٹونوں، بھکاریوں اور کھپلوں اور گھوٹالوں اور دیوی دیوتاؤں کی وجہ سے جانا، مانا اور پہچانا جاتا تھا اب وہ وشواسندریوں کی وجہ سے پہچانا جاتا ہے۔

آٹھ   یہاں اسکول، اسپتال بھی ٹھیک سے نہیں ہیں۔

تین   اور جو ہیں وہ اتنے مہنگے ہیں کہ...

چار   اب ہمیں آگیہ دیجئے...

نو   اور وہ تہلکہ میں جو...

چار   جی اب کچھ نہیں۔

دو   مگر سر وہ گھوٹالہ...

چار   (غصے سے) جئے ہند!

(تیز تیز قدم بڑھاتے ہوئے نکل جاتا اور کرسی کا جھگڑا شروع ہوتا ہے۔ دو لوگ سر پر گاندھی ٹوپی لگائے کتّے بلّی کی طرح جھگڑتے ہیں)

آٹھ   کرسی ماتا کی جے۔

نو   جے کرسی ماں...

دس   سب ٹھیک ہے...سب ٹھیک ہے...سب ٹھیک ہے...

سوتر دھار   زندگی اور موت کا یہ کھیل کب تک چلے گا۔ کب تک ہمیں گجراتی، پنجابی، ہندو مسلمان کے نام پر لڑایا جاتا رہے گا؟ کب تک دریا پانی بجلی کی تقسیم پر جھگڑا ہوتا رہے گا؟ کب تک زبان کے، سرحدوں کے سوال اٹھائے جاتے رہیں گے؟ کب تک گھوٹالوں اور گھپلوں سے ہمیں کنگال بنایا جاتا رہے گا، کب تک رنگین اشتہاروں سے ہمیں خرید اور بیچا جاتا رہے گا، ارے کب تک ایک مچھلی سارے تالاب کو گندہ کرتی رہے گی، اور کب تک بڑی مچھلیاں، چھوٹی مچھلیوں کو نگلتی رہے گی۔ یہ تماشہ، یہ کھیل جو آزادی کے بعد سے یہاں کھیلا جاتا رہا ہے اور کب تک کھیلا جاتا رہے گا؟ ہر رات کے بعد صبح آتی ہے، یہ پرکرتی کا اصول ہے، مگر چودہ اگست انیس سو سینتالیس کی رات کے بعد ہندوستان کے آکاش نے سورج ہی نہیں دیکھا۔ مجھے نہیں معلوم کہ وہ صبح آئے گی بھی یا نہیں۔

(سوتر دھار گاندھی کا پُتلا بن کر کھڑا ہو جاتا ہے)

تین   (مجسمے کو مخاطب کرتے ہوئے) کب تک ہم لاک آؤٹ اسٹرائیک، دنگے فساد کا زہر پیتے رہیں گے؟ بولو جواب دو؟؟

ایک   ہے رام!

پانچ   ہم ہر ۲۶ جنوری اور ۱۵ اگست کو آزادی کی خوشیاں مناتے ہیں، آزادی کے اس کھوکھلے احساس کے تحت ہم کب تک خود کو دھوکا دیتے رہیں گے؟ بولو جواب دو؟؟

ایک   ہے رام!

دو   آج ہر شہر، ہر گلی، ہر محلّے میں جنرل ڈائر ایک نیا جلیاں والا باغ رچ رہا ہے اس میں شہید ہونے والوں کے سمارک اتہاس کس پنے پر بنائے جائیں گے؟

بولو جواب دو؟؟

ایک: ہے رام!

چار: آخر ہمارے ساتھ کب تک تک کھلواڑ کیا جاتا رہے گا۔ ہر پانچ سال میں ہم سے ووٹ لے کر ہماری آزادی کو پر جاتنتر کے جلیان والا باغ میں ڈال دیا جاتا ہے جہاں بیلیٹ باکس کی یہ بلیٹ ہمیں کب تک چھلنی کرتی رہے گی۔۔؟ بولو جواب دو؟؟

ایک: ہے رام!

چھ: لالہ لجپت رائے، جواہر لال نہرو، شہید بھگت سنگھ کے نام تو اتہاس میں بڑے بڑے حرفوں میں لکھے گئے ہیں لیکن ہم جو بچپن سے اس جلیان والے باغ میں جل رہے ہیں، ہمارا نام اتہاس کی کون کسی کتاب میں لکھا جائے گا؟ بولو جواب دو؟؟

ایک: ہے رام!

سات: اس ملک کی صبح بلاتکاروں کی خبروں سے ہوتی ہے، لٹتی ہوئی معصوم ابلاؤں کی عزّت اتہاس کے کس سپنے سے اپنا ننگا بدن چھپائے گی؟ بولو جواب دو؟

ایک: ہے را۔۔۔را۔۔۔رام!!

سب: بولو جواب دو۔۔۔ بولو جواب دو؟ بولو۔۔۔جواب دو؟

سوتر دھار: کیا جواب دوں میں انہیں؟ کون نکالے گا انہیں اس جلیان والا باغ سے۔۔۔؟ کون دلائے گا ان کو نجات جنرل ڈائر کی ظلم سے۔۔۔؟ کیوں کہ اب جلیان والا باغ میں ایک جنرل ڈائر نہیں۔۔۔اس جلیان والا باغ کے ہر موڑ پر ایک ڈائر کھڑا ہے۔۔۔ستہ پکش میں کھڑا ہے، وپکش میں کھڑا ہے۔۔۔سماج وادی، کٹّر پنتھی اور وام پنتھی اور دھیوگ پنتھیوں اور مزدور لیڈروں میں ہر جگہ وہ موجود ہے۔ ایپرن پہنے ہسپتالوں میں اور کالا کوٹ پہنے عدالتوں میں، پولیس کے تھانوں میں۔۔۔سڑک کے کنارے سجی دوکانوں میں، کھیل کے میدانوں میں، مندر مسجد گردواروں میں۔۔۔منتر الیہ کے گلیاروں میں۔۔۔شاعروں، فنکاروں اور چتر کاروں میں، بڑے بڑے فلم اسٹاروں میں، این جی او کے اوتاروں میں۔۔۔یہ جنرل ڈائر بھیس بدل بدل کر ہم پر گولیاں برسا رہا ہے۔۔۔لگا تار۔۔۔جنرل ڈائر کا چہر بدلتا ہے، اس

کے ہاتھوں کی مشین گن بدل دی جاتی ہے ۔ان مشین گنوں کے گرد میں دبی ہوئی کارتوس بدل دی جاتی ہے ۔۔۔اگر نہیں بدلتی ہے تو جلیان والا باغ میں نشانہ بننے والے شہیدوں کی تقدیر ۔۔۔دوستوں اس کے علاوہ میرے پاس کوئی بھی جواب نہیں ہے ۔۔۔کیونکہ آپ لوگوں کی طرح میں بھی جلیان والا باغ میں قید ہوں ۔۔نہ جانے کب سے ۔۔۔

سب   (ایک ساتھ) نہیں ۔۔۔نہیں ۔۔۔ہمیں جواب دو ۔۔۔ہمیں جواب دو ۔۔۔جواب دو ۔۔۔
(کہتے ہوئے سب لوگ اسے گھیر لیتے ہیں اور ایک ان کے گھیرے کو توڑ کر باہر نکلنا چاہتا ہے اور وہ اسے نکلنے نہیں دیتے ۔بچوں کا کھیل دوبارہ شروع ہو جاتا ہے)

ایک   یہاں سے چاقو چلاؤں گا
سب   نہیں جانے دوں گا۔
ایک   یہاں سے بندوق چلاؤں گا
سب   نہیں جانے دوں گا۔
ایک   یہاں سے بم ماروں گا
سب   نہیں جانے دوں گا۔
ایک   یہاں سے ۔۔۔یہاں سے ۔۔۔(وہ رونے لگتا ہے)بھگوان کے لیے مجھے جانے دو ۔۔۔اس جلیان والا باغ سے مجھے باہر جانے دو ۔۔۔یہاں سے نکل جانے دو ۔۔۔میں باہر جانا چاہتا ہوں ۔۔۔مجھے باہر جانے دو ۔۔۔
(وہ گھیرا توڑتا ہے اور گر پڑتا ہے ۔۔۔باقی لوگ بھی باہر نکلنے کی التجا کرتے ہیں ۔۔۔گڑگڑاتے ہیں ۔۔۔)

تین   ہمیں یہاں سے باہر نکالو۔
دو   ہمیں باہر نکالو ۔۔۔ہمیں باہر جانے دو ۔۔۔
چار   میں یہ کہاں پھنس گیا ہوں ۔۔۔کوئی ہے جو مجھے یہاں سے باہر لے جا سکتا ہے ۔۔۔؟ پلیز کوئی تو آؤ ۔۔۔
پانچ   کوئی ہمیں یہاں سے نکالنے کیوں نہیں آتا ۔۔۔ہمیں باہر نکالو ۔۔۔

میرے ہاتھ پاؤں تھک گئے ہیں...میں اس خونی جلیان والا باغ سے باہر نکلنا چاہتا ہوں...

ہم لولے ہو گئے ہیں...لنگڑے ہو گئے ہیں...ہمیں کچھ سجھائی نہیں دیتا...

ارے کوئی ہمیں یہاں سے نکالو...ہمیں یہاں سے باہر نکالو...

(سب روتے ہیں...گڑگڑاتے ہیں...چیختے ہیں...اور نمبر سات جو ایک لڑکی ہے centre stage پر گھٹنوں میں منہ ڈال کر پھوٹ پھوٹ کر رونے لگتی ہے...سب لوگوں کی آواز اس میں دب جاتی ہے۔)

سب ٹھیک ہے...سب ٹھیک ہے...سب ٹھیک ہے...

(اس بار وہ دوسری ونگ میں جانے کے بجائے آگے آتا ہے اور اوپر دیکھ کر پردہ گرانے کا اشارہ کرتا ہے۔ پردہ گرنے لگتا ہے تب ہی اڈیٹوریم میں بیٹھے ہوئے لوگوں میں سے ایک آدمی کھڑا ہوتا ہے)

ٹھہرو...میں کہتا ہوں رک جاؤ...پردہ اوپر کھینچو...میں آ رہا ہوں...

(پردہ دوبارہ اوپر چلا جاتا ہے۔ منچ پر پہنچ کر وہ اجنبی کہتا ہے)

میں جب سے دیکھ رہا ہوں...سب ٹھیک ہے...سب ٹھیک ہے...سب ٹھیک ہے...کیا سب ٹھیک ہے...سارا ملک جل رہا ہے اور تم کہہ رہے ہو سب ٹھیک ہے...کہاں سب ٹھیک ہے...جلیان والا باغ کی طرح یہ لوگ نہ جانے کب سے اس میں قید ہیں...کون نکالے گا انہیں...بولو...میری بات کا جواب کیوں نہیں دیتے...بولو...جواب دو...چپ کیوں ہو؟

(کچھ پل کی خاموشی کے بعد دس تالی بجاتا ہے اور دونوں طرف ونگ سے دو وردی پوش آتے ہیں۔ اور اسے ان لوگوں میں دھکیل دیتے ہیں اور پھر دوبارہ ونگ میں لوٹ جاتے ہیں۔ دس دھیمے سے مسکراتا ہے)

سب ٹھیک ہے...سب ٹھیک ہے...سب ٹھیک ہے...

(اور اوپر دیکھ کر اشارہ کرتا ہے۔ پردہ دھیرے دھیرے نیچے گرتا ہے)

❖❖❖

دستک

کردار:
الف: ایک نوجوان عمر ۲۵،۲۶ سال
ب : دوسرا نوجوان عمر لگ بھگ اسّی کا

دستک پہلی مرتبہ فل لینتھ سنیل شان باگ کے ڈراما
گروپ نے 1990ء میں چیتن داتار کی ہدایت میں پرتھوی
تھیٹر، جوہو، ممبئی میں پیش کیا گیا بعد یک بابی ڈرامے
کے طور پر مختلف ڈراما مقابلوں میں کھیلا گیا۔

(پہلے یا دوسرے منزلے پر کسی ہوٹل کا عام سا کمرہ ،کمرے کے بیچوں بیچ ایک رائٹنگ ٹیبل ، بائیں طرف کی پہلی ونگ سے لگا باہری دروازہ اور عین اس کے سامنے ایک کھڑکی، جس کے دونوں پٹ کھلے ہیں ۔ کھڑکی سے لگا اندر کے کمرے میں جانے والا دروازہ ...دروازے کے پاس ایک سائیڈ ٹیبل جس پر فون دھرا ہے ۔ فون کے پاس ہی چائے خالی کپ، طشتری اور کیتلی رکھی ہے ۔ رائٹنگ ٹیبل پر کاغذات اور دوسری بہت سی چیزیں ۔ جیسے پیپر ویٹ، کلپ بورڈ، سگریٹ کے پیکٹ، ایش ٹرے، موبائل فون، دو چار قلم ...میز سے لگی دو کرسیاں اور ایک طرف صوفہ جس پر ایک بیگ ہے ۔ بیگ کی زِپ کھلی ہے جس میں سے نیپکن جھانک رہا ہے ۔ ڈرامے کے سیٹ کو ڈیزائن کرتے ہوئے ڈائریکٹر دو باتوں کا دھیان رکھے کہ فرنیچر نمائشی نہ ہو بلکہ کام چلاؤ ہو اور ڈرامے میں استعمال ہونے والی پراپرٹی جتنی ہوسکے ٹرانسپیرنٹ ہو۔

جب پردہ کھلتا ہے ب کرسی پر بیٹھا لکھ رہا ہے اور الف کھڑکی کے پاس کھڑا باہر دیکھتے ہوئے سگریٹ پی رہا ہے، وہ کسی گہری سوچ میں ہے ۔ ب لکھتے لکھتے کچھ کاٹتا ہے اور جھنجھلا کر کاغذ پھاڑ کر ڈسٹ بن میں ڈالتا ہے اور دوبارہ لکھنے کی کوشش کرتا ہے ۔ تب ہی الف پلٹ کر اسے کہتا ہے ۔)

الف   مسٹرائے چندر پور کے جنگل سے آچکا ہے ۔

ب   کیا؟ (خاموشی) پر وہ جنگل میں گیا ہی کیوں؟

الف   ہر آدمی زندگی میں تھرل چاہتا ہے ۔ ہوسکتا ہے وہ شکار کرنے گیا ہو۔اہم بات یہ

ہے کہ وہ واپس آ گیا ہے۔

ب: اور مسٹر بی اس کا کیا؟

الف: مسٹر بی گھر میں ہے۔ اپنے خیالوں میں ڈوبا... کچھ حیران، کچھ پریشان سا... جب کہ مسٹر ائے چندر پور کے جنگل سے لوٹ آیا ہے، وہ تھکا ہوا ہے، مگر خوش، اب یہ مت پوچھنا کہ کیوں؟

ب: کیوں کہ شیر تھے چندر پور کے جنگل میں؟

الف: اس سے کیا فرق پڑتا ہے؟

ب: جگہ اور ٹائم کے reference میں کوئی گھپلا نہیں ہونا چاہئے ... شیر بھرے پڑے ہیں جنگل میں۔

الف: اور چوتیے بھرے پڑے ہیں ممبئی میں۔

ب: ممبئی نہیں ممبئی... reference میں کوئی گھپلا نہیں (الف اسے گھورتا ہے) او کے مسٹر ائے چندر پور کے جنگل سے لوٹ آیا ہے... جب کہ مسٹر بی گھر میں ہے کچھ حیران کچھ پریشان... کریکٹ؟

الف: کریکٹ... اسے شک ہے کہ مسٹر ائے کو کہیں... (کہتے کہتے وہ رکتا ہے۔ ب کی آنکھوں میں جھانکتا ہے۔ کچھ پل کے توقف کے بعد) اس لیے اس نے اپنے چہرے پر سرجیکل فیس ماسک چڑھا رکھا ہے اور اس کے ہاتھوں میں ربر گلوز ہیں۔

ب: وہ کیوں؟

الف: کہانا! اسے ڈر ہے کہ کہیں اسے بھی وہ نہ ہو جائے؟

ب: چھونے سے نہیں پھیلتا وہ... صرف شریر میں دو cells کے لین دین جیسے کہ سمبھوگ خون بدلاؤ یا ایسا ہی کچھ...

الف: پتہ ہے... لیکن مسٹر بی وہ نہیں جانتا ہے...

ب: بکواس ہے یہ...

الف: یہ کامیڈی ہے یار...!

ب: دھت... کون گدھا ہنسے گا اس پر... رین کوٹ، ہینڈ گلوز، اس سے اچھی کامیڈی تو آج

کل ٹی وی سیریل کے سوپ او پیرا میں دیکھنے مل جاتی ہے۔

الف: دور کیوں جاتے ہو؟...پرسوں کے دن ہی میں نے انڈیا ٹوڈے میں پڑھا آج کل تو امریکہ سے آیا ہوا فیشن بھی لوگ ربر گلوز پہن کے ریسیو کرتے ہیں۔

ب: یہ جوک ہوگا کھشونت سنگھ کے کالم کا۔

الف: ہاں یہ جوک ہی تھا...اور سچی بات تو یہ ہے کہ کھشونت سنگھ کا یہ جوک ہماری سیدھی اور سرل زندگی میں داخل ہو چکا ہے...

ب: بالکل صحیح...مگر مسٹر اے اور مسٹر بی homo sexual ہیں یہ بتانا ضروری ہے کیا؟

الف: یس...کیوں کہ یہ اسی وجہ سے پھیلتی ہیں...ایسا بہتوں کا خیال ہے۔

ب: تم کیا چاہتے ہو کہ ہم ان کے اس اگیان کو ویسا ہی بنائے رکھیں۔ان کی اس جہالت یعنی ignorance کو pamper کریں اور...

الف: یار یہ کامیڈی ہے۔

ب: ایک مرد کا دوسرے مرد سے جسمانی رشتہ تمہیں کامیڈی لگتا ہے؟

الف: ہاں مگر!صرف ناٹکوں میں...حقیقی زندگی میں نہیں...اسے تم...وہ کیا کہتے ہیں ہاں!پروگریسیو کامیڈی کہہ سکتے ہو...

ب: رین کوٹ،سرجیکل فیس ماسک،ہینڈ گلوز...کامیڈی نے کافی پروگریس کی ہے۔

الف: رسی کو سانپ سمجھ کر جو ڈر پیدا ہوتا ہے نا اسی ڈر میں سے نکلے گی ہماری پروگریسیو کامیڈی...لوگوں کے من میں اس روگ کا جو بھو ہے کامیڈی اسی کے آس پاس ڈھونڈنی ہے...کیونکہ ہنسی کھیل کی وجہ سے ڈراما دیکھنے والوں پر ہماری پکڑ مضبوط رہے گی۔

ب: پکڑ مضبوط رہے گی...مائی فٹ...تمہیں پتہ ہے اس وقت بھی ہمارے آس پاس ایسے ہزاروں لوگ ہیں جو اپنے اندر اس روگ کے وائرس لیے گھوم رہے ہیں...ٹریجڈی یہ ہے کہ ہم نے اس پر ابلم کو سوئی برابر بھی محسوس نہیں کیا ہے۔یہ سچ ہے کہ NGOs اور سرکار کوشش کر رہی ہے مگر، یہ روگ جنگل کے آگ کی طرح پھیلتا جا رہا ہے۔خدا نہ کرے کل یہ مجھے بھی ہو سکتا ہے اور تمہیں بھی...مان لو کہ

سرکار نے اس پر پوری طرح قابو پالیا، تب بھی بابری مسجد کے گرنے کے بعد جتنے لوگ مرے تھے اس سے کہیں زیادہ اس بیماری سے مریں گے ... سرکار چاہ کر بھی اس پر قابو نہیں پا سکتی، پتہ ہے کیوں؟ ہمارا اگیان، اندھ وشواس اور ڈر ... بات سننے میں بڑی گھٹیا لگتی ہے مگر ... سچ ہے کہ ہم لوگ بڑے ڈرپوک واقع ہوئے ہیں ۔ ہم لوگ دنگوں سے، آتنک واد اور گینگ وار سے اتنا ڈرتے ہیں تو انجانے و ان دیکھے راستے سے آنے والی موت کتنی بھیانک ہوگی اس کا اندازہ بھی نہیں لگا سکتے ... ایک معمولی سا وائرس اور اندھی کالی موت ... بس یہی تو ایک بات ہمیں اپنے دیکھنے والوں یعنی کہ درشکوں تک پہونچانی ہے، اُسے ڈرائے بنا۔

الف		کیا یہ ممکن ہے؟

ب		کیوں نہیں؟ فیکٹ اور فیگرس سے ... رین کوٹ، ہینڈ گلوز، سرجیکل فیس ماسک یہ سب چوتیا پا نہیں چلے گا۔

(دونوں کافی دیر تک خاموش رہتے ہیں ۔ الف کچھ لکھنا چاہتا ہے کاغذ اٹھا کر لکھتا ہے مگر بات نہیں بنتی ہے اس لیے کاغذ پھاڑ کر ڈسٹ بن میں ڈال دیتا ہے)

ب		یہ بتاؤ تم یہ ناٹک لکھنا کیوں چاہتے ہو؟

الف		کیوں مانے؟ انہوں نے دو کیریکٹر کا ایک ناٹک لکھنے کا کانٹریکٹ دیا ہے ہمیں اس لیے۔

ب		کیا اس پورے مدعے کو ہم اپنی نظر اور نظریے سے نہیں دیکھ سکتے؟ میرا مطلب ہے پرسنل اپروچ۔

الف		پرسنل اپروچ، (ایک پل وہ کچھ سوچتا ہے ۔ اچانک اس کی آنکھیں چمک اٹھتی ہیں ۔) یس پرسنل اپروچ ۔ تم پچھلے دسمبر کو دلی گئے تھے ۔

ب		یعنی کہ چندر پور کینسل ۔

الف		تو تم پچھلے دسمبر کی سردی میں دلی گئے تھے ۔

ب		کرکیٹ ۔ سیمینار کے لیے

الف		وہاں تمہاری ملاقات رشمی سے ہوتی ہے ۔

ب		(سختی سے) نہیں نہیں ۔

الف: پرسنل اپروچ کی بات تو تم نے ہی کی تھی دوست۔

ب: وہ ٹھیک ہے مگر۔۔رشمی نہیں۔۔۔کوئی اور نام لو۔۔۔

الف: ٹھیک ہے مدھو۔۔۔تو تمہاری ملاقات مدھو سے ہوتی ہے۔

ب: مدھو۔۔۔دیکھنے میں ایک دم پٹاخہ

الف: پٹاخہ نہیں۔۔۔ٹھیک ٹھاک۔۔۔رشمی جیسی۔۔۔(بے خیالی میں) پینٹنگ کرتی ہے اور کویتائیں لکھتی ہیں سیمینار کے آخری دن۔۔نہیں آخری رات۔۔۔تم دونوں ساتھ رہے۔۔۔شراب پی اور۔۔۔

ب: اور۔۔۔۔

الف: جیسا عام طور پر ہوتا ہے یا ہوا۔۔تم لوگوں نے موج مستی کی۔۔۔غالب کی غزلوں سے لے کر پکاسو کی پینٹنگ تک۔۔۔مام کی کہانیوں سے لے کر ارتھر ملر کے ناٹکوں تک کو ڈسکس کیا۔۔۔رات کے ایک ایک پل کو انجوائے کیا اور پھر تم مبئی لوٹ آئے، بات آئی گئی ختم ہوگئی۔۔۔تم نے سوچا اس بارے میں کسی سے کچھ نہیں کہو گے۔۔۔ہاں نمیتا کو اتنا بتا دو گے کہ۔۔۔

ب: (بات کاٹ کر) پاگل ہوگئے ہو کیا۔۔۔تم دلی میں موج مستی کرکے آؤ گے اور سیما سے کہو گے کیا؟ میں نے دلی والی بات کہی تو نمیتا۔۔۔مجھے نہیں معلوم کیا کرے گی مگر جو کرے گی وہ۔بہت برا کرے گی۔۔۔

الف: (ایک دم سنجیدہ ہو کر) ٹھیک ہے تم نمیتا سے رشمی کی بات۔۔۔میرے کہنے کا مطلب ہے مدھو کی بات نہیں کرتے ہو۔۔۔اور خود تمہارے دماغ سے بھی وہ بات اور رات نکل چکی ہے۔۔۔اور ایک دن تم لکھنے کے لیے بیٹھے ہو پچیس سگریٹ پھونک چکے ہو اور چھبیسویں لائٹ کرنے جا رہے ہو۔گھڑی دیکھتے ہو۔۔۔

ب: ڈھائی بجے ہیں۔

الف: آسمان پر بادل ہیں۔لگتا ہے زوروں کی بارش ہونے والی ہے،موسم کا یہ تیور تمہیں ڈپریس کرنے کے لیے کافی ہے۔بریک لینا چاہتے ہو۔تبھی ٹنگ ٹونگ (ب چونک کر دیکھتا ہے) ڈور بیل بجتی ہے۔تمہیں لگتا ہے شالا اسکول سے لوٹی ہے دروازہ کھولتے ہو۔۔۔سامنے پوسٹ مین۔۔۔

ب	پوسٹ مین؟

الف	ٹیلیفون کا بل، ایک دو میگزین، ناگپور سے کسی دوست کا خط اور (ایکدم چونکتا ہے)

ب	کیا ہوا؟

الف	مدھو کا خط... جس پر دلی کے پوسٹ آفس کا ٹھپہ (خاموشی) تم سوچتے ہو خط لکھنے میں تم نے پہل کیوں نہیں کی ۔ خط کھولتے ہو... اپنی بات مدھو نے چند شبدوں میں کہہ دی...

ب	کویتائیں لکھتی ہے نا وہ ۔

الف	خط میں لکھا ہے... (خاموش ہو جاتا ہے)

ب	کیا لکھا ہے؟

الف	مجھے ایڈس کے لیے ٹسٹ کرنا پڑا It was possitive (خاموشی) میرے اندر HIV وائرس ہیں، تمہیں انفارم کرنا میں نے ضروری سمجھا۔ اس لیے... (چپ ہو جاتا ہے)

ب	آگے کیا؟

الف	کیا...!

ب	(چڑ کر) آگے کیا لکھا اس نے...؟

الف	کچھ نہیں، صرف ایک لمبا ڈیش ۔ (اچانک جیسے سارا ماحول بھاری ہو جاتا ہے) اب بولو تم اپنا ٹسٹ کرواؤ گے؟

ب	تم کہہ رہے ہو اس لیے؟

الف	میں نہیں مدھو کا یہ... خط

ب	کیا میرے اندر بھی... (کہتے کہتے رک جاتا ہے)

الف	ہو سکتا ہے ۔

ب	یہ بھی تو ہو سکتا ہے اس کے جسم میں وائرس دسمبر کے بعد...

الف	اس کا مطلب تم ٹسٹ نہیں کرواؤ گے؟

ب	(مضبوط لہجے میں) نہیں بالکل نہیں... کیوں اور کس لیے؟

الف	اوکے... اس وقت رات کے گیارہ بجے ہیں، تم اپنے بستر پر لیٹے ہو نیتا گنگناتے

<table>
<tr><td>

ہوئے کمرے میں آتی ہے مسکراتی ہے۔تم چاہ کر بھی مسکرا نہیں پاتے۔

</td><td>ب</td></tr>
<tr><td>

اس وقت میرے دماغ میں مدھو ہی چھائی ہوئی ہے۔

</td><td>الف</td></tr>
<tr><td>

اور دلی سیمینار، مدھو، مدھو کے ساتھ اکیلے میں بتائی وہ رات، اس کا خط، تم ساری چیزوں کو اپنے دماغ سے کھرچ کھرچ کر نکال دینا چاہتے ہو...تبھی نمیتا کا ہاتھ تمہارے سینے پر آتا ہے...تم بوکھلا کر اس کے ہاتھ کو خود سے دور کرتے ہو۔

</td><td>ب</td></tr>
<tr><td>

کیا ہوا؟ تم ٹھیک تو ہونا؟

</td><td>الف</td></tr>
<tr><td>

آں...ہاں...کچھ نہیں...تم سو جاؤ...

</td><td>ب</td></tr>
<tr><td>

ہو سکتا ہے اس رات میں نے کنڈوم استعمال کیا ہو؟

</td><td>الف</td></tr>
<tr><td>

تم نے آخری بار کنڈوم کب استعمال کیا تھا؟

</td><td>ب</td></tr>
<tr><td>

ایک بات بتاؤں؟

</td><td>الف</td></tr>
<tr><td>

کنڈوم کے بارے میں؟

</td><td>ب</td></tr>
<tr><td>

نہیں...اس بیماری کے بارے میں...

</td><td>الف</td></tr>
<tr><td>

(دھیمے سے مسکرا کر) کیا؟

</td><td>ب</td></tr>
<tr><td>

بہت کم لوگ جانتے ہیں...انفکشن عورت سے مرد کی طرف جاتا ہی نہیں، جاتا بھی ہے تو لاکھوں میں ایک آدھ...

</td><td>الف</td></tr>
<tr><td>

مگر اتنی ساری گنِت بٹھا کر حاصل کیا کرنا چاہتے ہو؟

</td><td>ب</td></tr>
<tr><td>

(قائل ہوتے ہوئے)اوکے I will have the test done

</td><td>الف</td></tr>
<tr><td>

Done (اس کی مسکراہٹ گہری ہو جاتی ہے) تمہیں مدھو کا خط ملا...تم نے اسے پڑھا...سیدھے بیڈروم میں گئے، کپڑے بدلے، اسپتال جانے کے لیے۔ باہر جھڑی لگی ہے۔ٹیکسی...

</td><td>ب</td></tr>
<tr><td>

اوہ نو!

</td><td>الف</td></tr>
<tr><td>

کیا ہوا؟

</td><td>ب</td></tr>
<tr><td>

میں چھتری لینا بھول گیا۔

</td><td>الف</td></tr>
<tr><td>

مگر تب تک ٹیکسی تمہارے سامنے آ کر رک جاتی ہے اور تم ٹیکسی میں بیٹھ جاتے ہو۔ٹیکسی والا تمہیں سامنے والے فٹ پاتھ پر چھوڑتا ہے...تمہیں اسپتال جانے

</td><td>ب</td></tr>
</table>

کے لیے روڈ پار کرنا ہے۔

ب   میں دھیمے دھیمے قدم بڑھاتا سڑک پار کرتا ہوں...

الف   اے بھوسڑی کے...

ب   کیا؟

الف   ایک اُجڈ ٹرک ڈرائیور تم پر چلاتا ہے اور تب تمہیں خیال آتا ہے تم سڑک کے بیچوں بیچ کھڑے ہو...

ب   آ گے؟

الف   مرے مرے قدموں سے اسپتال کے کمانی دار پھاٹک میں داخل ہوتے ہو... "Aids Prevention Ward" اس وارڈ کے سامنے جا کر تم رک جاتے ہو، وہاں ایک خالی بینچ پر جا کر بیٹھ جاتے ہو... تمہارا دل زور زور سے دھڑک رہا ہے... کیا ہو گا اس ٹسٹ میں؟ تم اسی کشمکش میں ہو کہ اچانک کال بیل بجتی ہے۔ تم کیبن میں جاتے ہو... ارے یہ کیا؟

ب   کیا ہوا؟

الف   وہ تو لیڈی ڈاکٹر ہے... جوان... اس کی جگہ کوئی مرد ڈاکٹر ہوتا تو... تم سوچتے ہو۔

Are you homosexual?

ب   کیا؟

الف   وہ لیڈی ڈاکٹر پوچھ رہی ہے آپ سملینگ سمبھوگ کرتے ہیں... نہیں... تو dope addict ہو؟ (تم نا میں گردن ہلاتے ہو) کیا ویشیاؤں کے ساتھ کبھی؟ غصہ سے تم باہر جانے لگتے ہو (ب جانے لگتا ہے) ایک منٹ... پلیز... اب مجھے بتاؤ actually ہوا کیا تھا؟

ب   ڈاکٹر میں دلی گیا تھا... پچھلے دسمبر کو... وہاں (خاموشی) یہ... خط...

الف   وہ خط پڑھتی ہے۔ Get the blood test done...اس کے بعد ہی کہا جا سکتا ہے... تم بلڈ ٹسٹ کے لیے لیب میں جاتے ہو۔

ب   بلڈ ٹسٹ کے بعد؟

الف   چارد یوسانی یا...!

ب	کیا!

الف	ایسا لیب کا اسٹاف کہتا ہے تمہیں لگتا ہے کہ ....

ب	ایک ایک منٹ (اچانک الف کو روک کر) یہ بتاؤ ...اس ٹسٹ کے بارے میں
	تمہیں اتنی جانکاری کیسے ...؟

الف	اُوف پھٹے میں ٹانگ اڑانے کی تمہاری یہ عادت کبھی کبھی بہت بھاری پڑتی
	ہے ۔ اچھا flow ملا تھا ...

ب	(اس کی آنکھوں میں جھانک کر) تم نے بتایا نہیں اس ٹسٹ کی اتنی ڈیٹیل کا
	تمہیں کیسے پتا؟

الف	پرسوں ہی میں نے اپنا بلڈ ٹسٹ کروایا ...

ب	(چونکتا ہے) کیا؟

الف	چونکنے کی ضرورت نہیں ...مجھے ناٹک کے لیے facts چاہئے تھے ...اور کچھ
	نہیں ...تو لیب کے لوگ تمہیں ...تمہیں چار دن بعد بلاتے ہیں ۔

ب	یعنی فرائیڈے کو ...

الف	تم تیزی سے باہر نکلتے ہو ...خود کو خوش کرنے کے بہانے ڈھونڈتے ہو ۔ چلو
	میں نے ٹسٹ کروا کر اس سچ کا سامنا تو کیا ...کتنے لوگوں میں یہ ہمت ہوتی ہے ۔
	اب رپورٹ چاہیے جو آئے مجھے اس سے کیا؟ تم اسی موڈ میں گھر کی طرف نکلتے ہو ۔

ب	نہیں میں لائبریری جاؤں گا ۔

الف	او کے ! تو تم لائبریری ...امریکن لائبریری جاتے ہو ۔ یہاں پتہ چلتا ہے اس
	سبجیکٹ کی ساری کتابیں پہلے ہی سے ایشو ڈیں ۔ تین الماریوں کو کھنگالنے کے بعد
	بڑی مشکل سے تمہارے ہاتھ ایک کتاب لگتی ہے ۔ اس کے ٹائٹل پر ایک ننگی
	عورت اور ایک بندر کی تصویر ہے ...اور ان دونوں کے بیچ میں ایک ...

ب	(بیگ میں سے کتاب نکال کر) یہ کتاب میں دیکھ چکا ہوں ...آ گے ۔

الف	اسے لے کر تم گھر پہنچتے ہو ۔

ب	(جھنجھلا کر) یہ سب چھوڑ و یار ۔ فرائیڈے پر آ ؤ ۔

الف	فرائیڈے کے لیے تم اتنے اتاولے کیوں ہو رہے ہو ...گھر پہنچ کر تم کتاب پڑھنے

کی کوشش کرتے ہوئی بھی بیل بجتی ہے۔

ب ٹنگ ٹونگ...

الف شالو اسکول سے لوٹی ہے۔بستہ پھینک کروہ ایک دم سے تمہاری طرف لپکتی ہے۔تم بھی اسے اپنے سینے سے بھینچ لیتے ہو۔اور پھر اچانک...جیسے تمہیں کچھ یاد آ جاتا ہے۔تم جھٹک کر شالو کو خود سے دور کرتے ہو۔

ب چھونے سے کچھ نہیں ہوتا۔

الف ہاں پتہ ہے مجھے...مگر تمہیں نہیں...کیونکہ جو کتاب تم لائبریری سے لائے ہو،امریکن لائبریری سے...وہ تم نے پڑھی نہیں۔اس میں لکھا ہے۔

The infection is transform via seminal fluid

blood and possibly saliva aid tours so it is

(لمبی خاموشی)utmost imparts to between members

میں نیچے کھیلنے جاؤں؟

ب (چونک کر)کیا؟

الف تمہاری سات سال کی بیٹی...شالو تم سے پوچھتی ہے۔اور تمہارا جواب سنے بنا نیچے بھاگ جاتی ہے۔تمہیں سگریٹ کی طلب محسوس ہوتی ہے۔قمیص کی اوپری جیب سے تم سگریٹ کا پاکٹ نکالتے ہو۔Oh shit کیا ہوا؟

ب سگریٹ ختم ہو چکی ہے۔تم بالکنی میں آ کر کھڑے ہوتے ہو۔

الف شالو نیچے کھیلنے میں مگن ہے۔میں اسے Wave کرتا ہوں۔وہ مسکراتی ہے۔ اس کا مسکرانا مجھے اچھا لگتا ہے۔کچھ دیر تک وہیں کھڑے میں اسے دیکھتا رہتا ہوں اور پھر اندر چلا آتا ہوں۔اندر آ کر میں ٹی وی آن کرتا ہوں۔ایک کے بعد ایک کئی چینل بدلتا ہوں مگر...

ب بیل بجتی ہے۔

الف ٹیلیفون کی؟

ب نہیں دروازے کی۔ٹنگ ٹونگ...ریموٹ لیے تم دروازہ کھولتے ہو۔سامنے...

ب: نمیتا؟

الف: یس، نمیتا گھر لوٹی ہے وہ اپنے آفس کے دوستوں کے ساتھ فلم دیکھنے گئی تھی ۔ دل والے دلہنیا لے جائیں گے۔

ب: ہاں، شاہ رخ خان اس کا فیوریٹ ہے نا...

الف: بہت خوش ہے اور وہ فلم کے بارے میں تم سے بات کرتی ہے۔

ب: یہ محسوس کیے بنا کہ میرا دھیان اس کی باتوں میں نہیں ہے۔

الف: اس کی باتیں ختم ہونے کے بعد تم اسے آج کی پوری روداد سنا دیتے ہو۔

ب: (غصے سے) پگلا گئے ہو کیا؟

الف: تم یہ کہنا چاہتے ہو کہ تم اسے کچھ نہیں بتاؤ گے؟

ب: کیا بتاؤں؟ ہو سکتا ہوں میں انفیکٹیڈ ہی نہیں ہوا ہوں۔

الف: ٹھیک ہے ۔ تم اس راز کو اپنے تک رکھنا چاہتے ہو تو...

ب: (جلدی سے) دیکھتے ہی دیکھتے وہ دن آ گیا یعنی فرائیڈے۔

الف: تم گھر میں اکیلے ہو اور...

ب: اور خود کے لیے میں کافی بنا رہا ہوں۔ کچن میں۔

الف: وہاں Parapet پر ایک بلی بیٹھی ہے جسے تم نے اس سے پہلے کبھی نہیں دیکھا۔

ب: (حیرت سے) بلی؟

الف: ہاں۔ مگر تمہیں لگتا ہے کہ بلی تمہیں دیکھ چکی ہے ۔ (ب کچھ لمحے نہ جانے کیا سوچتا رہتا ہے الف اس کے چہرے کو غور سے دیکھتا ہے) دوپہر کو تین بجے تمہیں رپورٹ ملنے والی ہے۔

ب: ہُرّ... ہُرّ...

الف: کیا ہوا؟

ب: میں بلی کو بھگاتا ہوں۔ اور... اور وقت کاٹنے کے لیے میں... میں ایک کتاب اٹھا لیتا ہوں ۔ یونہی...

الف: یہ تو وہی کتاب ہے امریکن لائبریری والی۔

ب: ایک کے بعد ایک میں کئی صفحے الٹ ڈالتا ہوں۔

| الف | پر پلّے کچھ نہیں پڑتا۔ |

| ب | شاید اس کی بھاشا ہی کچھ ایسی تھی۔ |

| الف | یا تمہاری دماغی حالت! |

| ب | تیار ہو کر جب گھر سے نکلتا ہوں…اس وقت گھڑی میں ڈھائی بج رہے ہیں۔(رک کر پکارتا ہے) ٹیکسی! |

| الف | ایک ٹیکسی تمہارے سامنے آ کر رکتی ہے مگر تم اچانک ٹیکسی کے بجائے سوچتے ہو بس ٹھیک رہے گی۔بس سے اتر کر تم…تم دھیمے دھیمے قدموں سے ہاسپٹل پہنچتے ہو…پیدل…وارڈ میں رسید دیکھ کر تمہیں بیٹھنے کے لیے کہا جاتا ہے۔تم چپ چاپ خالی بینچ پر بیٹھ جاتے ہو۔ |

| ب | بہت سارے خیالات چوہوں کی طرح میرے اندر دوڑ رہے ہیں۔رشمی سے…میرا مطلب ہے کیا نام تھا یار اس کا…ہاں مدھو…مدھو کی پہلی ملاقات سے لے کر اب تک کی ساری باتیں۔ایک دوسرے میں گڈ مڈ ہو رہی ہیں۔اندر کی بے چینی کو کم کرنے کے لیے میں یونہی بے وجہ اپنی جیب ٹٹولنے لگتا ہوں۔مدھو کا وہی خط میری انگلیوں میں سرسراتا ہے۔میں سوچتا ہوں، مجھے تو اس خط نے یہاں تک لایا مگر مدھو…اسے کیسے پتہ چلا ہوگا؟اس نے کس طرح اپنا ٹسٹ کروایا ہوگا؟اور اس پورے پروسیس میں کون ہوگا اس کے ساتھ…؟اس کے پاس…؟؟کوئی ہوگا بھی کہ نہیں…کیا feel کرتی ہوگی وہ…؟ٹسٹ کرانے سے پہلے اور ٹسٹ کرانے کے بعد…؟کیا میری طرح وہ بھی خود کو اکیلا اور تنہا محسوس کرتی ہوگی؟یا پھر اس کے ساتھ… |

| الف | (تیزی سے) نہیں تم ایسا کچھ بھی نہیں سوچ رہے ہو؟تم باہر بینچ پر بیٹھے صرف انتظار کر رہے ہو۔بیل بجنے کا۔تمہارا دل تمہارا دماغ بالکل خالی ہے… |

| ب | مگر مدھو تو… |

| الف | تبھی تمہیں اندر سے بلاوا آتا ہے۔وہی لیڈی ڈاکٹر تمہیں بیٹھنے کا اشارہ کرتی ہے اور دھیمے سے کہتی ہے:…positive |

| ب | کیا؟(ٹھنڈی سانس بھر کر) |

الف   Positive...اس کا مطلب تمہارے خون میں HIV وائرس ہیں ۔(خاموشی) تمہیں لگتا ہے تمہارے پیروں کے نیچے سے زمین گھسیٹ لی ہے اور تم شُفیہ میں کھڑے ہو۔وہ لیڈی ڈاکٹر تمہیں کاؤنسلنگ کی باتیں بتانے لگتی ہے ۔ بالکل مشینی انداز میں...مگر تمہیں کچھ سنائی نہیں دیتا۔

ب   کیا میں جا سکتا ہوں ...

الف   اور اس کا جواب سنے بغیر تم باہر آجاتے ہو...وہ رپورٹ تمہارے ہاتھوں میں ہے ...اب بھی۔

ب   HIV positive

الف   تمہارا نیا نام، نئی شناخت، نئی آئیڈینٹٹی ۔ نہ جانے کن کن راستوں سے گزرتے تم اپنے گھر...

ب   نہیں میں اپنے گھر نہیں جاؤں گا۔

الف   تو پھر کہاں جاؤ گے؟

ب   سمندر کے کنارے!

الف   یار Conventional ہے ۔ ستّر کی ہندی فلم جیسا ساؤنڈ ہوتا ہے...نہیں!

ب   مجھے نہیں پتا...مجھے سمندر کے کنارے جانا ہے بس...

الف   غبارے کہاں سے خرید وگے؟ میرا مطلب ہے، راجیش کھنہ کی اسٹائل میں! (ب گھور کر دیکھتا ہے) ٹھیک ہے ۔ تم سمندر کے کنارے جانا چاہتے ہو مگر تمہارے پاؤں تمہیں اپنے گھر کی طرف لے جاتے ہیں ۔(ب کچھ کہنا چاہتا ہے تبھی) پاپا...

ب   کیا ہوا؟

الف   بالکنی میں کھڑی شالو نے تمہیں آتے دیکھ لیا ۔اب تو گھر جانا ہی پڑے گا۔

ب   کیا ہوا؟ دروازہ کھول کر مِنّی مجھے حیرت سے دیکھتی ہے ۔

الف   ک...ک...کچھ نہیں...

ب   کچھ نہیں؟ ہاں میں اسے ٹال دیتا ہوں ۔(الف سے) تم یار بیکار میں مجھے گھر لے آئے ۔میں کہیں باہر نکل جانا چاہتا ہوں ۔

الف   کہاں؟

ب: مجھے نہیں معلوم۔

الف: کیا مطلب؟

ب: کہانا... مجھے نہیں معلوم...اور شاید واپس بھی نہ آؤں۔

الف: اگر ایسا ہے تو... چلو ٹھیک ہے...کٹ ٹو نمیتا...رات آدھی سے زیادہ بیت چکی ہے۔ نمیتا کمرے میں اکیلی ہے... تمہارا انتظار...سوچ رہی ہے پتہ نہیں رات کو اس وقت اپنے کن دوستوں کے ساتھ ہوں گے تم...اسے کیا پتہ کہ تم لوٹو گے ہی نہیں۔ اسے نہ تمہاری بیماری کا پتہ ہے نہ تمہاری الجھنوں کا...اس بے چاری کو تو یہ بھی نہیں معلوم کہ اس بھیانک بیماری کا ایک انش تم اس کی کوکھ میں بھی اتار چکے ہو۔ اور تم تو...

ب: (اکتا کر) بس بس بہت ہو گیا۔ آج کے لیے اتنا کافی ہے۔

الف: نہیں نہیں نہیں۔ نمیتا اس بیماری کے بارے میں...

ب: (جلدی سے) ہو سکتا ہے اگر میں واپس آ جاؤں یار...

الف: تو ٹھیک ہے۔ تم گھر لوٹے ہو۔ نمیتا کے پاس جاتے ہو۔ اسے ایک ہی سانس میں سب کچھ بتا دیتے ہو۔

ب: (مضبوط لہجے میں) نہیں۔

الف: تو کب بتاؤ گے اسے اور کس طرح؟

ب: میں نہیں جانتا۔ (ایک پل کی خاموشی کے بعد اچانک تیزی سے) ہو سکتا ہے میں اسے صاف صاف کہہ دوں گا کہ نمیتا...م...م...مجھے مجھے...

الف: تم کہنا چاہتے ہو مگر...مگر آواز تمہارے گلے میں پھنس جاتی ہے۔ طبیعت تو ٹھیک ہے نا تمہاری۔ ایسا تمہاری بیوی تم سے پوچھتی ہے۔

ب: ہاں ٹھیک ہے۔

الف: کہہ کر نمیتا پلٹتی ہے۔ (الف بھی مڑتا ہے)

ب: نمیتا...

الف: کیا؟

ب: یہاں آؤ۔

الف کیا ہوا؟

ب بیٹھو نا!

الف وہ بیٹھ جاتی ہے...پھر...

ب میں اسے سب بتا دیتا ہوں۔

الف کیسے؟

ب (چڑ کر) بتار ہا ہوں یار۔ (پھر نارمل ہو کر) تمہیں یاد ہے نمیتا پچھلے سال میں سمینار کے لیے دلی گیا تھا۔ وہاں مدھو سے میری ملاقات ہوئی تھی۔

الف مدھو...کون مدھو؟

ب آرٹسٹ ہے، تصویریں بناتی ہے، ہم لوگوں نے ایک رات ساتھ...(کہتے کہتے رک جاتا ہے) بس اتنا سمجھ لو کہ...مجھے ایڈس ہوا ہے۔

الف (بری طرح چونک کر) کیا تم اس کے ساتھ...نہیں...تم میرے ساتھ ایسا نہیں کر سکتے...بولو کیوں کیا تم نے ایسا؟...اور اب بتا رہے ہو مجھے۔

ب بکواس...نمیتا ایسا بول ہی نہیں سکتی۔ یہاں میں زندگی اور موت کے بیچ لٹکا ہوں اور وہ چھ مہینے پہلے والی غلطی...

الف (بات کاٹ کر) یہی ہو گا۔ نمیتا تم سے ایک ایک بات جاننا چاہے گی۔ کیونکہ تم اس غلطی کو روگ بنا کر اس کے پریوار میں، اس کے جسم میں، اس کی آتما کے اندر لے آئے ہو۔

ب پر اُس وقت مجھے تھوڑے ہی پتہ تھا کہ وہ...

الف سچائی یہ ہے کہ تمہاری وجہ سے وہ مرنے والی ہے۔ اب یہ بولو اتنا سب ہونے کے بعد کیا کرو گے تم؟ تم لوگ...ہاں تم لوگ...گلے ملو گے ایک دوسرے سے یا نمیتا Profile میں بیٹھی ہے اور اس کے تاثرات تمہیں دکھائی نہیں دے رہے ہیں۔ اس لیے تمہیں پتہ نہیں چل رہا ہے کہ وہ کس طرح re-act کرے گی۔ تم اس کے قریب جاتے ہو۔ دھیمے سے اس کے کندھے پر ہاتھ رکھتے ہو۔ زناٹے دار ایک طمانچہ وہ تمہارے منہ پر مارتی ہے...یا ہو سکتا ہے جنگلی وحشی درندے کہہ کر وہ تم پر تھوک دے...یا اپنے کندھے سے تمہارا ہاتھ ہٹا کر چپ چاپ کچھ کہے اپنے

کمرے میں چلی جائے۔اور دھیمے سے دروازہ بند کرلے...

ب: مجھے نہیں معلوم...اور تم بھی کیسے کہہ سکتے ہو کہ ایسا ہی ہوگا۔

الف: کیا مطلب؟ رائٹر ہونے کی حیثیت سے ہم لوگ تو صرف امکانات کو دیکھ رہے ہیں Possibilities

ب: لیکن کیوں...؟کس لیے...؟اور یہ مت بھولو یہ ناٹک ایڈس پر ہے۔میری شادی شدہ زندگی پر نہیں۔

الف: یار تم تو سیریس ہوگئے...یہ مت بھولو کہ یہ سب تم نے شروع کیا ہے۔کہانی کا سرا نہیں مل رہا تھا اس لیے ہم نے پرسنل باتیں شامل کیں۔تاکہ ہماری کہانی کا اونٹ کسی کروٹ بیٹھے۔

ب: پرسنل باتیں ڈالیں گے تو بیٹھے ہوئے اونٹ بھی کھڑے ہوں گے۔ابھی ہم لوگ کل بیٹھتے ہیں۔آج کے لیے تھوڑا آرام کرنا چاہتا ہوں۔

الف: یار کہانی Shape لے رہی تو اس طرح بیچ میں چھوڑ کر

ب: (فیصلہ کن لہجے میں) نہیں!بس بہت ہوگیا۔

الف: یہ کیوں نہیں کہتے کہ تم co-operate کرنا نہیں چاہتے۔

ب: ٹھیک ہے تم اگر یہ سمجھتے تو یہی صحیح۔(جمائی لیتے ہوئے) میں اندر جا کر کمر سیدھی کرتا ہوں۔(کہہ کر بہ اندر کے کمرے میں جاتا ہے)

الف: تم آرام کرو۔میں چلتا ہوں۔(الف اپنا سامان بیگ میں بھرنے لگتا ہے)

ب: کہاں جا رہے ہو؟(الف کوئی جواب نہیں دیتا ہے۔چپ چاپ اپنا بیگ اٹھاتا ہے۔)تم جانا چاہتے ہو تو خوشی سے جاؤ لیکن جانے سے پہلے میرے ایک سوال کا جواب دو گے؟

الف: پوچھو،مگر جلدی۔

ب: سوچو اگر یہ سب تمہارے ساتھ ہوا ہوتا تو؟

الف: کیا مطلب؟

ب: مطلب جو کچھ میرے ساتھ ہوا وہ سب تمہارے ساتھ ہوتا تو؟

الف: کیا؟

ب   یہی...دلی کا سمینار، مدھو سے ملاقات، چھ مہینے بعد اس کا خط، بلڈ ٹسٹ اور اس کے
بعد...ایک نیا نام HIV positive...بھی بھی، یعنی تمہاری بیوی سیما یہاں
تمہارے سامنے بیٹھی ہے Profile میں، اب یہ بولو تم کیا کرو گے؟

الف   Nonsense

ب   نہیں I am talking sense (الف کوئی جواب نہیں دیتا ہے) اب میں
یہ کہوں کہ تم Co-operate نہیں کر رہے ہو تو؟

الف   میں بات کو یہاں تک بڑھنے ہی نہیں دوں گا۔

ب   مطلب؟

الف   Suicide۔ میں خودکشی کر لوں گا۔

ب   کیسے؟

الف   بہت سے طریقے ہیں...

ب   جیسے...(الف خاموش ہے) چھٹی چھوڑ و گے اپنے پیچھے؟

الف   ہاں شاید!

ب   لکھو گے کیا اس میں؟ اپنی غلطی کا وہ کیا کہتے ہیں...پرائشچیت کر رہا ہوں

الف   harsh line ہے مگر ایسا ہی کچھ...لگ بھگ...

ب   اور پوسٹ اسکرپٹ...یعنی .P.S سیما شاید میری وجہ سے تمہیں بھی ایڈس ہوا ہو۔
(خاموشی) کل بنی اپنی ماں سے پوچھتی ہے۔ پاپا نے آنٹی تیا کیوں کی؟ تو کیا
جواب دے گی سیما؟ بولو (الف چپ ہے) کیا تم سچ مچ خودکشی کرو گے؟ چھٹی لکھ
کر یا بنا چھٹی لکھے...نہیں...نہیں...نہیں...مجھے نہیں لگتا تم خودکشی نہیں کرو گے۔ تم سیما
کو بتاؤ گے...

الف   (اپنی سوچ میں) ہاں شاید تم ٹھیک کہتے ہو۔ میں سیما کو...

ب   (بات کاٹ کر) چلو تم سیما کو سب کچھ بتا چکے ہو۔ ہم بات یہاں سے شروع کرتے
ہیں۔ اس کے بعد کیا ہوا؟

الف   اب اس کا ٹسٹ...

ب   رزلٹ؟ (الف خاموش) تم نے بتایا نہیں۔ (الف پھر خاموش) چلو ہم لوگ مان

	لیتے ہیں اس کا رزلٹ نیگیٹیو آیا۔
الف	(سکون کی سانس بھر کر) تھینکس گاڈ... یہ اچھا ہوا۔
ب	کس کے لیے؟
الف	میرے لیے...ہم سب کے لیے۔
ب	تمہاری شادی شدہ زندگی کا کیا؟ خاص طور پر راتوں کو...
الف	میں کنڈوم استعمال کروں گا۔
ب	ایک 0.035mm جتنا باریک ربر کیا اس سیلاب سے بچا پائے گا۔
الف	اس کے علاوہ بھی تو بہت کچھ ہے جو کیا جا سکتا ہے۔
ب	جیسے...؟
الف	جیسے...جیسے...
ب	جو منع ہے...Prohibited
الف	(غصے سے) شادی صرف بستر بازی نہیں ہے ۔ (کچھ پل دونوں چپ رہتے ہیں کافی دیر بعد الف دھیمے سے کہتا ہے) اور مجھے لگتا ہے میں اس سے کہہ دوں گا کہ میں ایڈس کا روگی ہوں۔ اور بات ختم...
ب	ختم نہیں، بات وہیں سے شروع ہو گی۔...اس کی نفرت پانے کے لیے اتنا ہی کافی ہے...ہو سکتا ہے وہ تمہیں Disown کرے۔
الف	اگر سیما کے بلڈ ٹسٹ کا رزلٹ نیگیٹیو نہیں آیا تو؟
ب	مطلب اسے بھی ہوا ہے یہ روگ کیوں؟
الف	ہاں اور ہم ایک ساتھ رہ رہے ہیں ایک چھت کے نیچے۔ایک بستر پر، ایسے جیسے کچھ ہوا ہی نہیں ۔
ب	سچ مچ تمہیں ایسا لگتا ہے
الف	کوئی نہ کوئی تو راستہ نکالنا ہو گا۔ اپنے گھر کے لیے (جھنجھلا کر) سالا اس سے تو کینسر بھلا۔
ب	یہ سوچو تمہارے ماں باپ بھائی بہن کو پتہ چلے گا تو؟
الف	اوہ گاڈ! یہ روگ مجھا اکیلے کو ہوا ہوتا تو سارے دکھ، ساری تکلیفیں میں خود جھیل لیتا...۔

لیکن میری وجہ سے...سیما بھی اس کی لپیٹ میں آ جاتی ہے تو...میڈیکلی ہم دونوں ایک جیسے ہیں...ایڈس کے روگی...لیکن morally میں...؟

ب - تمہاری وجہ سے میں ماری جاؤں گی بے وجہ...وہ کہے گی۔

الف - (شک سے) وہ کہے گی ایسا؟

ب - یقیناً وہ یہی کہے گی...دنیا چاہے جو سمجھے، مگر سیما اچھی طرح جانتی ہے کہ غلطی صرف اور صرف تمہاری تھی۔(الف کو دیکھ کر)

الف - مان لو سیما اس اپنی سوڈ کو بھول جانے کو کہے تو؟

ب - اتنا آسان نہیں ہے یہ سب۔ یہ واقعہ ایک گانٹھ کی طرح تم دونوں کے بیچ موجود رہے گا...چاہ کر بھی تم اسے جھٹک نہیں پاؤ گے اپنے وجود سے...دونوں کی زندگی سے...دھوکا دیا ہے تم نے مجھے...وشواس گھات کیا ہے میرے ساتھ۔(الف منہ موڑ لیتا ہے۔ب اسے دیکھتا ہے چپ چاپ اٹھتا ہے بوتل سے پانی نکال کر الف کو دیتا۔الف گلاس اس کو دیکھ کر)

الف - تمہیں کیا لگا میں رو رہا ہوں ایسا؟

ب - مجھے لگا تم پیاسے ہو۔

الف - ٹھیک ہوں (کچھ پل بعد) بہت ہو گیا...آج کے لیے اتنا کافی ہے۔

ب - نہیں ابھی تو بہت کام باقی ہے۔

الف - نہیں یار میرا موڈ ٹھیک نہیں ہے۔

ب - تم جذباتی ہو رہے ہو۔کم آن...بیٹھ کر بات کرتے ہیں۔(الف ویسے ہی کھڑا رہتا ہے۔ب ہاتھ پکڑ کر بیٹھاتا ہے۔)اماں بیٹھو یار(الف بیٹھ جاتا ہے)ہاں اب بتاؤ کہ لوگوں کو کیا بتاؤ گے...؟(الف دوسری طرف چہرہ پھیر لیتا ہے۔)you cant avoid this question ماں باپ، بھائی بہن، بیوی، بچے تو ہیں ہی مگر اہم ہے سماج۔پورے ناٹک کا اہم حصہ اسی موڑ سے شروع ہوتا ہے۔کہ لوگ...

الف - کون سے لوگ؟

ب - تمہارے دوست، رشتہ دار، تمہارے پڑوسی، تمہارے ساتھ آفس میں کام کرنے

والے ،تمہارے ساتھ چلنے والے ،سفر کرنے والے ۔ان کے سامنے کیسے کہہ
پاؤ گے کہ دلی میں تم نے موج مستی کی اور اس کے بدلے میں ایڈس کا روگ اپنے
ساتھ لے آئے ...بولو کیسے کہو گے ان کو؟

الف: پگلا گئے ہو کیا تم کیا چاہتے ہو؟ کلہاڑا پاؤں پر نہیں گرا تو پاؤں دے ماروں
کلہاڑے پر ...لوگوں کو خود سے دور جانے کا راستہ بتا دوں ... پان والا، دودھ والا،
پاس پڑوسی، ملنے والا جو بھی مجھ سے ملے ربر گلوز پہن کر ملے ...نہیں ...نہیں ...
اس معاملے میں چپ رہنا ہی ٹھیک رہے گا۔

ب: پر چھونے سے نہیں پھیلتا۔

الف: ایڈس کا مطلب جانتے ہو؟ اچھے اچھوں کی پھٹتی ہے ۔تم کیا سمجھتے ہو...شبانہ اعظمی کا
ایڈ دیکھ کر لوگ وشواس کر لیتے ہیں، ایڈس چھونے سے نہیں پھیلتا...ایسے تو صرف
پیار پھیلتا ہے ...(خاموشی) نہیں (خاموشی) ایک طرف لوگوں کی نفرت اور ایک
طرف لوگوں کی دیا ...دونوں ہی نہیں چاہئے مجھے ...

ب: (کافی دیر تک اسے دیکھتا ہے پھر دھیمے دھیمے چلتا ہوا اس کے قریب آتا ہے ۔اپنا
ہاتھ بڑھا کر اس سے کہتا ہے) ایک منٹ ہاتھ دینا۔(الف ہچکچاتے ہوئے اپنا ہاتھ
اسے دیتا ہے ۔اس کے ہاتھ کو تھامتے ہوئے) یہ بولو دوست کیا میں ایسا کر سکتا
ہوں؟ یا تم میرے ساتھ ایسا کرو گے؟ (الف کے چہرے پر کرب کے تاثرات
دیکھ کر)او کے مجھے گولی مارو ۔یہ بولو کوئی ایک آدمی تو ایسا ہو گا تمہاری آفس میں،
دوستوں میں ،رشتہ داروں میں، محلے اور جان پہچان والوں میں، جو تمہیں تمہاری
اس نئی آئڈنٹٹی کے ساتھ قبول کرے ۔

الف: (اکتا کر) ہاں ہاں بہت سے ہوں گے ۔چاہتے کیا ہو تم ۔کیا نام پتہ اور جنم کنڈلی
لا کر دوں تمہیں ان کا ۔میں سب سے کہہ دوں گا...(پھر رک کر) ہوش میں کہتے
ہوئے شاید کچھ عجیب سا لگے تو ہو سکتا ایک آدھ پیگ کے بعد ...

ب: او کے تم میں ہمت ہے کہ تم سب سے یہ کہہ سکو، ہوش میں نا سہی مدہوشی میں ۔
چیئرس... دوستو آج کا جام ...میری صحت کے نام ... مجھے ایڈس ہوا ہے ... But
dont worry یہ چھونے سے نہیں پھیلتا۔ کچھ ایسا ہی کہو گے نا؟

الف — اس طرح نہیں مگر اپنے گھر پر بلا کر...سلیقے سے انہیں سمجھایا جاسکتا ہے ۔(کہتے کہتے رک جاتا ہے) کس طرح ری ایکٹ کریں گے وہ سب...؟

ب — they might be shocked

الف — ہاں! مگر دھیرے دھیرے نارمل ہو جائیں گے ۔

ب — اور کچھ دنوں بعد تمہیں پتہ چلے گا کہ اب ان میں سے کئی تم سے کترا رہے ہیں...تم چائے آفر کرتے ہو تو ٹال جاتے ہیں ۔۔۔آفس میں ۔تمہارے ساتھ کام کرنے والوں کو تمہارا کامن ٹوائلیٹ استعمال کرنا بھی پسند نہیں ۔۔۔تمہاری چھوئی ہوئی چیزوں کو چھونے میں انہیں پچکچاہٹ ہوتی ہے ۔(خاموشی) اپنے لوگوں کے بیچ تم خود کو اچھوت اور اکیلا محسوس کرتے ہو ۔(دونوں چپ... کچھ دیر بعد) اب بتاؤ تمہارا آگے کیا ارادہ ہے ۔

الف — میں انہیں سمجھاؤں گا۔ انہیں بتاؤں گا کہ یہ صرف میرا مسئلہ نہیں ہے یہ تو...

ب — یہ صرف تمہارا پرابلم ہے، صرف تمہارا...

الف — میں کون ہوں؟ سماج کی ایک اکائی ۔ اس لیے یہ میرا پرابلم نہ ہو کر پورے سماج کا پرابلم ہے ۔

ب — مگر وہی سماج اپنے شریر کا ایک گلا سڑا انگ سمجھ کر تمہیں اب خود سے الگ کر دینا چاہتا ہے ۔(الف چپ) ایک دن تمہارا باس تمہیں اپنے کیبن میں بلاتا ہے...تمہارا باس...

الف — یس سر!

ب — دو دن پہلے میرا سالا آیا تھا گھر پر...۔

الف — کس کے؟

ب — میرے! ڈاکٹر ہے، وہ کہہ رہا تھا کچھ ایڈوانس ٹسٹ آئے ہیں ۔

الف — کس بارے میں؟

ب — وہ....وہ...میرا مطلب ہے ۔ اُس کے بارے میں وہ ۔...ایڈس کے بارے میں تم جا کر اس سے مل لو ۔

الف — کس لیے؟ میں بالکل ٹھیک ہوں ۔ یہ سچ ہے کہ میرے خون میں وائرس ہیں لیکن

پھر بھی میں ٹھیک ٹھاک ہوں سر...

ب — اسٹاف کے لوگوں کا کہنا ہے...(رک کر) کہ تم ایسا کیوں نہیں کرتے کہ کچھ مہینوں کی چھٹی پر چلے جاؤ۔ میں پاس کر دیتا ہوں۔

الف — سر یہ چھونے سے نہیں پھیلتا۔

ب — ہفتے میں چار دن سنتا ہوں۔ شبانہ اعظمی کے منہ سے...مگر سچی بات یہ ہے کہ کون بھروسہ کرتا ہے اس پر۔ تم یا تو چھٹی پر چلے جاؤ ورنہ...

الف — ورنہ...

ب — مجھے تم کو suspend کرنا پڑے گا...

الف — (غصے میں) سر...مم...میں...یونین میں...

ب — یونین...(ہنستا ہے) یونین کے لوگوں نے ہی کمپلینٹ کی ہے تمہاری۔ ویسے بھی نئے جی آر کے مطابق۔ ایڈس کے روگیوں کو ورکنگ پلیس سے دور رکھنے کا قانون ہے۔ کہو تو جی آر کی فوٹو کاپی بتاؤں...

الف — تو پھر میں کیا کروں؟

ب — یہ سوال تم مجھ سے نہیں...اپنے آپ سے کرتے ہو...

الف — ہاں...میں کیا کروں؟

ب — تمہیں کچھ نہیں کرنا ہے۔ جو کچھ ہوا ہے اسے بھول جاؤ۔

الف — بھول جاؤں کیا؟ آسان ہے کیا؟ موت ہر پل میرے قریب آ رہی ہے۔ میں بھول جاؤں یہ دنیا، یہ رشتے، یہ زندگی اور سب سے بڑھ کر خود میرا اپنا وجود، کتنا بے معنی... اور ridiculous لگتا ہے۔ (کہتے ہوئے الف لکھنے بیٹھ جاتا ہے۔ ب اس کے قریب جاتا ہے۔ دیکھتا ہے)

ب — کیا لکھ رہے ہو؟ اپنی وصیت (جواب نہ پا کر سگریٹ نکالتا ہے۔ ہونٹوں سے لگاتا ہے۔) ماچس ہوگی تمہارے پاس؟

الف — میں اپنی ساری کہانیاں سارے خط جلا ڈالوں گا۔ وہ سارے پلاٹس آئیڈیاز اور نوٹس بھی...جن کو کبھی لکھنے کا...

ب — ماچس دو یار...(الف ماچس دیتا ہے) اور تمہارا دوستو ویسکی کا ترجمہ...

الف	اسے سب سے پہلے جلاؤں گا، لیکن ہاں ... بہار کے کول مائن کے سفر کی روداد اسے جلدی سے پورا کروں گا ... وہ کام کی چیز ہے ۔ وہ پورا ہو جائے تو ...
ب	پر اس کے لیے تو بہت وقت چاہئے ۔
الف	اور وہ شاید میرے پاس نہیں ہے ۔ (خاموشی) تم ٹھیک کہتے ہو ۔ پر ہاں ... میں دلی والے واقعہ کے بعد میرے اندر اور باہر جو کچھ گھٹا اسے میں ضرور لکھوں گا ۔
ب	تمہیں کیا لگتا ہے ۔ ان سب کو کاغذ پر اتارنا آسان ہے؟
الف	ہاں کیوں نہیں؟
ب	کیوں کہ تمہارے اندر جو گھٹ رہا ہے ۔ تم بھی پوری طرح اسے نہیں جانتے ۔ تم خود ہر پل اندر ہی اندر بدلتے جا رہے ہو ۔ بہت کٹھن ہے ۔ تمہارے جسم کا ہر وہ حصہ جو ہر پل، ہر موسم تمہارے ساتھ رہا، تمہیں لگتا ہے تمہیں چھوڑ کہیں جا رہا ہے ۔ اجنبی بنتا جا رہا ہے ۔ ایسی حالت میں تم کیا لکھ پاؤ گے، کیا سوچ پاؤ گے ۔ نہیں دوست ... تمہارے جسم میں ایک ان دیکھا و انجانا ہزار پایہ داخل ہو چکا ہے ... جو تمہاری آنتوں، پھیپھڑوں اور نسوں میں رینگ رہا ہے ... لگاتار ... تم بھلانا چاہو بھی تو اسے بھلا نہیں پاؤ گے ۔ اس کے چلنے کی سرسراہٹ تم ہر پل اپنے خون میں محسوس کرتے ہو ۔ ...
الف	اسی احساس کو تو پیش کرنا مجھے لوگوں کے سامنے ۔ اپنی آپ تم کتھا لکھ کر ...
ب	(بات کاٹ کر) گڈ ... دھانسو آئیڈیا ... تم ایک کتاب لکھو گے ۔ "مجھے ایڈس کیوں ہوا" اور پبلشرز کی لائن لگ جائے گی ۔ پیٹرول پمپوں پر تک بکا کریں گی تمہاری کتاب ... گولڈ مائن ثابت ہوگی ... مگر اس پورے سنیریو میں تمہاری بچّی کیا محسوس کرے گی ... ہو سکتا ہے اخبار اور سٹیلائٹ چینل والے اس کا انٹرویو کرے ۔ تمہارے ڈیڈی کو ایڈس ہے یہ بات پہلی بار جب تمہیں پتہ چلی تو کیسا لگا؟
الف	مجھے اس سے فرق نہیں پڑتا ۔
ب	ٹھیک ہے، پر سیما کا کیا ...؟ کس طرح ری ایکٹ کرے گی ۔ آپ تم کتھا لکھ کر تم تو بن گئے سچ کے ٹھیکیدار ۔ مگر میرا کیا ہوگا ۔ وہ کہے گی ۔ پنکی کا کیا؟ کیا قصور ہے ہمارا ۔ you cant let them down ہر آدمی اپنے بعد آنے والی نسل کے

لیے کچھ وراثت چھوڑ جاتا ہے ۔تم کیا چھوڑو گے اپنے پیچھے...؟ آ تم کتھا...آ تم کتھا، ایڈس،
تل تل ہمیں نوچتا کھوسوٹ اچ ...پل پل ہمیں مارتا ایک خوف...

الف: مجھے اس سے مطلب نہیں ہے ۔اس وقت میں یہ سب ہی لکھ سکتا ہوں کیونکہ اس روگ کو میں نے اپنی کھال پر بھوگا ہے۔

ب: او کے،اب آ گئے...

الف: آ گئے کیا...؟ میرا خیال ہے ہم لوگ ۔بہت کچھ Cover کر چکے ہیں...لگا دو ناٹک پر The end کا پاٹیہ ۔(کہتے ہوئے گھڑی دیکھتا ہے)

ب: پر ناٹک ابھی ختم کہاں ہوا ہے۔ابھی سیما...

الف: سیما؟

ب: ہاں تم اس سے ملنے ہاسپٹل جاتے ہو۔

الف: مسٹر ہم لوگ دو گھنٹے کا ڈرامہ لکھ رہے ہیں، ٹی وی کے لیے 1832 ایپی سوڈ کا سوپ نہیں...مجھے ابھی نکلنا ہوگا،وہ لوگ پہنچ چکے ہوں گے۔

ب: مگر کہانی کو تو culminate کرنا پڑے گانا۔

الف: (چڑ کر) گھنٹہ culminate کرنا پڑے گا،بھول گئے۔ساحر نے کیا کہا ہے...۔ وہ افسانہ جسے انجام تک لانا نہ ہو ممکن،اسے ایک خوبصورت موڑ دے کر چھوڑنا اچھا۔اور میرے خیال میں آ تم کتھا ہماری کہانی کا خوبصورت موڑ ہے۔

ب: یہ بنا انجام والے موڑ صرف ساحر کی شاعری میں ہی خوبصورت لگتے ہیں ۔حقیقی زندگی میں نہیں۔ہماری کہانی کا انجام کسی موڑ پر نہیں بلکہ ایک definet طے شدہ منزل پر ہوگا۔

الف: تو ٹھیک ہے ۔تمہیں کیا لگتا ہے ۔وہ definet end کیا ہے؟

ب: سیما کی (رک کر) میرا مطلب ہے...تمہاری بیوی کی موت...(کچھ پل کی خاموشی) ہر روز انچ انچ مر رہی ہے وہ... slow but sure death....

الف: کیوں؟

ب: latest finding کے مطابق یہ روگ مرد سے عورت اور عورت سے بچوں تک پہنچتا ہے مگر موت کے معاملے میں چکر الٹا چلتا ہے۔مطلب پہلے بچے کی موت، پھر

عورت ،اور پھر...

الف: تو چلاؤ تم اپنا چکر...

ب: کچھ مہینوں کے بعد سیما ہاسپٹل میں ہے۔ Bed ridden وائرس اس کے دماغ کی نسوں میں پہنچ چکا ہے... مگر تم ایک دم ٹھیک ہو... گھوڑے جیسے (الف سن رہا ہے) جنوری کا مہینہ کڑاکے کی سردی جیسی عام طور پر شہر میں ہوتی ہے... تم KEM ہاسپٹل جاتے ہو... سخت پتھروں کو کاٹ کر بنائی جانے والی عمارت... وارڈ کے اندر جانے سے پہلے تم ٹھٹک کر خود کو ٹٹولتے ہو... اپنے آپ کو تیارنہ پا کر یونہی ادھر اُدھر دیکھنے لگتے ہو... سفید نیکر پہنے وارڈ بوائز نرس ایپرن پہنے گلے میں اسٹیتھسکوپ لٹکائے یہاں وہاں دوڑتے ڈاکٹر ٹیڑھے بانکے ، کالے پیلے، لمبوترے چہرے والے مریض اور پوری فضا میں پہلی اینستھیسیا کی بو...(خاموشی) تم وارڈ کی طرف بڑھتے ہو... پہلا کمرہ... سیفٹی چیزوں کا...

الف: یہ الگ بات ہے مجھے ان کی ضرورت نہیں۔

ب: پھر تم بھی جوتے اتارتے ہو۔ سلیپر پہنتے ہو۔ کمرہ اسپیشل ہے دو بیڈ کا۔ دوسرا بیڈ جس پر تین دن پہلے ایک مریض تھا مگر اس وقت...(کہتے کہتے ب رک جاتا ہے) سامنے ایک بڑی سی کھڑکی ہے جو ہمیشہ بند رہتی ہے۔ کیونکہ کھڑکی سے لگ کر ایک پیشاب گھر ہے۔ تم بغیر آواز کئے اندر آتے ہو۔ تمہارے دونوں ہاتھ خالی ہیں۔ تم آج پھول لانا بھول گئے۔ گلدان میں تمہارے لائے ہوئے کل کے باسی پھول نڈھال پڑے ہوئے ہیں۔ زمین پر جگہ جگہ خون کے دھبے ہیں جو سوکھ کر کالے ہوگئے ہیں۔ اسے صبح ہی Bleeding ہوئی تھی۔ سفید چادر پر چپچپاتا خون اب سوکھ گیا ہے۔ تم اس کے قریب جاتے ہو۔ کپکپاتے ہاتھوں سے اس کے سوکھے بالوں پر ہاتھ پھیرتے ہو۔

الف: سیما...(خاموشی)...I dont mean it but...

ب: تم اس وقت خود کو بہت اکیلا محسوس کر رہے ہونا؟

الف: آدمی جب اکیلا ہوتا ہے تو اسے ایسے لوگوں کی کھوج ہوتی ہے جو اکیلے ہوں...، تنہا ہوں، میں بھی کھوجوں گا ایسے لوگوں کو جن کو انجانے میں ہوئی ایک

غلطی، ایک بھول، انہیں سماج سے کاٹ کر الگ کر دیتی ہے۔ اب میری زندگی کا یہی مقصد ہوگا...

ب: سیما کا شریر تمہارے سامنے پڑا ہے۔ مردہ... بے حس... بے جان... مگر زندگی اب بھی۔ اس کی آنکھوں میں لڑکھڑا رہی ہے۔ دھیرے دھیرے اس کی آنکھوں کے ڈھیلے حرکت کرتے ہیں۔ تمہیں لگتا ہے وہ تمہیں اپنے پاس بلا رہی ہے... شاید تم سے کچھ کہنا چاہتی ہو۔ پر اس کی زبان اس کا ساتھ نہیں دے پا رہی ہے۔ تم سر جھکاتے ہوتا کہ اس کی بات کو سن سکو۔ اس کے ہونٹ ملتے ہیں پر کوئی آواز اس کے حلق سے باہر نہیں آ پاتی تم اور جھکتے ہوتا کہ سن سکو تمہارا پورا وجود کان بن جاتا ہے اور اس وقت اس کے منہ سے ایک لفظ نکلتا ہے۔ (کہتے کہتے ب رک جاتا ہے) نہیں...

الف: نہیں؟

ب: نہیں... اور...

(دونوں بڑی دیر تک چپ رہتے ہیں۔ لمبی خاموشی کے بعد اچانک دونوں ایک دوسرے کی طرف دیکھتے ہیں۔ ایک مسکراہٹ دونوں کے ہونٹوں پر ابھرتی ہے۔ دونوں ہنستے ہیں ہائی فائی کرتے ہیں)

الف: یس you have done it

ب: ہاں یار یہ جن تو بوتل میں آ ہی گیا آخر (تبھی الف کے سیل فون کی گھنٹی بجتی ہے۔)

الف: ہلو ڈارلنگ... نہیں بس آ رہا ہوں۔ آن دی وے ہوں یار... یار سیما بڑی دیر سے ایئرپورٹ پر انتظار کر رہی ہے میرا...

ب: تم جاؤ... ہم لوگوں نے جتنا ڈسکس کیا ہے میں اس کا رف ڈرافٹ تیار کر لیتا ہوں۔

الف: تھینکس (جانے کے لیے مڑتا ہے)

ب: ویسے سیما کہاں سے رہی ہے؟

الف: دلی سے (کہہ کر نکل جاتا ہے۔ ب رائٹنگ ٹیبل پر لکھنے بیٹھ جاتا ہے۔ دھیرے دھیرے اندھیرا ہوتا ہے۔)

❖ ❖

جینتی لال

کردار:

جینتی لال   :   ۳۰ سالہ ایک گجراتی نوجوان

مگن لال   :   جینتی لال کا باپ

با   :   جینتی لال کی دادی

رادھا   :   جینتی لال کی ماں

گنگو   :   جینتی لال کا ماما

پرتی   :   ایک معصوم لڑکی

بکل   :   ایک غنڈہ

اس کے علاوہ بکل کے ساتھی، چندر مکھی دائی، اسکول ماسٹر، پانڈے وکیل، لڑکا، لڑکی، بھکارن، اور بہت سے دوسرے کردار

جینتی لال پہلی مرتبہ اپٹا ممبئی کے انٹر کالیج ڈراما مقابلوں میں وپُل مہتا کی ہدایت میں 1982ء میں تیجپال ہال، گرانٹ روڈ ممبئی میں میٹھی بائی کالج، ولے پارے، ممبئی کے طلبا و طالبات نے پیش کیا۔

(ممبئی کے بھولیشور علاقے کا محلہ... پرانے گجراتی طرز کا مکان... اندر کے کمرے سے رادھا کے کراہنے کی آواز ابھرتی ہے ۔ وہ دردِ زہ میں مبتلا ہے ۔ باہر بوڑھی عورت جو جینتی لال کی دادی ہے جسے سب لوگ با کہتے ہیں، بڑبڑا رہی ہے)

رادھا   (آواز) ارے مرگئی... میرا کیا ہوگا؟ مرگئی رے میں مرگئی...

با   (غصے سے) اور چلّا... نو مہینے کا پیٹ لے کر دھرمیندر کی پکچر دیکھنے گئی تھی (گنگو سے) کیوں رے گنگو کیا بول کر گئی تھی مندر جا رہی ہوں اور گئی کدھر؟ مراٹھا مندر....! ارے سوچ اگر ٹا کیز میں ہی بچہ ہو جاتا تو...

(تب ہی مگن لال بوکھلایا ہوا سا آتا ہے ۔ سائیکل گھر کے باہر رکھتا ہے)

مگن لال   کیا ہوا ابا؟

با   ابھی کچھ ہوا نہیں... ہوئے گا... لڑکا نہیں تو لڑکی؟

مگن لال   (اندر سے اپنی بیوی رادھا کی درد بھری چیخ سن کر) با اسے تکلیف ہو رہی ہے میں ڈاکٹر پرکاش کو بلاؤں کیا؟

با   مگنیا وہ ڈاکٹر پرکاش کا جنم بھی چندر مکھی کائی نے ہی کیا تھا... وہ اندر ہی ہے... بھگوان نے چاہا تو سب اچھا ہی ہوئے گا۔

مگن لال   پر با... میں کہتا ہوں کہ ڈاکٹر پرکاش...

با   میں بولی نا... بچہ ہوئے گا تو...

چندر مکھی   (اندر سے آتے ہوئے) تو چندر مکھی کائی کے ہاتھ ہی کا ہوگا... بھول گیا تو؟ تیری ناڑی بھی میں نے ہی کاٹی تھی ۔ اور سن لے مگن سیٹھ... لڑکا ہوا تو سونے کا ہار لوں

گی۔

مگن لال	سب ایسا سونے کا ہار مانگے تو میرے کو لکھنڈ کا کٹورہ لے کر بھیک مانگنی پڑے گی۔ (اندر سے رادھا کے کراہنے کی آواز) ابھی جا اندر وہ...

چندر مکھی	نہیں مگن سیٹھ پہلے بول کا ہوا تو...

مگن لال	ہاں ہاں... پہلے تو اندر جا... (گنگو چندر مکھی کو گرم پانی کا برتن لا کر دیتا ہے)

گنگو	واہ مگن بھائی... بیٹا ہوا تو سونے کا ہار اور لڑکی ہوئی تو...

با	اسے تو لکشمی کہتے ہیں... لکشمی لائے گی لکشمی...

مگن لال	نہیں با... لکشمی سے کنٹال گیا۔ ابھی لڑ کا ہوئے کہ لڑ کی... بس سرسوتی کا ہاتھ رہے اس کے سر پر... تو دیکھنا گنگو اپنے بچے کو میں کلکٹر بناؤں گا اس... (تب ہی اندر سے نو زائیدہ بچے کے رونے کی آواز آتی ہے)

گنگو	لو مگن بھائی... آ گیا تیرا کلکٹر...

چندر مکھی	بدھائی ہو مگن لال سیٹھ... لڑ کا ہوا ہے لڑ کا...

با	واہ کھوڑیار ماں... (بچے کو گود میں لیتی ہے) دیکھ کیسے ٹکر ٹکر دیکھ رہا ہے اپنی دادی کو...

مگن	(خوش ہو کر) دیکھنا با... یہ میری طرح گھر دلال نہیں بنے گا... اسے میں پڑھاؤں گا... لکھاؤں گا... کلکٹر بناؤں گا۔

چندر مکھی	وہ بعد میں، پہلے میرا ہار...
(تب ہی با کی گود میں سے بچہ زور سے 'پچکاری' مارتا ہے اور اس کی دھار سیدھے چندر مکھی کے چہرے پر پڑتی ہے)

با	(ہنستی ہے) دیکھا... ہار کا نام لیتے ہی اس نے دھار مار دی...

چندر مکھی	(منہ صاف کرتے ہوئے) اور کیا؟

با	دیکھنے میں اپنے دادا کے سر کا ڈامس ہی لگتا ہے... میں اس کا نام اس کے دادا پہ ہی رکھوں گی۔

مگن لال	زندگی میں تو باپو کا نام نہیں لیا، اب بوڑھاپے میں اس کا نام لینے کا ارمان جاگا ہے تیرے کو؟

با | (لاڈ سے) رویا...اس بوڑھیا کی مسخری کرتا ہے ۔ تو بول نا تیرے کو کیسا لگتا ہے... میرا یہ جینتی لال...

مگن لال | فس کلاس با...(بچے کو دیکھ کر) کیوں جینتی لال...

(دونوں پیار بھری نظروں سے بچے کو دیکھتے ہیں ۔ دھیرے دھیرے اندھیرا ہوتا ہے اسی کے ساتھ دوسری طرف روشنی ہوتی ہے جہاں بچے کچھ آئس پائس کھیل رہے ہیں...جینتی لال پر داؤ ہے...سب بچے چھپ جاتے ہیں ۔ تب ہی ایک ڈبہ باٹلی والا آتا ہے)

جینتی لال | اَئے باٹلی...بول اس ڈبے کا کیا دے گا؟

ڈبہ والا | اس کا...چار آنہ آئے گا

جینتی لال | چار آنے میں تو ڈھکن بھی نہیں دوں گا...بارہ آنے ڈھیلے کر...

ڈبہ والا | بارہ آنے؟؟

جینتی لال | اور نہیں تو کیا...یہ ڈبہ امیتا بھ بچن کا ہے اس میں گلاب جامن کھایا اور ڈبہ پھینک دیا...اس کے بنگلے کے پاس سے اٹھا کے لایا میں ۔

ڈبہ والا | امیتا بھ ہوئے کہ راجیش کھنہ...اپنے یہاں سب بھنگار کے بھاؤ میں...

جینتی لال | چل ہوا آن دے...بارہ آنے تو کرسن دے دے گا آرام سے (کرسن کا نام سن کر ڈبہ والا چونکتا ہے) ٹائی پہن کر آتا ہے بھنگار لینے...تیرے سر کا پھٹیچر نہیں ہے...باپو کو بول کے میں تو اس کو پورے ایریئے کا کانٹریکیٹ دلانے والا ہوں ۔

ڈبہ والا | پورے ایریئے کا...؟؟

جینتی لال | کانٹریکٹ تو پورے بھولیشور کا دلا سکتا ہوں...میرا باپو سیکریٹری ہے ۔

ڈبہ والا | تو دوست ہے نا...میرے کو دِلا...ایک روپیہ دیتا ہوں

جینتی لال | اونہہ...

ڈبہ والا | دو روپیہ...

جینتی لال | نہیں پڑوڑے گا...

ڈبہ والا | تین روپیہ

جینتی لال   سوال ہی نہیں

ڈبہ والا   پانچ روپیہ...اس سے زیادہ اپنی طاقت نہیں۔

جینتی لال   چل ٹھیک ہے...کانٹریکٹ پکا...پرسوں آجانا...(پیسے دے کر وہ جاتا ہے)
ائے باٹلی یہ ڈبہ تولے کر جا...(ڈبہ لے کر وہ جاتا ہے تب ہی سارے بچے باہر آتے
ہیں اور جینتی لال سے پوچھتے ہیں "کیا ہوا؟") وہ دیکھو...ڈبے والا اپنا ڈبہ
چوری کر کے بھاگ رہا ہے (چور چور کہتے ہوئے سب اس کے پیچھے بھاگتے
ہیں۔اور منچ پر اکیلا جینتی لال بچ جاتا ہے وہ پانچ روپے کا نوٹ جیب سے نکال کر
خود سے کہتا ہے) اسے کہتے ہیں ایک پتھر سے دو چڑیا مارنا...امیتا بھ بچن میں آ
رہا ہوں تیرا ترشول دیکھنے...فرسٹ ڈے فرسٹ شو...

(فیڈ آؤٹ اور دوسرے ہی پل روشنی۔ایک ادھیڑ عمر کی عورت جینتی لال کو گالیاں
اور کوسنے دیتے آتی ہے۔اس کے چہرے پر کالک پتی ہوئی ہے)

نربدا   ارے جینتیڑ...تو کبھی چین سے بیٹھ نہیں سکے گا...تیرے کولہے میں گو مڑ اٹھے...
تیرے کو...

با   نربدا! بھوت جیسا منہ بنا کے اپنے مرد کا گن گان کیوں کر رہی ہے؟

نربدا   ماسی!جینتی کو سمجھاؤ...دیکھو اس کے کرتوت...میرا منہ کالا کر دیا لمپٹ نے...

با   جیبھ قابو میں رکھ...منہ کالا کرنے کا مطلب معلوم ہے کیا؟

نربدا   (کھسیا کر)میرا مطلب ہے منہ کا رنگ کالا کیا تیرے جینتیڑے نے...میری لڑکی
کے پاس سے پانچ روپے لے کر یہ تیل کا ڈبہ دیا اور بولا...(اپنی بیٹی کی پیٹھ پر
تھاپ مار کر)بول...کیا بولا تھارے...؟

بیٹی   بولا بادام کے بیج ،گلاب کا پانی ،صندل کی لکڑی کو پیس کر بنایا گیا یہ تیل ہے...
اسے منہ پہ لگاؤ تو چمڑی ہیما مالنی کے جیسی چک مک چک مک ہو جائے گی۔

با   (نربدا سے) یہ عمر میں ہیما مالنی بن کے تیرے کو سادھر میندر ڈھونڈنا تھا...
تیرا اوم پر کاش کیا کم پڑتا ہے۔

نربدا   دیکھو ماسی میں بول دیتی ہوں میں پولس کے پاس جاؤں گی۔

با   پولس کے پاس نہیں ڈاکٹر کے پاس جا...ڈاکٹر کے پاس۔

نربدا ہاس! (ایکدم سے اسے یاد آتا ہے) اس کے پاس تو جانا ہی پڑے گا...کوئی بھی
صابن سے یہ نکلتا نہیں ہے...(تب ہی مگن لال آتا ہے)

مگن لال کیا کیا جینتی لال نے؟

نربدا دیکھ نا...مگن بھائی! یہ تیل دے کے گیا پانچ روپے میں اور بولا کہ...

مگن (ڈبے کو دیکھ کر) ارے یہ تو گریس ہے...یہ لو دس روپے را کیل منہ پہ گھس گھس
کے لگاؤ...تب ہی نکلے گا...با تو یہ بول یہ جینتی ڑا کدھر ہے...روز کوئی نا کوئی
فریاد...آنے دو آج ٹانگ ہی تو ڑ کے رکھ دیتا ہوں...بلا اس کو...

با وہ گھر پہ نہیں ہے اپنے دوست کے یہاں لیس کرنے گیا ہے۔

مگن لال (حیرت سے) جینتی لال اور لیس...تو نے ہی بگاڑ دیا ہے اسے...یہ سال پھر
نا پاس ہونے والا ہے۔

با (غصے سے) نا پاس...ادھر آ مگن یا...بتاتی ہوں (میز سے کاغذ نکال کر بتاتی ہے)
یہ دیکھ...پوری کلاس میں فرسٹ نمبر پاس ہوا ہے میرا جینتی...

مگن لال کمال ہے وشواس ہی نہیں ہوتا...(خوش ہو کر) میں تو اسے کھوٹا سکہ سمجھتا تھا پر یہ تو
چل گیا...(پکار کر) رادھا...رادھا...

رادھا (باہر آ کر) کیا بات ہے...روز تو چیختے آتے تھے...آج بہت خوش ہو...

مگن لال یہ دیکھ میرے جینتی نے تو کمال کر دیا...پوری کلاس میں فرسٹ آیا ہے...(جینتی
لال آتا ہے) ادھر آ میرے جینتی...
(جینتی آتے ہی اپنا شرٹ اوپر اٹھا کر پیٹھ کر کے کھڑا ہو جاتا ہے)

مگن لال باپو جی آج تھوڑا دھیرے سے مارنا...گنت کے سرنے آج تمہارا کام کر دیا ہے۔

مگن لال (لاڈ سے) میں اور تجھے ماروں...؟ فس کلاس پاس ہوا ہے تو...یہ لے پچاس
روپیہ...(نوٹ نکال کر دیتا ہے)

جینتی لال (حیرت سے باپ کو دیکھتا ہے پھر نوٹ کو اور دھیرے سے اپنی دادی سے کہتا
ہے) با پہ ہٹلر میں گاندھی جی کی آتما کیسے آ گئی (تب ہی ماسٹر آتا ہے جینتی لال
ماسٹر کو دیکھتے ہی با کے پیچھے چھپ جاتا ہے)

مگن لال واہ ماسٹر صاحب...جینتی کو شاباشی دینے گھر آئے ہیں

ماسٹر	تمہارا جینتی سچ مچ شاباشی کے لایق ہے...اس کا دماغ تو ایسے چلتا ہے جیسے کسی کا نہیں چلتا...ایک روپے میں کسی کو تاج محل بیچ دیتا ہے تو دو روپے میں کسی کو قطب مینار...
با	واہ بڑا ہو کر ضرور شاہ جہاں بنے گا میرا بیٹا...
ماسٹر	کل کی بات ہے اس نے میرے بیٹے کو پانچ روپے میں میرا اسکول بیچ دیا۔
رادھا	ہائے...ہائے...تمہارا اسکول تاج محل سے بھی مہنگا...
با	ڈوبی...اسکول تو مہنگی ہی ہوئے نا...سرسوتی ماتا کا واس ہے وہاں...روپیہ تو جاستی ہی آوے گا نا...
مگن لال	(ڈپٹ کر) با تو چپ رہ...ماسٹر یہ بولو جینتی کلاس میں فرسٹ آیا ہے کہ نہیں؟
جینتی لال	ہاں آیا ہے نا...پر پیچھے سے فرسٹ...ہر سبجیکٹ میں پاس ہونے کے لیے 35 مارکس چاہئے...اور جینتی کے ٹوٹل مل کر بھی 35 نہیں ہوتے۔
مگن لال	مگر پھر یہ رزلٹ؟
ماسٹر	یہ تمہارے جینتی کا نہیں...
مگن لال	کیا؟
ماسٹر	ہاں یہ جینتی کی کلاس میں ایک دوسرا لڑکا ہے اس کا نام بھی جینتی لال ہے یہ اسی کا رزلٹ ہے...اس کو بے وقوف بنا کے...
مگن لال	(غصے میں چھتری اٹھاتا ہے) حرام خور آج میں تجھے چھوڑوں گا نہیں (اسے مارنے کے لیے لپکتا ہے جینتی ماسٹر کے پیچھے چھپ جاتا ہے اور چھتری کی مار ماسٹر کو پڑتی ہے)
ماسٹر	مجھے مت مارو...میں ایک غریب اسکول کا غریب ٹیچر ہوں... (مگن لال جینتی کو پکڑنے جاتا ہے جینتی ماسٹر کی دھوتی کھول دیتا ہے)
ماسٹر	میری دھوتی...(کہہ کر بھاگ جاتا ہے مگن لال جینتی کو دبوچ لیتا ہے)
مگن لال	لا پیسے لا حرام خور...
جینتی لال	کیسا پیسہ...میں تو غریب کا غریب ٹیچر و دیارتھی ہوں...
مگن لال	تیری تو...(جیب میں ہاتھ ڈالتا ہے) پکچر کا ٹکٹ...پڑھنے میں دھیان نہیں...

ہر سال فیل ہوتا ہے حرام خور (مارتا ہے)

رادھا: ارے سر پر مت مارو...وہ دیا نہیں آئے گی

مگن لال: ارے وہ دیا سنہا کو دیکھنا چھوڑے گا تو وہ دیا آئے گی نا۔

با: مگنیا مارمت اسے...اس جینتی کی غلطی نہیں ہے...بہو سے پوچھ جب یہ پیٹ میں تھا تو کتنی فلم دیکھتی تھی یہ...

رادھا: جو بھی ہو تو میرا ہی غلطی...میں چلی اپنے مائیکے۔ (روتے ہوئے اندر جاتی ہے۔ کچھ پل کی خاموشی)

با: (مگن لال سے) ابھی میرا منہ کیا دیکھ رہا ہے جا...جا کر پمپا...منا اُسے آدھے گھنٹے تک...(مگن لال جانے لگتا ہے)اور سن! اس کو بول آدھے گھنٹے بعد مونگ بھیگا کر رکھے۔ (جینتی سے) کیوں رے کائے کو حیران کرتا ہے اپنے باپ کو...؟

جینتی لال: میں کرتا ہوں کہ وہ کرتے ہیں میرے کو...جب دیکھو پڑھ، پڑھ، پڑھ، کلکٹر بن...وہ خود کلکٹر نہیں بن سکے تو میں بنوں؟

با: ایسا نہیں بولتے...ارے پڑھے گا نہیں تو بڑا آدمی کیسے بنے گا...

جینتی لال: مجھے بڑا آدمی نہیں بننا ہے مجھے باپو کے سر یا گھر دلال بننا ہے۔ گھر دلال کیا چھوٹا آدمی ہوتا ہے؟؟

با: جو آدمی لوگوں کو رہنے کے لیے چھت دیتا ہے وہ چھوٹا آدمی کیسے ہو سکتا ہے؟ چل ابھی میرے ساتھ مندر...

جینتی لال: نہیں مجھے نہیں آنا ہے مندر...میں بھگوان کو نہیں مانتا...فلم کا بولتی ہے تو چلتا ہوں...ہاں با...جیتندر کی نئی پکچر لگی ہے...

با: جا جا...تیرا دادا کتنی بار بولتا تھا پر میں اس کے ساتھ بھی نہیں گئی۔

جینتی لال: وہ جینتی لال کے ساتھ نہیں گئی تو یہ جینتی لال کے ساتھ چل...

با: بھاگ ادھر سے۔

(وہ جاتا ہے با اسے پیار سے دیکھتی ہے۔ بہت سارے لوگ ڈاؤن اسٹیج پر آتے ہیں اور ناظرین کی طرف پیٹھ کر کے ایک قطار میں بیٹھنے لگتے ہیں ایک ٹارچ مین سب کو بٹھا رہا ہے۔ تب ہی جینتی لال آتا ہے)

عورت   میلیہ کٹھے گھستو...دِست ناہی کا...پائے تو رُلا ماجھا...

جینتی لال   سوری...سوری...(پھر ٹارچ مین سے) اے پاپڑی ٹارچ مار ادھر...

ٹارچ مین   ارے مگن سیٹھ کا چھوکرا ہو کے ادھر لوراسٹال میں؟

جینتی لال   پاپڑی...یہ بات تیری کھوپڑی کی چوری میں نہیں آئے گی چل سیٹ دکھا...

(جینتی لال بیٹھ جاتا ہے ایک فلم کا گانا ہوتا ہے اور تب ہی گنگو "جینتی...جینتی" کہتا ہوا اندر آتا ہے)

جینتی لال   چلامت کا کا...میں ادھر ہوں...

گنگو   جینتی گھر چل...(روتا ہے) تیری ماں اور باپو...دونوں کا ایکسڈینٹ ہو گیا...جینتی لال...

(جینتی لال کچھ پل ایسے ہی دیکھتا رہتا ہے اچانک سب لوگ جینتی لال کے ساتھ مڑتے ہیں اور دھیمے سریں "وشنو جن تو تینے کہے جے پیر پرائی جانے رے" کی دھن میں ہیمنگ کرتے ہیں ایک لڑکا جینتی لال کے ہاتھ میں مٹکی تھماتا ہے اور پیچھے سے ایک شو یاترا گزرتی ہے سب چلے جاتے ہیں اور منچ پر صرف با اور جینتی لال بچتے ہیں)

با   تیری ماں اور میرا مگنیا ہم دونوں کو چھوڑ کر چلے گئے جینتی بیٹا...اب ہم دونوں ہی ایک دوسرے کا سہارا ہیں۔ سارا کام اب تجھے سنبھالنا ہے...(کہہ کر چابی نکالتی ہے) تیرے باپ کی آفس کی چابی...اور اپنے باپ کے دھندے کا ایک سدھانت یاد رکھنا...تیرا دادا ہمیشہ کہتا تھا...

دونوں   (ایک ساتھ) کام کرنا گدھے کی طرح اور رہنا شیر کی طرح...

(با جینتی لال کو چابی دیتی ہے اور نوعمر جینتی لال اس چابی کو اچھالتا ہے اور جوان جینتی لال اس چابی کو تھام لیتا ہے)

تینوں   (با چھوٹا جینتی اور بڑا جینتی) اور دنیا کو سیدھا کرنے کے لیے ٹیڑھا بھی ہونا پڑے گا۔

جینتی لال   (بڑا) دادا جی کا یہ سدھانت کبھی نہیں بھولے گا یہ جینتی لال...

(فیڈ آؤٹ اور دوسرے ہی پل روشنی ہوتی ہے۔ لکشمی کی تصویر کے سامنے اگربتی لیے جینتی لال پوجا کر رہا ہے)

جینتی لال   (لکشمی کی تصویر کو دیکھ کر) ماں... تُو تو جانتی ہے کہ سارے بھگوان میں میں صرف
تیری پوجا کرتا ہوں...آج وہ دسہرے والی پارٹی سے بیس ہزار مل گیا تو میں
سوا دو روپے کا پرساد چڑھاؤں گا...

گنگو   جینتی تو پوجا کر رہا ہے کہ کون بنے گا کروڑ پتی کھیل رہا ہے۔

جینتی لال   لکشمی ماں بھاؤ کی بھوکی ہوئے، پیسے کی نہیں کا کا...کیوں ماں...دیکھ ہاں
بولی...(گنگو جانے لگتا ہے اگر بتی بجھا کر اس کے حوالے کرتا ہے) یہ اگر بتی
سنبھال کر رکھو کام آئے گی...اگر کل نئی اگر بتی نکالی تو اس کے پیسے پگار سے کاٹ
لوں گا۔

گنگو   کاٹنا بعد میں...پہلے یہ گھڑی بناؤ...بڑے سیٹھ کے زمانے سے بند پڑی ہے

جینتی لال   بند تو بند کیا فرق پڑتا ہے...بزنس میں پیسہ آنا چاہئے...پیسہ گیا اس کا مطلب کیا؟

با   (آتے ہوئے) پیسہ پیسہ...کتنا پیسہ کمائے گا رے...

جینتی لال   جتنا رائے زرو بینک چھاپتا نہیں ہوئے اتنا...

با   ارے تیرا داد ابو لتا تھا کہ پیسہ تو ہاتھ کا میل ہے اور...

جینتی لال   اسی لیے تو میں دن میں ایک بار ہی ہاتھ دھوتا ہوں۔

با   پیسے کے سوائے تیرے کو دوسرا سوجھتا ہے کہ نہیں...پیار، مایا، ممتا...تجھے کچھ اچھا
نہیں لگتا؟

جینتی لال   لگتا ہے نا...فلم دیکھنا...(با سر پیٹتی ہے۔ جینتی لال سنجیدگی سے) اور سچی بولوں
با...تیری یہ سب مایا، ممتا، پیار ایک فلم میں مل جاتی ہے۔

با   پر اس میں بھی کنجوسی...فلم بھی دیکھے تو آگے کے باکڑے پر بیٹھ کر...

جینتی لال   تو اس میں واندہ کیا ہے آگے کے باکڑے پر بیٹھ کر دیکھنے سے اتیک روشن کوئی
راکیش روشن تھوڑے ہی دکھتا ہے۔

با   تیرے سے تو بات کرنا بے کار ہے...تو ابھی فٹافٹ شادی کر لے...

جینتی لال   مجھے نہیں ضرورت ہے شادی وادی کی...

با   مگر مجھے ہے نا...

جینتی لال   تو تو کر ڈال...

با	(ڈپٹ کر) چپ! تیرے پاجامے میں بکھیا بھر بھر کے میری آنکھ پھوٹ گئی...اب تو جلدی سے مجھے روپالی بہو لے آ...ارے ہاں! وہ روپالی اچھی رہے گی تیرے لیے...

جینتی لال	کون روپالی...وہی جو من سکھ واڑی میں رہتی ہے۔

با	ارے بہت اچھی لڑکی ہے...دیکھنے میں بھی سندر ہے کمرے میں رکھے گا تو اجالا ہی اجالا ہو جائے گا۔

جینتی لال	پھر تو پرابلم با...مجھے لائٹ میں نیند نہیں آتی۔

با	ہے بھگوان ایسا پوتا کوئی دشمن کو بھی نہ دے۔

جینتی لال	پر ایسی دادی ہر پوتے کو دے۔ (با کی گود میں سر رکھ دیتا ہے)

با	تو جا جلدی سے اچھی سی بہو لا دے...

جینتی لال	(غصے سے) کیا جب دیکھو بہو لا دے بہو لا دے...ابھی بہو کی بات کرے گی تو میں گھر چھوڑ کر چلا جاؤں گا۔

با	(غصے سے) جا جا...جدھر جانے کا ہے جا...مجھ بوڑھیا کا جو ہوتا ہے ہونے دے...تو جا...

جینتی لال	نہ روپا رائے بگڑی...(پھر بچے کی طرح لاڈ کرتے ہوئے) ارے ڈارلنگ...کیا ہوا...؟

با	(سمجھاتے ہوئے) ارے میں تو پیت جھڑ کا پان ہوں...کل میری آنکھ مچی تو تیرا کون؟ کیا تیرے کو کوئی لڑکی بھی اچھی نہیں لگتی۔

جینتی لال	ایسا نہیں ہے...(شرماتے ہوئے) ایک ہے میرے کو بہت اچھی لگتی...ایشور یہ رائے سے بھی اچھی ہے وہ ہے...

با	(خوش ہو کر) اچھا...کون ہے وہ چھوکری؟ بول میں ابھی جا کر اسے لے کر آتی ہوں۔

جینتی لال	(شرما کر) شرم آتی ہے۔

با	دادی سے کیسی شرم...بول...میرے والا...بول کون ہے وہ؟

جینتی لال	بولوں...(رک کر) تُوبا...تُو...

(با اسے مارنے کے لیے ہاتھ اٹھاتی ہے جینتی لال اسے پکڑ کر اسے بانہوں میں

بھر لیتا ہے۔ دونوں ہنستے ہیں۔ با پیار سے اسے تھپکتی ہے)

جینتی لال   چل با...اب میں چلتا ہوں...

با   رک دہی چکھ کر جا... (با اندر دہی لانے جاتی ہے اور اندر سے ہی پوچھتی ہے) ویسے جا کہاں رہا ہے؟

جینتی لال   (سائیکل پر سوار ہوتے ہوئے) اخبار میں ایک ظاہر خبر آئی ہے، دھیس میں ایک بنگلہ بک رہا ہے...وہی بنگلہ دیکھنے جا رہا ہوں دھیس...

با   (دہی شکرلے کر آتے ہوئے) دھیس کیا سائیکل پر جائے گا؟

جینتی لال   نہیں سائیکل چھوڑ دوں گا ٹیشن پر...وہاں سے لوکل (کہتے کہتے دہی چکھتا ہے) اپنے بھگوان سے بول کہ اچھی دلالی ملے...ایسا سودا پکا ہو...

با   میں تو بولوں گی کہ اس کی زندگی کا سودا پکا کر دو...

جینتی لال   (سائیکل لے کر نکلتا ہے...پھر پلٹ کر) با کچھ لانا ہے کیا گھر کے لیے؟

با   بہو... (جینتی سر ہلا کر نکل جاتا ہے با گھر میں بھگوان کی تصویر کے سامنے) گیارہ ناریل چڑھاؤں گی...بس میرے اس گدھے کو گھوڑی چڑھا دے... (اندھیرا ہوتا ہے اور دوسرے ہی پل پرتی کے گھر کا حصہ روشن ہوتا ہے وہاں گانا بج رہا ہے...گھوڑے جیسی چال ہاتھی جیسی دم...پرتی گھر کی صاف صفائی کر رہی ہے۔ تب ہی اس کے گھر کا شیشہ ٹوٹتا ہے دوسرے ہی پل بکل ہاتھ میں کرکٹ کا بلّہ لیے آتا ہے اور اس کے ساتھ میں اس کا ساتھی ہے)

بکل   ائے دیکھ یہیں ہوئے گا بال... (پرتی آتی ہے، اسے دیکھ کر) ائے کا جو کھتری...بال کدھر ہے؟ سنائی نہیں دیتا کیا تیرے کو؟ کان پورے میں ہڑتال ہے کیا...ائے چڑی پوچھ اس سے...

ساتھی ایک   ائے با کا بھائی کو پہچانتی نہیں کیا... (اس کے ہاتھ سے بال لیتا ہے) چلو بھائی... (وہ لوگ نکلتے ہیں تب ہی بکل کا دوسرا ساتھی بھاگتے ہوئے آتا ہے)

ساتھی دو   بھائی سالڈا لوچہ ہو گیا...اپنے اڈے پہ پولس کی دھاڑ پڑنے والی ہے۔

بکل   کدم صاب نے پہلے بولا تھا...تو اپنے چھوکرے لوگ کو بول کے گودام خالی کریں...

(دوسرا ساتھی جاتا ہے سامنے سے آتے جینتی لال سے ٹکراتا ہے)

ساتھی دو   ارے اؤئے ہٹ نا...گلینگڑھ...

ساتھی ایک   (جینتی لال کو دیکھ کر) بھائی کہیں یہ پولس کا کتا تو نہیں؟

بکل   تھوبڑے سے تو گاندھی جی کی بکری کی لگتا ہے (پکار کر) اوئے گٹکا...اوئے مانک چند...

جینتی لال   بھائی صاب میرا نام مانک چند نہیں جینتی لال ہے۔تم خالی یہ بتاؤ...یہ سنہہ سدن ادھر دہیسر میں ہے؟

بکل   تیری آنکھ ہے کہ باٹلی کا بچ...ادھر اتنا بڑا بورڈ دکھتا نہیں کیا تیرے کو؟

جینتی لال   ارے...(حیرت سے بورڈ کو دیکھ کر) یہ بورڈ تم نے ابھی لگایا؟ نہیں میں ابھی دو تین بار ادھر سے گیا پر میرے کو دکھا نہیں...
(پلٹتا ہے تو دیکھتا ہے کہ یہ وہ لوگ جا چکے ہیں۔جینتی لال پرتی کے گھر میں جاتا ہے مگر وہاں کوئی نہیں ہے۔

جینتی لال   سنہہ...ہیلو...مسٹر سدن...ارے ادھر تو کوئی بھی نہیں...کہیں بک تو نہیں گیا۔
(پرتی آتی ہے جینتی لال اپنا تعارف کرواتا ہے) میں دلال...(دلال یہ لفظ سن کر پرتی چیخ مارتی ہے) گھ...گھر دلال...اخبار میں دیا تھا نا وہ...ظاہر خبر...ایڈ...ایڈ...وہی دیکھ کر آیا ہوں...تیرے سیٹھ کو بلا...بول کہ اسٹیٹ ایجنٹ آیا ہے۔(چونکہ پرتی کے ہاتھ میں جھاڑو ہے اس لیے جینتی لال اسے نوکرانی سمجھتا ہے)

پرتی   جی!

جینتی لال   جی نہیں جا...بھولیشور سے دہیسر تک آتے آتے مغز پھر گیا ہے...سیٹھ کو بھیج اور آتے آتے ایک گلاس پانی لے کر آ (وہ جاتی ہے،اس کے جاتے ہی گھر کی چھت اور دیواروں کو دیکھتا ہے) واہ! باندھ کام تو اچھا ہے...اسٹیشن سے نزدیک بھی ہے۔ دو ہزار کا بھاؤ مل جائے تو...بائیس لاکھ کی جگہ پڑے...پھر تو دو ٹکے کے حساب سے تو اپنا (حساب جوڑنے لگتا ہے تب ہی پرتی آتی ہے) کیا ہوا سیٹھ آ رہے ہے نا؟

پرتی   نہیں۔

جینتی لال: کیوں؟ میں بھولیشور سے آ رہا ہوں اور گھر سے باہر نہیں آ سکتے!!

پرتی: وہ نہیں آ سکتے کیونکہ وہ گزر گئے ہیں، تین مہینے پہلے...میرے پاپا تھے۔

جینتی لال: سوری...سوری ہاں...آپ گھر کی مالکن ہو اور میں آپ کو...

پرتی: کوئی بات نہیں...پر ابھی تو پتہ چل گیا نا...وہ ایڈ میں نے ہی دیا تھا۔

جینتی لال: ہاں...ہاں چوکس...ایک بات بول پہلے ہی دیتا ہوں۔ آجکل مارکیٹ بہت ڈاؤن ہے

پرتی: تو کیا گھر بیچوں نہیں؟

جینتی لال: (جلدی سے)...نہیں...نہیں...خالی ایک بھاؤ پکڑ کر مت بیٹھنا...او پر نیچے ہوئے تو...

پرتی: ہاں...ہاں...

جینتی لال: تو بولو کتنے میں نکالنے کا ہے یہ کھولی...مطلب...یہ بنگلہ...

پرتی: مجھے خبر نہیں تم ہی بولو...

جینتی لال: ٹھیک ہے...یہ بولو ایریا کتنا ہے؟

پرتی: سچی بولوں تو میں نے کبھی ناپا نہیں...پر تم کہو تو ہم دونوں ابھی ناپ لیتے ہیں۔ میرے پاس فٹ پٹی ہے

جینتی لال: (اپنی رو میں) ہاں...ہاں کیوں نہیں (پھر چونک کر) نہیں نہیں فٹ پٹی سے نہیں...تم یہ بولو تمہارے پاس جگہ کا کاغذ ہے؟

پرتی: ہاں...ہاں ہے نا...

جینتی لال: تو وہ بتاؤ نا...اس میں سب لکھا ہوئے گا۔

پرتی: ہاں...ہاں...ابھی لاتی ہوں...(پھر پلٹ کر) تم کیا لو گے؟

جینتی لال: جگہ کا کاغذ...(پرتی ہنستی ہے جیسے اس نے جوک کیا ہو...اس کے جانے کے بعد جینتی لال اپنے آپ سے) ارے جینتی یہ تو غضب کی پارٹی ہے۔ اس کو جگہ کے بارے میں کچھ بھی نہیں پتہ...یہ تو سونے کا انڈا دینے والی مرغی ہے۔

پرتی: یہ لو...(کاغذ دیکھ کر جینتی کی آنکھیں پھٹی کی پھٹی رہ جاتی ہیں)

جینتی لال: باپ رے باپ...سات ہزار اسکوائر فٹ...(پھر خود کو قابو میں رکھ کر) یہ بولو تمہارا

کیا بھاؤ ہے؟

پرتی (چونک کر) کیا؟

جینتی لال میرا مطلب ہے یہ گھر تم کو کتنے تک نکالنے کا ہے؟

پرتی مجھے تو معلوم نہیں... تم ہی بولو؟

جینتی لال ارے میں تو بولوں گا بارہ لاکھ... تو چلے گا کیا؟

پرتی ٹھیک ہے چلے گا۔

جینتی لال دیکھو پھر قول سے پھر نامت دوسرے ایجنٹ کے پاس جانا مت... میں دو پیسہ جاستی ہی دلاؤں گا تم کو...

پرتی مجھے تم پر بھروسہ ہے۔

جینتی لال تو سودا پکا... کل اس کے زیروکس نکال کر رکھنا...

پرتی کیوں؟ یہ تم لے جاؤ نا۔ (کہہ کر فائل آگے بڑھاتی ہے)

جینتی لال یہ اصل دستاویز ہے اور چینل پیپر... میں لے کر بھاگ گیا تو؟

پرتی میرے بابا ہمیشہ کہتے تھے... مہمان تو نارائن ہوتا ہے

جینتی لال پر اس نارائن کو نقد میں جاستی انٹریس ہے۔ (کاغذ کو دیکھ کر) آٹھ سوا سکوئرفٹ کی بنگلے کے پیچھے کی جگہ بھی اپنی ہی ہے... مطلب تمہاری... مطلب آپ کی... پر... پر یہ پرتی کون ہے؟

پرتی میں... میں ہی ہوں پرتی ورما...

جینتی لال میں جینتی لال مگن لال دلال...

(ہاتھ ملاتا ہے پہلی بار لڑکی سے ہاتھ ملایا ہو اس لیے اس کے سارے جسم میں کرنٹ دوڑ جاتا ہے اندھیرا ہوتا ہے جینتی لال کے گھر کے حصے میں روشنی ہوتی ہے باپا پڑ سکھار ہی ہے اور گنگو اس کی مدد کر رہا ہے)

گنگو با... میں کہتا ہوں اپنے جینتی کو کچھ تو بھی ہوا ہے؟

با کیا ہوا رے گنگو؟

(گنگو کچھ کہنے جاتا ہے تب ہی وکیل آتا ہے)

گنگو جینتی... پانڈے صاب آئے ہیں (جینتی لال آتا ہے)

پانڈے	جینتی بھائی میں نے پاور آف اٹارنی تمہارے نام بنا دی ہے ... پر یہ ٹائم مجھے پیسے پورے چاہئے۔

جینتی لال	(پیپر دیکھ کر) سب برابر ہے نا ...

پانڈے	ہاں ... ہاں ... پر یہ ٹائم مجھے پیسے پورے چاہئے۔

جینتی لال	ہاں ... ہاں ... یہ بولو پارٹی کی سائن کدھر لینے کی ہے؟

پانڈے	یہ ادھر ... پر یہ ٹائم مجھے پیسے ...

جینتی لال	ارے کیا پانڈے ... ایک ہی جگہ پر تمہاری سوئی اٹک گئی ... یہ لو ...

(جینتی لال اسے پیسے دیتا ہے ۔ پانڈے اور گنگو اسے حیرت سے دیکھتے ہیں ۔ پانڈے خوشی خوشی وہاں سے نکل جاتا ہے)

گنگو	(جینتی کے پاس آ کر اس کا ماتھا چھوتا ہے) جینتی طبیعت تو بروبر ہے نا تیری؟ پیسے کیوں اڑا رہا ہے؟

جینتی لال	ارے گنگو ماما ... زیادہ پیسہ کمانے کے لیے تھوڑا پیسہ نکالنا پڑتا ہے ... یہ دیکھو ... دہیسر والی پارٹی ہے نا وہ اپنی چالیس لاکھ کی جگہ پچیس لاکھ میں بیچنے کو تیار ہوئی ہے ... اپنی یہ جگہ چالیس میں بیچیں گے اور پندرہ لاکھ بیٹھے بیٹھے کھسے میں ...

گنگو	پندرہ لاکھ!!!

جینتی لال	یہ تو کچھ بھی نہیں بنگلے کے آز و بازو کی جگہ بھی پارٹی کی ہے ... پر پارٹی کو یہ معلوم نہیں ... یعنی بیس لاکھ کی یہ جگہ بھی ...

گنگو	اپنے کھسے میں ... (ہنستا ہے) پر جینتی اس میں کوئی خطرہ تو نہیں نا ...

جینتی لال	بالکل نہیں ... پارٹی کے آگے پیچھے کوئی نہیں ہے ... بس ایک واندہ ہے ... کوئی موالی نے ادھر اپنا چھپرا ڈال کے رکھا ہے بس اس کا بندوبست کرنا پڑے گا ...

گنگو	موالی ...

جینتی	ایسے پاولی کے پچاس ملتے ... کلکٹری کی آفس سے ایک نوٹس بھجواؤں گا تو ... (اچانک کچھ یاد آتا ہے) ارے گنگو ماما دیکھا بات میں لگا دیانا ... کلکٹری کی آفس کے باہر پارٹی میرا رستہ دیکھتی ہوئے گی ... میں چلتا ہوں ...

(کہہ کر وہ سائیکل لیے باہر جاتا ہے گنگو اسے دیکھتا ہے)

گنگو   پندرہ کی سائیکل ...پچاس کی سیٹ ...جینتی اور اس کی پارٹی پھریں گے ڈبل سیٹ ...

(فیڈ آؤٹ ہوتا ہے اور دوسرے ہی پل اسٹیج کے دوسری طرف روشنی ہوتی ہے جہاں پر تی بس اسٹاپ پر جینتی لال کا انتظار کر رہی ہے تب ہی ایک بوڑھا اسے دیکھ کر گانا گاتا ہے)

بوڑھا   ہے جوانی تو عشق ہوتا ہے ...(جینتی لال آتا ہے)

جینتی لال   اس عمر میں جوانی کی بات کرتے ہیں ...منہ میں دانت نہیں پھر بھی سلمان خان بن رہے ہیں ...ہٹو ...(اسے بھگاتا ہے)

پرتی   کیوں بھگایا اسے ...اچھا گار ہا تھا ۔(پھر جینتی کے پاجامے کو دیکھ کر ہنستی ہے) ارے جینتی لال اسے اوپر کیوں چڑھا دیا؟

جینتی لال   (پاجامے کے پائنچوں کی کلپ نکالتے ہوئے)اس کی وجہ سے اپنا پاجامہ پانچ پانچ سال چلتا ہے ۔

پرتی   پانچ سال تک ایک ہی پاجامہ پہنے رہتے ہو؟

جینتی لال   ارے نہیں ...دو ہیں

پرتی   اچھا یہ بولو ...ہمیں جانا کہاں ہے؟

جینتی لال   یہ سامنے کلکٹر کا آفس ہے نا ...یہ پیپر پہ تمہاری سائین اور بڑے صاب کا ٹھپہ لگ جائے بس ...

(تب ہی آفس کا پیون آتا ہے)

پیون   رام رام ...جینتی بھائی ...رام رام بھا بھی ...

جینتی لال   چپ ...بھا بھی نہیں پارٹی ہے ...یہ بول صاب ہے نا آفس میں؟

پرتی   صاب تو گیا میٹنگ میں ...چار بجے آئے گا ...

جینتی لال   ارے مگر دہیسر سے پارٹی کو بلایا ...سائین کے واسطے ...

پیون   ہو جائے گا چنتا نکو ...پر صاب بولا   کہ ...(نوٹوں کا اشارہ کرتا ہے)

جینتی لال   (جیب پر ہاتھ رکھ کر)ہاں وہ سب لے کر آیا ہوں

پیون   ہاں تو پھر چار بجے آ جانا ...رام رام ...پارٹی ...(کہہ کر نکل جاتا ہے)

جینتی لال	اب کیا کریں؟

پرتی	ایسا کرو کل چار بجے...

جینتی لال	(ایکدم گھبرا کر) نہیں...نہیں یہ کام آج کرنا ضروری ہے...تم جانتی نہیں یہ سرکاری کرم چاری ایک نمبر کے حرامی...آج ہی فل اینڈ فائنل کرنا پڑے گا۔

پرتی	پر اس نے چار بجے بلایا ہے چار بجے تک کیا کریں گے؟

جینتی لال	ایک کام کرتے ہیں...میں اپنے گھر پر جا کر کھانا بینا کھا کر آتا ہوں تم تب تلک...

پرتی	میرا گھر دہیسر میں ہے...میں کیا کروں؟ ایسا کرو کل ہی...

جینتی لال	نہیں...نہیں (سوچ کر) تین چار بجے تک ایسے ہی ٹائم پاس کرتے ہیں۔

پرتی	ہاں...ہاں چلو ناشتہ کرتے ہیں۔

جینتی لال	ناشتہ...؟ (پھر جیب میں جھانک کر) نہیں...نہیں...باہر کھائیں گے تو میری با بولتی ہے پیٹ بگڑے گا۔

پرتی	ہم لوگ کھائیں گے تو با کا پیٹ کیوں بگڑے گا؟

جینتی لال	(ہنس کر) ارے با کا نہیں ہمارا۔

پرتی	پر مجھے تو بھوک لگی ہے...صبح سے میں نے کچھ بھی نہیں کھایا۔

جینتی لال	تو چلو کچھ جیوس پیتے ہیں...بھوک بھی مٹ جائے گی اور پیاس بھی۔

پرتی	ہاں...ہاں...چلو...(دونوں جیوس والے کے پاس جاتے ہیں)

جینتی لال	ائے جیوس والا...جیوس ہے کیا؟

جیوس والا	ہے نا...پائین ایپل، مینگو، سیتا پھل، گنگا جمنا، ڈرائی فروٹ، اورینج...

جینتی لال	گنے کا ہے کیا؟

جیوس والا	ہاں ہے نا...امیتابھ کا سات اور جیا کا چار...

پرتی	یہ کیا سلسلہ ہے؟

جیوس والا	فل یعنی امیتابھ بچن...اور ہاف یعنی جیا...

جینتی لال	تو ایسا کرو ایک امیتابھ کو دو جیا بناؤ...(دونوں بیٹھتے ہیں تب ہی بادل گرجتے ہیں)

پرتی	لگتا ہے بارش ہونے والی ہے (گھبرا کر جینتی لال اپنے پائجامے کی کلپ نکالنے لگتا ہے) تمہیں بارش اچھی نہیں لگتی کیا؟

جینتی لال	نہیں؟

پرتی	کیوں؟ (تب ہی دوکاندار جیوس دیتا ہے)

جینتی لال	چھتری کا خرچا پڑتا ہے نا۔ (جیوس پیتا ہے اس کے ہونٹوں پر جیوس کا پھین لگتا ہے یہ دیکھ کر پرتی ہنستی ہے) کیا ہوا؟

پرتی	مونچھ؟ (جینتی اپنی قمیض کی آستین سے پونچھنے جاتا ہے اسے پرتی روکتی ہے) ایک منٹ؟ (بیگ ٹٹولتی ہے)

جینتی لال	ریزر ہے کیا بیگ میں؟

(پرتی اپنے رومال سے منہ پونچھتی ہے...سوفٹ میوزک...جینتی لال کو پرتی کی یہ حرکت بھلی لگتی ہے...ایک پل کی خاموشی...پاس کہیں مندر کی گھنٹی بجتی ہے)

پرتی	لگتا ادھر پاس ہی کوئی مندر ہے...چلو درشن کرتے ہیں۔

جینتی لال	نہیں میں تو خالی ایک ہی مندر میں جاتا ہوں۔

پرتی	کون سے؟

جینتی لال	مراٹھا مندر...

پرتی	پکچر...(پھر ایکدم جوش میں) ہاں۔چلو...پکچر چلتے ہیں...سلمان خان کی نئی پکچر لگی ہے۔ ''کہیں پیار نہ ہو جائے''

جینتی لال	ہاں ہاں...چلو...۔

(وہ لوگ ایک ونگ سے نکلتے ہیں اور دوسرے ہی پل مختلف ونگ سے لوگ اندر آتے ہیں اور تھیٹر کے باہر کی بھیڑ بن جاتے ہیں ایک لڑکا ٹکٹ بلیک کر رہا ہے۔ پرتی اور جینتی لال دوسری ونگ سے آتے ہیں)

پرتی	لگتا ہے شو ہاؤس فل ہے؟

بلیکر	بالکنی مانگتا تو پچاس روپیہ...

جینتی لال	(بچکا کر) یعنی سو روپے کی ایک فلم کی ٹکٹ؟ نہیں...نہیں...

پرتی	نہیں ہمیں بلیک میں ٹکٹ نہیں چاہئے۔

جینتی لال	(ایکدم خوش ہو کر) شاباش...

پرتی	چلو جینتی ہم لوگ مندر ہی چلتے ہیں۔

جینتی لال   ہاں...ویسے بھی مندراو نچی ٹیکری پر ہے...وہاں سے بالکنی کا مزا آئے گا۔وہ بھی
پھوکٹ میں...
(وہ باہر نکلتے ہیں...میوزک...مندر کا ماحول...پرتی اور جینتی لال آتے ہیں
پرتی چپل اتارتی ہے)

پرتی   چلو اندر...

جینتی لال   نہیں میں بھگوان اور مندرو ندر پرو شو اس نہیں کرتا۔

پرتی   لیکن مجھ پر تو کرتے ہونا...

جینتی لال   پارٹی کی بات پر بھروسہ کرنا تو جینتی لال گھر دلاس کا دھرم ہے۔

پرتی   تو چلو...(جینتی کی سمجھ میں نہیں آتا ہے) A=B and B=C تو A=C ہے
کہ نہیں...

جینتی لال   (دھیمے سے) یہ گنت ابھی تک میرا پیچھا نہیں چھوڑتی

پرتی   چلو...چلو (زبردستی ہاتھ پکڑ اسے مندر لے جاتی ہے۔۔بھگوان کے سامنے ہاتھ جوڑ
کر پرارتھنا کرتی ہے لیکن جینتی لال بھگوان کا درشن کرنے کے بجائے پُر شوق
نظروں سے پرتی کو نہارتا رہتا ہے)

پنڈت   (گنگا جل چھڑکتے ہوئے) میری دکشا...پچیس روپے

جینتی لال   یہ پانی چھڑکنے کے پچیس روپے؟(پرتی اپنا پرس ٹٹولتی جینتی لال اسے روک کر
بے دلی سے پنڈت کو پیسے دیتا ہے)بعد میں حساب کریں گے۔

پنڈت   سکھی رہو...

جینتی لال   پچیس روپیہ دے کر کون سکھی رہے گا؟

پنڈت   بھگوان دونوں کی جوڑی سلامت رکھے...
(اس پر جینتی لال بوکھلا جاتا ہے اور پرتی کھلکھلا کر ہنستی ہے اور بنا چپل پہنے بھاگ
جاتی ہے)

جینتی لال   ارے تمہاری چپل...(اس کی چپل اٹھا کر اس کے پیچھے بھاگتا ہے۔مندر کا حصہ
فیڈ آؤٹ ہوتا ہے اور گارڈن کا حصہ روشن ہوتا ہے جہاں ایک نوعمر لڑکا اور لڑکی بیٹھے
ہوئے ہیں)

لڑکا	جو ہی!
لڑکی	بولو میرے چاولہ!
لڑکا	میرے گھر والوں کو ہمارے بارے میں پتہ چل گیا۔
لڑکی	کیسے؟
لڑکا	میرے بالوں میں تمہارے ڈینڈرف دیکھ کر
لڑکی	ہے بھگوان اب کیا ہوگا؟
لڑکا	اب ہمیں شادی کر لینی چاہئے
لڑکی	پر میں تو کوکنگ کلاس ہمیشہ بنک کرتی تھی...مجھے تو کھانا بنانا نہیں آتا۔
لڑکا	کوئی بات نہیں مجھے آتا ہے نا...۔
لڑکی	سچ!! تم نے کھانا بنانا کس سے سیکھا؟ اپنی ماں سے؟؟
لڑکا	نہیں اپنے باپ سے...۔

(اس دوران پرتی اور جینتی لال آ گئے ہیں ان کی بات سن کر پرتی ہنستی ہے وہ لوگ غصے سے وہاں سے نکل جاتے ہیں)

پرتی	آؤ نا جینتی لال...دیکھو کتنا اچھا گارڈن ہے...۔
جینتی لال	ہاں پر اسٹیشن کے نزدیک ہوتا تو ہزارا اسکوئر فٹ کا بھاؤ ملتا...۔
پرتی	کیا جینتی لال؟ کبھی تو بھاؤ کی بات چھوڑ کر بھاؤنا کی بات کرو
جینتی لال	بھاؤ نا؟ (پھر اچانک اسے جیسے کچھ یاد آتا ہے) بھاؤ نا...اس کی بات تو رہنے ہی دو...اکٹھے کالبا دیوی میں ساوتری بن کے پھرتی تھی اور بھاگی اس جگن کے ساتھ...پر تم بھاؤ نا کو کیسے جانتی ہو؟
پرتی	ارے میں اس بھاؤ نا کی نہیں feelings کی بات کر رہی تھی... جذبات کی، emotions کی۔
جینتی لال	اچھا...وہ...وہ اپنی لائن نہیں (تب ہی وہاں ایک بھکارن آتی ہے)
بھکارن	اے سیٹھ...آٹھ آنا دے نا...اے سیٹھ...۔
جینتی لال	معاف کرو...پیسہ نہیں ہے۔
بھکارن	ارے چار آنہ تو دے نا سیٹھ...۔

جینتی لال   بولا نا...معاف کرو

بھکارن   کچھ تو دے نا سیٹھ...

جینتی لال   (بگڑ کر) بولا نا...پیسہ نہیں ہے...بھاگ یہاں سے...

بھکارن   جینتی لال لگتا ہے...(بڑبڑاتی ہوئی نکل جاتی ہے)

پرتی   یہ بھی تمہیں پہچانتی ہے...؟

جینتی لال   مجھے بھی آج ہی خبر پڑی...(کچھ پل کی خاموشی...دونوں کی سمجھ میں نہیں آتا کیا بات کریں)

پرتی   ارے کچھ بولو نا...

جینتی لال   میں کیا بولوں؟ اس بھکارن نے تو میری بولتی ہی بند کر دی۔

پرتی   اس کو جانے دو...تم بیٹھو نا...(جینتی لال تھوڑے فاصلے پر بیٹھتا ہے) ارے یہاں کیوں...وہ وہاں جا کر بیٹھو نا...

جینتی لال   ٹھیک ہے جس میں پارٹی کی خوشی...(سچ مچ دور جا کر بیٹھتا ہے۔ پرتی اسے پکڑ کر اپنے پاس بٹھاتی ہے)

پرتی   ارے وہاں نہیں...یہاں بیٹھو میرے پاس...(جینتی لال تھوڑا گڑبڑا جاتا ہے) کیا ہوا؟

جینتی لال   نہیں وہ کیا ہے کہ میں آج تلک کوئی لڑکی مائُس کے ساتھ اتنے کم اسکوئرفٹ میں بیٹھا نہیں نا کرے کے شرم آتی ہے۔ بقسم!

پرتی   جینتی...تم ابھی تلک بچے ہی ہو

جینتی لال   ارے نہیں...نہیں یہ آٹھ جولائی کو مجھے تیس بیٹھے گا

پرتی   آٹھ جولائی...مطلب...کینسر...

جینتی لال   نہیں نہیں میرے تو ناخن میں بھی روگ نہیں...ہاں کبھی کبھی گیس کی تکلیف ہوتی ہے۔

پرتی   ارے جینتی لال کینسر تو انگریزی راشی ہے...جینتی لال ایک بات کہوں تم ہو تیس کے مگر لگتے پچیس کے ہو...اور اگر یہ فینسی ڈریس پہننا چھوڑ کر جینس ٹی شرٹ پہنو گے تو بیس، بائیس کے لگو گے۔

جینتی لال	(خوش ہو کر) کیا...(دھیمے سے) ارے پر بیس کا لگے کہ پچیس کا پارٹی تو اپنے کو
دو ٹکا ہی دلالی دے گی نا۔

پرمتی	جینتی لال...تم کیسے ہو تمہاری وائف تم کو کچھ بولتی نہیں کیا؟

جینتی لال	(ایک پل کی خاموشی پھر کھسیانی ہنسی سے) میرا لگن نہیں ہوا ہے ابھی...

پرمتی	(حیرت سے) تم تیس سال کے ہو گئے اور ابھی تک شادی نہیں کی؟

جینتی لال	جینتی لال آدمی چھوٹا ہے پر کام کوئی چھوٹا نہیں کرتا۔

پرمتی	جینتی لال شادی کرنا کوئی چھوٹا کام تھوڑے ہی ہے...تیتیس کروڑ دیوی دیوتاؤں
کو ساکشی مان کر، اگنی کے پھیرے لے کر سات جنم تک ساتھ نبھانے کی بات
چھوٹی کیسے ہو سکتی ہے؟

جینتی لال	واہ، بہت بڑی بات بول دی تم نے...پر یہ بولو تم نے یہ بڑی بات کیوں نہیں کی؟

پرمتی	وہ...م...مم...مجھے کوئی اچھا لڑکا نہیں ملا

جینتی لال	کیسا لڑکا چاہئے تم کو؟

پرمتی	بس سیدھا سادا...اچھا...جو مجھے سنبھال لے...رشتے کو نبھا لے۔

جینتی لال	اور جوٹی شرٹ اور جینس پہنے...کیوں ہے نا؟

پرمتی	(شرما کر) کیا جینتی لال تم بھی...

جینتی لال	(اپنے آپ سے) لگتا ہے جینس کا خرچا کرنا ہی پڑے گا...

پرمتی	(اسے پیسے نکال کر دیتی ہے) یہ لو؟

جینتی لال	(چونک کر) نہیں...نہیں...جینس کے لیے تم پیسے دو یہ ٹھیک نہیں ہے۔

پرمتی	جینس کے لیے؟ ارے نہیں نہیں...یہ پیسے تو میں چھوٹے موٹے کام کے لیے
دے رہی ہوں۔ ضرورت پڑے گی نا تمہیں...

جینتی لال	اچھا...اچھا...وہ...میں...میں سمجھا کہ...نہیں یہ پیسے تم رکھو...

پرمتی	نہیں پہلے تم یہ پیسے رکھو...اور ہاں یاد آیا...یہ بولو وہ کاغذ کدھر ہے جس پر مجھے
سائین کرنا ہے...

جینتی لال	(نکال کر دیتا ہے وہ سائین کرنے لگتی ہے) ایک بار پڑھ تو لو...

پرمتی	کیوں تم نے نہیں پڑھا کیا؟

جینتی لال   میں نے تو پڑھا ہے مگر سائن کرنے سے پہلے...

پرتی   جینتی لال تم نے پڑھ لیا یعنی میں نے پڑھ لیا...مجھے تم پر پورا بھروسہ ہے...
پین...(جینتی لال پرتی کے منہ سے یہ سن کر حیران ہے)پین جینتی لال...
(جینتی لال قلم دیتا ہے وہ سائن کرتی ہے اور وہ اسے دیکھتا رہتا ہے۔سائن
کرنے کے بعد وہ قلم لوٹاتی ہے)جینتی...(مگر جینتی لال اپنی سوچ میں گم
ہے۔پرتی زور سے بولتی ہے)جینتی لال...!

جینتی لال   آں...ہاں...یہ کیا تم نے سائن کر دی پیپر پہ...تم سچ میں آدھی پاگل ہو۔

پرتی   اور تم پورے...(کہہ کر اس کے ماتھے پر چپت مارتی ہے۔پھر اچانک)ارے
چلو کلکٹر کی آفس نہیں جانا ہے کیا...؟

جینتی لال   (سوچ کر)میں کیا کہتا ہوں...ابھی اپنے کو کلکٹر کے یہاں جانا نہیں ہے
پرتی   کیوں؟میں سمجھی نہیں!

جینتی لال   پر میں سمجھ گیا(کہنے جاتا ہے،کچھ سوچ کر چپ ہو جاتا ہے)تم ایسا کرو....میری
ایئر کنڈیشنڈ گاڑی میں بیٹھ جاؤ...میں تم کو ٹیشن چھوڑ کر آتا ہوں۔
پرتی   ارے مگر...

جینتی لال   تم چنتا مت کرو...بیٹھو...(وہ سائیکل پر بیٹھتی ہے اور جینتی لال کے کندھے پر
ہاتھ رکھتی ہے،سائیکل کی گھنٹی بجنے لگتی ہے)

پرتی   ہاتھ ہٹاؤ...ہاتھ ہٹاؤ...

جینتی لال   کیا ہوا؟

جینتی لال   کرنٹ آگیا...تم ایسا کرو...(خود سائیکل سے اتر آتا ہے)ابھی بیٹھو...(وہ بیٹھتی
ہے جینتی لال اسے ٹھیلتا لے جاتا ہے)

پرتی   ارے...ارے...جینتی لال...
(وہ چیختی ہے،اندھیرا ہوتا ہے اور دوسرے ہی پل پرتی کے گھر میں روشنی ہوتی ہے
پرتی کے گھر کے ٹیلی فون کی گھنٹی بجتی ہے پرتی اندر سے آ کر فون اٹھاتی ہے)

پرتی   ہیلو...جینتی لال کدھر ہو تم؟جلدی آؤ تمہارے لیے ایک سرپرائز ہے...اور سنو...
آتے آتے فینسی کینڈل لے آنا...سینڈل نہیں...کینڈل...موم بتی...ہاں...

ہاں...(فون رکھتی ہے تب ہی بکل اپنے دو تین ساتھیوں کے ساتھ اندر آتا ہے اسے
دیکھ کر سخت لہجے میں) کیا ہوا؟ تم لوگ کا بال پھر ادھر آیا کیا؟

بکل   چل اے چڈی اس کے نام کی پاوتی پھاڑ...

ساتھی ایک   اؤ میڈم...چلو جلدی سے ایک سوا یک روپیہ ڈھیلا کرو...نوراتری کا چندہ....

پرتی   بھیک مانگنے کا نیا طریقہ...ارے شرم آنی چاہئے...مواﻻی گیری کرتے ہو...اور
بھگوان کے نام پر پیسے مانگتے ہو...وہ بھی کس لیے؟ دارو پینے کے لیے...جوا
کھیلنے کے لیے bloody hipocrates this is disgusting

بکل   No we are not , at least the whole world know
just forget it , but dont پیسہ دینا ہے تو دو ورنہ what we are
preach (اپنے ساتھی سے) چل اے بھینس کے انڈے....چل نکل...
(جانے لگتا ہے اس کی باتوں کا پرتی پر اثر ہوتا ہے وہ اسے روکتی ہے)

پرتی   ایک منٹ...(پیسے دیتی ہے) یہ لو...پڑھے لکھے لگتے ہو؟

بکل   بی اے ان انگلش لیٹریچر...ممبئی یونیورسٹی...

پرتی   تو پھر نوکری کیوں نہیں کرتے

بکل   میں نوراتری میں خوش ہوں...نوکری...نوکری؟ (زور سے ہنستا ہے)۔چل اے
چڈی...(نکل جاتا ہے)

ساتھی ایک   (پرتی سے) گڈ بائے...بی یو...میں ایس ایس سی فیل...ممبئی یونیورسٹی...
(کہہ کر وہ بھی نکل جاتا ہے اور تب ہی جینتی ﻻل آتا ہے اور راستے میں بکل اور
اس کے ساتھیوں سے ٹکراتا ہے)

ساتھی ایک   بھائی یہ من ڈھو کلہ آرہا ہے

جینتی ﻻل   تم پھر میرا نام بھول گئے...میرا نام جینتی ﻻل ہے

ساتھی دو   بھائی آج بکل یہ گٹکا ادھر کے بہت چکر کاٹ رہا ہے...اس کے نام کی بھی پاوتی
پھاڑوں کیا؟

بکل   نہیں اس کی تو فرصت میں پوری رسید بک پھاڑیں گے...ابھی چل...(وہ لوگ
نکل جاتے ہیں)

(جینتی لال پرتی کے گھر میں آتا ہے وہاں کوئی نہیں ہے آواز دیتا ہے)

جینتی لال	پرتی... پرتی...

پرتی	کیا بات ہے آج ہے بہت خوش ہو؟

جینتی لال	ارے کلکٹر کی آفس سے نوٹس گیا ہے یہ موالی لوگ کو...ابھی پتہ چلے گا...

پرتی	وہ چھوڑ و...یہ بولو موم بتی لائے کہ نہیں...

جینتی لال	ایسی ہائی کلاس چیز لایا ہوں نا...(کہہ کر اپنی تھیلی سے لالٹین نکالتا ہے)

پرتی	یہ کیا؟ لالٹین کس لیے؟

جینتی لال	ارے موم بتی کا کیا ہے...ایک دو گھنٹے کے بعد کھلاس...لالٹین میں ایک ٹائم رکیل ڈالا تو چار دن کی فرصت...اسی لیے سب بولتے...جینتی لال کا کام سستا، مضبوط اور ٹکاؤ...

پرتی	(اپنا سر پیٹ کر) ارے جینتی لال، بدھو لال باردان...(کہہ کر اندر سے کیک لے کر آتی ہے) آج تک کسی نے کیک پر لالٹین رکھی ہے کیا؟ یہ کیک کے لیے میں نے کلر فل موم بتی منگائی تھی۔

جینتی	پر کیک کس لیے؟

پرتی	تمہارے لیے جینتی لال...

جینتی لال	میرے لیے؟ کیوں؟

پرتی	آج تمہارا برتھ ڈے ہے...آٹھویں جولائی بھول گئے؟ (یہ سن کر جینتی لال ایک دم جذباتی ہو جاتا ہے اس کی آنکھیں بھیگ جاتی ہیں) کیا ہوا؟

جینتی لال	(اپنی آنکھ پونچھ کر مسکراتا ہے) یہ خوشی کے آنسو ہیں۔
(تب ہی بلکل اور اس کے ساتھی باہر سے چلاتے ہیں)

ساتھی ایک	اِئے گٹکا اندر کیا بیٹھا ہے باہر آ...جلدی...چھٹا پھٹ...

جینتی لال	مجھے لگتا ہے کلکٹر کے آفس کا نوٹس مل گیا ہے...کر کے مانڈ ولی کرنے آئے ہیں...تم اندر جاؤ...

پرتی	جینتی لال...تم ان لوگوں کو نہیں جانتے...بہت خطرناک ہیں؟

جینتی لال	تم جاؤ...میں سب سنبھال لوں گا...(پرتی اندر جاتی ہے جینتی لال اندر سے ڈر رہا

ہے اور ہنومان چالیسا پڑھ رہا ہے تب ہی دوسری طرف سے بکل اور اس کے
ساتھی اندر آتے ہیں ان کے ہاتھوں میں کلکٹری آفس کا نوٹس ہے)

بکل	(کاغذ دکھا کر) یہ کیا ہے؟

جینتی لال	کاغذ ہے...ایسا کاغذ میرے پاس بھی ہے...

بکل	اس کا مطلب ہے یہ نوٹس تو نے ہی بھجوایا (کہہ کر شرٹ پکڑتا ہے)

جینتی لال	میرا یہ شرٹ تم نے کیا سمجھ کر پکڑا؟

بکل	شرٹ سمجھ کر...

جینتی لال	تو ٹھیک ہے...

بکل	تیری تو...زیادہ شیانا بنتا ہے...(سب مل کر جینتی لال کو پیٹتے ہیں...تب ہی پرتی
وہاں آتی ہے)

پرتی	ارے...ارے...کیوں مار رہے ہو انہیں...چھوڑو...چھوڑو....

بکل	ائے چل باز وہٹ...میں چھوکریوں کے منہ نہیں لگتا....

(پرتی غصے سے کانپنے لگتی ہے اور ایک زور دار طمانچہ بکل کو مارتی ہے...)

پرتی	ایک اکیلے آدمی کو مل کر مارتے ہو یہی ہے تمہاری پڑھائی...؟ بولو...(بکل اور
اس کے ساتھی ایک دم سناٹے میں آجاتے ہیں) منہ کیا دیکھ رہے ہو get
lost خبردار...جوان کی طرف آنکھ اٹھا کر بھی دیکھا تو...(بکل کے ساتھی بکل
جاتے ہیں پرتی جینتی لال کا چشمہ پہناتی ہے) I am sorry (اور پھر فرسٹ
ایڈ باکس اٹھا کر لاتی ہے) یہ لو لال دوائی...

جینتی لال	(گھبرا کر) نہیں لال دوائی...نہیں...نہیں...

پرتی	کچھ نہیں ہوگا...گھبراؤ مت...کچھ نہیں ہوگا...(اسے پٹی باندھتی ہے پھر چاقو اس
کے حوالے کرتی ہے)

جینتی لال	(چاقو دیکھ کر ڈر جاتا ہے) نہیں نہیں...یہ اپنی لائین نہیں ہے۔

پرتی	جینتی لال یہ تمہیں کیک کاٹنے کے لیے دے رہی ہوں...(وہ ایک لمحے کے
لیے پرتی کو دیکھتا ہے ۔ دھیمے سے مسکراتا ہے اور پھر کیک کاٹنے لگتا ہے)

happy birth day to you

(سوفٹ میوزک...دونوں ایک دوسرے کو کیک کھلاتے ہیں۔دھیمے دھیمے روشنی کم ہوتی ہے...اندھیرا اور دوسرے ہی پل...بکل ہاتھ میں مٹھائی کا ڈبہ لے کر دروازے پر کھڑا ہے پرتی اندر سے آتی ہے اور بکل کو دیکھ کر خفگی سے)

پرتی: تمہاری ہمت کیسے ہوئی...میرے گھر میں آنے کی...

بکل: وہ...م...م...مم...(اچانک مٹھائی کا ڈبہ آگے کرتا ہے) یہ لو...!

پرتی: کس لیے؟

بکل: بکا بھائی کی موت کا...تمہارے لافے کی وجہ سے بکا بھائی نام کے غنڈے کی موت ہوگئی...یہ اس کے تیرہویں کی ہے۔

پرتی: سنیے مسٹر! مذاق کا کوئی نیا طریقہ...

بکل: (بات کاٹ کر) پلیز ایسا مت بولیے...ایک لافے نے مجھے صحیح راستہ دکھا دیا...غنڈا گردی چھوڑ کر میں نے ایک کمپنی میں جاب کر لی...میں تو کہتا ہوں کہ ہر محلے میں ایک پرتی ہونا چاہیئے تا کہ سب غنڈے سدھر جائیں۔

پرتی: اور پولیس بے کار ہو جائے...پھر بھی تھینک یو...(جانے کے لیے مڑتا ہے۔مٹھائی کے ڈبے کو بتا کر)اور اس کے لیے بھی۔

بکل: جی...(پھر رک کر)کل نوراتری کا آخری دن ہے...تم آؤ گی تو اچھا لگے گا۔(بکل جاتا ہے پرتی اسے دیکھتی ہے۔)

(دھیرے دھیرے اندھیرا ہوتا ہے اور اندھیرے میں نوراتری کا گیت شروع ہوتا ہے روشنی ہوتی ہے تو جینتی لال ڈانڈیا کھیل رہا ہے تھوڑی دیر بعد پرتی بھی شامل ہو جاتی ہے دونوں بڑے جوش و خروش سے ڈانڈیا راس کھیل رہے ہیں...۔ اچانک جیسے لائٹ چلی جاتی ہے دوسرے ہی پل روشنی آتی ہے اور پتہ چلتا ہے کہ جینتی تکیہ لیے گا رہا ہے۔رات کافی بیت چکی ہے۔بابر بڑاتے ہوئے جینتی کے کمرے میں آتی ہے)

با: (اندر سے آتے ہوئے) کیا ہوا جینتی...گیس چڑھی ہو تو چور ن کھا لے۔

جینتی: ارے با میں سپنا دیکھ رہا تھا...

با: ایسا کیا دیکھ رہا ہے روز سپنے میں...اب تلک چار تکیئے اور چودہ چادر پھاڑ چکا

جینتی	تو بولتی تھی نا شادی کر لے... بس مجھے مل گئی تیری بہو... ہے۔

با	کیا؟؟

(یہ سنتے ہی با سکتے میں آجاتی ہے۔ جینتی لال اسے ہلاتا ڈلاتا ہے مگر اس کی آنکھیں پھٹی کہ پھٹی اور منہ ویسے ہی کھلا کہ کھلا رہ جاتا ہے۔ جینتی لال ڈر جاتا ہے۔ زور سے چلاتا ہے)

جینتی لال	با...(روتے ہوئے) با...ا...ا...ا...ا...
(با ایک دم ہوش میں آتی ہے)

با	ارے ابھی زندہ ہوں... یہ بتا نام کیا ہے اس کا؟

جینتی لال	(شرما کر) پرتی...

با	تو جا لے کر آ اسے گھر پہ...

جینتی لال	ابھی؟ رات کو... باہر دیکھ کتنی بارش ہو رہی ہے۔ صبح جا کر بولوں گا (پھر رک کر) پر سوچتا ہوں کیا بولوں اس کو؟

با	سوچنا کیا... جا جا کر سیدھا بول دے... آئے لو یو...(جینتی حیرت سے دیکھتا ہے) تیرے دادا نے بھی مجھ کو یہی بولا تھا... اور سن بن ٹھن کے جانا (کہہ کر با کمرے سے نکل جاتی ہے۔ جینتی لال پرتی کے خیال میں گم ہے۔ اندھیرا ہوتا ہے اور دوسری طرف پرتی اور بکل چل رہے ہیں)

پرتی	تم کتنا اچھا ڈانڈیا کھیلتے ہو۔

بکل	ہاں ڈنڈے چلا چلا کر اچھی پریکٹس ہو گئی ہے۔

پرتی	تم چھتری میں آجاؤ ورنہ بھیگ جاؤ گے اور پھر بیمار پڑ جاؤ گے۔

بکل	بارش میں بھیگنا مجھے اچھا لگتا ہے۔ ویسے بھی بارش شروع ہونے سے پہلے میں دوائی اسٹاک میں جمع کر لیتا ہوں۔
(تب ایک لڑکا اور لڑکی کے پاس سے گزرتے ہیں)

لڑکا	کیا با بھائی... برسات میں تک دھنا دھن...
(بکل اسے گھور کر دیکھتا ہے وہ شخص چپکے سے کھسک جاتا ہے۔ کچھ پل کی خاموشی

(کے بعد)

بکل	اچھا تم جاؤ...وہ کیا ہے کہ یہ ایریے میں اپنی امیج اچھی نہیں ہے۔
پرتی	میں لوگوں کی چنتا نہیں کرتی۔ (اور پھر چھتری سے باہر آجاتی ہے)
بکل	ارے...ارے...یہ کیا کر رہی ہو تم بارش میں بھیگ جاؤ گی تو...
پرتی	مجھے بھی بارش میں بھیگنا اچھا لگتا ہے...اور ویسے بھی...دوائی کا اسٹاک تو ہے ہی تمہارے پاس...

(مدھم میوزک کے ساتھ دونوں ایک دوسرے سے جدا ہوتے ہیں دوسری طرف جینتی لال جینس، ٹی شرٹ اور کالا چشمہ پہنے پرتی کے گھر میں آتا ہے پرتی وہاں نہیں ہے۔)

جینتی لال	یہ پرتی دروازہ کھلا چھوڑ کر کہاں چلی جاتی ہے...چلو تب تلک میں پریکٹس کر لوں...(تھیلی میں سے پھول نکالتا ہے) پرتی...مم...میں میں تم سے اتنا پیار کرتا ہوں جتنا اکشے کمار ٹوئنکل کھنہ سے کرتا ہے...نہیں نہیں یہ ٹھیک نہیں ہے...میری زندگی کا وائٹ ماربل...جب سے تم میری لائف میں آئی ہو دس بائی دس کی کھولی میں رہتا ہوں تو ایسا لگتا ہے تین بیڈ روم کے ٹیرس فلیٹ میں ہوں۔نہیں...نہیں یہ ٹھیک نہیں ہے...

(تب ہی پرتی آتی ہے جینتی لال کو اس حلیے میں دیکھ کر پہچان نہیں پاتی ہے۔چیخ مارتی ہے)

جینتی لال	ارے میں ہوں پرتی...تمہارا جینتی لال...کیسا لگتا ہوں؟
پرتی	جھکاس...ایک دم گیٹ اپ چینج ہو گیا ہے تمہارا...
جینتی	گیٹ اپ...سیٹ اپ سب بدل دیا ہے تم نے...پہلے جینتی لال...جینتی لال نہیں نوٹ چھاپنے کی مشین تھا،مگر تم سے ملنے کے بعد زندگی لور اسٹال سے ایکدم بالکنی ہو گئی ہے۔(کہتے ہوئے اسے پھول دیتا ہے)
جینتی لال	لو پھول...خاص تمہارے لیے...چالیس روپیہ درجن۔
پرتی	تھینک یو جینتی لال...مگر یہ پھول تو پلاسٹک کے ہیں۔
جینتی لال	جینتی لال کا کام...سستا، مضبوط اور ٹکاؤ...سچا پھول تو مرجھا جاتا ہے پر یہ پھول

لائف چلے گا... لو یہ بھی رکھ لو۔ (کہہ کر ایک باکس دیتا ہے) چمپا چمیلی گلاب...

پرتی: یہ کیا ہے؟

جینتی لال: عطر کی باٹلی، جو خوشبو چاہئے...وہ پھول پر چھڑک دینے کا...عطر کا عطر...مہک کی مہک اور پھول کا پھول...اس کو اپنے بال میں لگاؤ...

پرتی: اپنے ہاتھ سے لگا دونا۔ (جینتی لال بالوں میں پھول لگانے لگتا ہے) جینتی تم سے ایک ضروری بات کرنی تھی۔

جینتی لال: مجھے بھی...

پرتی: پہلے تم...جینتی لال!

جینتی لال: نہیں لیڈیز فرسٹ...

پرتی: تم مجھ سے بڑے ہو اس لیے پہلے تم۔

جینتی لال: نہیں تم مجھ سے چھوٹی ہو اس لیے پہلے تم۔

پرتی: ٹھیک ہے...جینتی لال میں سوچ رہی ہوں کہ یہ گھر نا بچوں...

جینتی لال: تم نے تو میرے من کی بات بول دی...سچی بولوں تو اتنے دن گھر دلالی کرتے کرتے میں سمجھ میں آیا گھر خریدنا اور بیچنا تو آسان ہے پر گھر بسانا بہت مشکل ہے۔

پرتی: ہاں جینتی لال میں نے بھی گھر بسانے کا سوچا ہے۔

جینتی لال: سچ!

پرتی: ہاں جینتی لال...دیکھونا تمہارا میرا ناطہ کیا ہے پر اب ایسا لگتا ہے جیسے تم ہی میرے سب کچھ ہو۔ میں نے شادی کرنے کا فیصلہ کیا ہے۔ (تب ہی وہاں بکل آتا ہے۔ بکل کو دیکھ جینتی لال چونکتا ہے)

بکل: جینتی لال...تم کو تو میں نے مارا تو میری لائف ہی چینج ہو گئی۔

جینتی لال: (ڈرنے کی ایکٹنگ کرتے ہوئے) تو کیا ابھی میرے کو پھر سے مار کے اپنی لائف اور چینج کرنے کا ہے۔

بکل: نہیں نہیں...بات یہ ہے کہ میں نے شادی کرنے کا فیصلہ کیا ہے۔

جینتی لال: کیا تم نے بھی...گڈ...گڈ...

بکل: ہاں میں شادی کر رہا ہوں پرتی کے ساتھ...میرا مطلب ہے پرتی شادی کر رہی

ہے میرے ساتھ...مطلب ہم دونوں ہی شادی کر رہے ہیں ...

جینتی لال   کیا!...(جینتی لال کو ایسا لگتا ہے جیسے اس کے سر پر بم پھٹ پڑا ہو)

پرتی   ہاں جینتی لال...تم بولو...تم کیا بولنے والے تھے۔

جینتی لال   میں کیا بولوں...اپنی فلم تو دوسرے تھیٹر میں لگ گئی۔

پرتی   کیا کہا؟

جینتی لال   Congrates تم دونوں سکھی رہو...

(اچانک شادی کے اشلوک شروع ہوتے ہیں اور پھیرے لیتے ہیں ....پرتی اور بکل ایک طرف شادی کے پھیرے لیتے ہیں ۔اندھیرا...اندھیرے میں باکی آواز آتی ہے)

با   ارے جینتی ڑا...تو ادھر اندھیرے میں کیا بیٹھا ہے؟

جینتی لال   با...وہ....وہ تیری بہو...

با   (منہ پر ہاتھ رکھ کر اسے روک دیتی ہے)مت بول...کچھ مت بول...اور روتا کیا ہے بیٹا...تو گجراتی مانس پچھے ڈکرا...وہ تو بڑے سے بڑا نقصان اپنی چھاتی پر لے لیتا ہے...نقصان دھندے میں ہوئے کہ پیار میں...چل ابھی...پاؤں سلامت تو جوتی ہزار...آج میرے کو تیرے ساتھ پکچر دیکھنے کو من کر رہا ہے...دکھائے گا اپنی باکو پکچر...

جینتی لال   ہاں با!...تجھے سلمان خان کی نئی پکچر دکھاتا ہوں۔

با   کون سی؟

جینتی لال   ہم دل دے چکے صنم...

(وہ لوگ سائیکل پر ڈبل سیٹ بیٹھ کر نکلتے ہیں اور سینما ہال کا سین بنتا ہے ٹارچ والا جینتی کو دیکھ کر)

ٹارچ والا   ارے جینتی آج با لکنی میں۔

جینتی لال   ائے پاپڑی...منہ کیا دیکھ رہا ہے میری گرل فریند کو سیٹ دکھا۔

(دونوں بیٹھتے ہیں پردے پر ہیرو ہیروئین کے بجائے بکل اور پرتی گانا گاتے ہیں ۔جینتی لال یہ دیکھ کر خوش ہے پردہ دھیرے دھیرے گرتا ہے)   ❖ ❖

ناٹ فار سیل

کردار:

نکھل   :   ۲۶، ۲۵ سال کا نوجوان سیلس مین

مادھوری   :   اُس کی بیوی

ماں   :   نکھل کی ماں

سدھا کر   :   اس کا نوکر

سپنا   :   نکھل کے خوابوں میں بسنے والی لڑکی

اس کے علاوہ ڈائریکٹر، ایکٹر، نیتا، غنڈہ، سُپرمین، بڑا مینجر، چھوٹا مینجر
ڈراما ٹیم میں شامل مختلف اداکار

ناٹ فار سیل پہلی مرتبہ مراٹھی کے آئی این ٹی ڈراما مقابلوں میں پریہ درشن جادھو کی ہدایت میں 2011ء میں روپیریل کالج، ماٹونگا، ممبئی کے طلباء و طالبات نے پیش کیا۔

(پردہ کھلنے پر کسی ڈرامے کا آخری سین جاری ہے ...سین ختم ہوتے ہی تالیوں کی
گونج کے ساتھ جوش اور خوشی سے تمتماتے چہروں کے ساتھ لوگ الگ الگ ونگ
سے نکل کر ایک دوسرے کو گلے لگاتے ہیں، مبارک باد دیتے ہیں)

ایک   کیا بات ہے کیا پرفارمینس تھا... کھا گیا... پوری ٹیم کو کھا گیا تو...

دو   کچھ بھی بول سالڈ شو تھا۔

تین   یہ بول کہ عزت رہ گئی... ورنہ کپڑے اترتے دیر نہیں لگتی...

(سب جوش میں ہیں، تب ہی وہاں اسٹیج مینجر آتا ہے۔ اس کے سینے پر ایک بڑا سا
بیج چِپاں ہے)

مینجر   چلو... چلو... گلے ملنے کا پروگرام باہر جا کے... اسٹیج کلیر کرو... جلدی... جلدی...

دو   سر کیسا تھا شو؟

بڑا مینجر   اوئے چنکی پانڈے ابھی خالی شو ہوا ہے... منچ خالی کرو نہیں تو نمبر کٹیں گے۔

(تب ہی مینجر کا اسسٹنٹ چھوٹا مینجر آتا ہے۔ اس کے سینے پر جو بیج چِپاں ہے، وہ
سائز میں مینجر کے بیج سے چھوٹا ہے)

چھوٹا مینجر   سر اس کے بعد والی ٹیم ابھی تلک نہیں آئی disqualify کروں؟

بڑا مینجر   بلاکس کا بڑا ہے؟

چھوٹا مینجر   آپ کا سر...

بڑا مینجر   تو disqaulify بھی میں کروں گا (مائک ہاتھ میں لے کر) دوستوں ابھی آپ
لوگ ہمارے ڈرامہ مقابلہ کا تیسرا اتنا ٹک دیکھ رہے تھے اسے پیش کیا گو نمنٹ

لاءکالج نے...اس کے بعد کانا ٹک گورنمنٹ لاءکالج نے پیش کرنا تھالیکن ابھی تک انہوں نے رپورٹنگ نہیں کی اس لیے تین سال کے لیے گورنمنٹ لاءکالج کو اس ڈرامامقابلے سے disqualify کیا جاتا ہے۔اب کچھ دیر میں آج کی شام کا چوتھانا ٹک (فائل دیکھ کر) پیش کر رہا ہے گورنمنٹ لاءکالج۔۔۔(پیچھے سے تالیوں اورسیٹیوں کی آواز)

سمیر   سر ہمارا بھی ایک پرابلم ہے...ہمارا ایک ایکٹر آیا نہیں ابھی تک...

بڑا مینجر   نو پرابلم! تمہارے کالج کو بھی dis-qualify کرتا ہوں (مائک لے کر) لیڈیز اینڈ جینٹل...

سمیر   مگر سر ہمارار پورٹنگ ٹائم تو چار بجے کا ہے۔

بڑا مینجر   چار بجے تک نہیں آیا تو...

سمیر   معلوم ہے سر...معلوم ہے

بڑا مینجر   کیا معلوم ہے؟ ہرسال تم لوگ کا یہی نا ٹک رہتا ہے۔

سمیر   یہ سال الگ کیا ہے سر!

بڑا مینجر   شٹ اپ...گئے ٹائم تمہارا ڈائریکٹرلیٹ آیا تھا۔

سمیر   یہ ٹائم...ٹائم پہ آیاسر...اور چار بجے سے پہلے ہماری ٹیم...

بڑا مینجر   وہ مجھے نہیں معلوم...سوا چار بجے پردہ اٹھنا مانگتا ہے بس...

(کہہ کر مینجر نکل جاتا ہے اس کا اسٹنٹ پیچھے نکلتا ہے منچ خالی ہو جاتا ہے تب ہی ناظرین میں سے ایک شخص (جس کا نام نکھل شرماجو فارمل ڈریس میں ہے) منچ پر چلا آتا ہے۔حلیے سے سیلس مین دکھائی دینے والے اس شخص کے کندھے پر ایک بڑاسالال بیگ ہے اور ہاتھ میں لنچ باکس ہے۔اسٹیج پر کچھ لوگ پچھلاسیٹ اتار رہے ہیں جبکہ کچھ لوگ نئے شو کی تیاری کر رہے ہیں)

سمیر   ونا ٹک میری property نہیں ملی ابھی تک۔

ونا ٹک   دیتا ہوں...سب تیرے ہاتھ میں لا کر دیتا ہوں...(جانے لگتا ہے)

نکھل   ایکسکیوزمی...میں نکھل شرماایم بی اے (اپنا کارڈ دیتا ہے) مائی سیلف ورکنگ فار اسکائی نیٹ ورک مارکیٹنگ...

ونائیک	تو؟
نکھل	میرا خیال ہے...تمہیں پیٹ کا پرابلم ہے؟
ونائیک	کیا؟
نکھل	ہاں...سانسوں میں بدبو ہے، یہ دیکھو (کہتے ہوئے اسے ایک چھوٹا سا پیکٹ تھماتا ہے)
ونائیک	یہ کیا ہے؟ مجھے نہیں چاہئے ابھی میں کنوارہ ہوں!
نکھل	(ہنستا ہے) نہیں...نہیں یہ کنڈوم نہیں، چیوگم ہے، پر کام وہی کرتا ہے...جس طرح کنڈوم ان چاہے بچوں کو روکتا ہے ویسے ہی یہ چیوگم آپ کی ان چاہی بدبو کو منہ سے باہر آنے نہیں دیتا۔
ڈائریکٹر	(آتے ہوئے) تو یہاں کیا کر رہے ہو؟ ڈیپک کو فون کر...آدھا گھنٹہ باقی ہے، تھرڈ بیل کے لیے...
نکھل	ہیلو سر...!
ڈائریکٹر	یہ کون؟
نکھل	میں نکھل شرما ایم بی اے...(وزیٹنگ کارڈ دیتے ہوئے) مائی سیلف ورکنگ فار اسکائی نیٹ ورک مارکیٹنگ...ٹرائی کر کے دیکھو...ویسے تو یہ معمولی چیوگم دکھائی دیتا ہے لیکن ساتھ میں ماؤتھ فریشنر بھی ہے...اس کے کھاتے ہی آپ کو جو بھی ٹینشن...
ڈائریکٹر	ونائیک کون سے سرکس سے پکڑ کر لایا اسے؟
نکھل	سر میں نکھل شرما ہوں ایم بی اے (ایک بار پھر اپنا کارڈ دیتا ہے) مائی سیلف ورکنگ فار اسکائی نیٹ ورک مارکیٹنگ...
ڈائریکٹر	(دروازے کی طرف اشارہ کرتا ہے) وہ دکھتا ہے...کیا ہے؟
نکھل	کیا دروازہ؟
ڈائریکٹر	دروازہ نہیں چیپڑ گنجو! ونگ ہے...اور تو جہاں کھڑا ہے وہ رنگ منچ ہے...مارکیٹ نہیں...چل ابھی نکل لے فاس فاس...کیونکہ باتیں ہو گئی خاص خاص...(پلٹ کر ونائیک سے) ونائیک تو ابھی تلک ادھر ہی کھڑا ہے جا جلدی

اس آلسی کو فون گھما کدھر ہے...؟ (دوسری طرف مڑ کر) پوجا... پوجا...(کہتے
ہوئے ونگ میں چلا جاتا ہے)

نکھل   عجیب لوگ ہیں مجھے جانے کے لیے کہہ کر خود چلے گئے (ادھر ادھر دیکھتا ہے) ایک
سیٹ بنانے والا ورکر کچھ کام کر رہا ہے اس کے پاس جا کر) سنئے بھائی صاحب
میں نکھل شرما...

سیٹ والا   سن لیا...بن لیا...کام کی بات کرو ٹائم کی کھوٹی مت کرو...میرے پاس پھوٹی
کوڑی نہیں ہے کچھ خریدنے کو...

نکھل   وہ بات نہیں ہے...میں یہ کہہ رہا تھا کہ میں یہاں بیٹھ کر کھانا کھا سکتا ہوں؟

سیٹ والا   کھانا کیا...تم یہاں بیٹھ کر ہگ بھی سکتے ہو... یہ ہندوستانی رنگ منچ ہے... یہاں
پر لوگ کھاتے کم ہیں ہگتے زیادہ ہیں۔

نکھل   اس کی وجہ ہے...یہ لو... یہ نئے ٹائپ کی زیرہ گولی ہے synthetic زیرہ
گولی...(نکھل سیٹ والے سے بات کرنے لگتا ہے اب وہ لوگ صرف بات
کرنے کا Mime کرتے ہیں تب ہی ونا تک آتا ہے)

ونائیک   ڈائریکٹر س... ڈائریکٹر س...کدھر ہیں؟

ایکٹر ایک   گرین روم میں پوجا کی اسپاٹ ریہرسل کروا رہے ہیں۔

ونائیک   جلدی بلا...لوچا ہو گیا...میں پھر سے ہاسپٹل میں ٹرائی کرتا ہوں...ہیلو...
ہیلو... یہ نیٹ ورک...اس کی ماں کی...(کہہ کر باہر نکل جاتا ہے)

سیٹ والا   اچھا...!!!(سی ڈی لے کر) کیا سچ؟ کچھوا چھاپ کوائل کے جیسی...

نکھل   اس سے بھی اثر دار...ٹرائی کر کے دیکھو... یہ سی ڈی چلانے سے مچھر ہو کہ مکھی
ستانے کی ڈیرنگ نہیں کریں گے...ساتھ میں عدنان سمیع کو پھوکٹ میں سنو، وہ
بھی خالی چالیس روپے میں۔

سیٹ والا   (پیسے دیتا ہے) اگر خراب نکلا تو؟

نکھل   کیا بات کرتے ہو؟ یہ لو...(ویٹنگ دیتا ہے) مائی سیلف...ورکنگ فار اسکائی
نیٹ ورک مارکیٹنگ...

ونائیک   (فون پر بات کرتے ہوئے) ارے مگر دیپک نہیں آیا تو ہم لوگوں کی واٹ لگ

جائے گی۔

ڈائریکٹر: کیا ہوا؟

وِنائیک: دیپک نانا وٹی ہاسپیٹل میں ہے۔ وارڈ نمبر 3، بیڈ نمبر 13...

گریش: (سر پکڑ کر) گئے بارہ کے بھاؤ میں...

ڈائریکٹر: بارہ کہ نہیں تیرہ کے بھاؤ میں... پورے ڈرامے کو بیڈ نمبر تیرہ پر لٹانا پڑے گا۔

مینجر: (آتے ہوئے) کیا ہوا؟ کروں کیا disqualify

وِنائیک: چار بجے سے پہلے تم کو پورٹنگ نہیں کرتے تو کرنا... سر ایسے سر پکڑ کر بیٹھنے سے کچھ نہیں ہوگا۔

ڈائریکٹر: کیا کروں؟ اسے بیڈ نمبر 13 سے اٹھا کر یہاں لے آؤں ؟

وِنائیک: کچھ نہ کچھ کرنا پڑے گا سر۔ آپ نے کہا تھا show must go on...
(نکھل ڈائریکٹر کے بالکل قریب آ کر کھڑا ہو جاتا ہے)

نکھل: ایکسکیوز می... کوئی پرابلم؟

ڈائریکٹر: (وِنائیک کو مخاطب کرتے ہوئے) یہ فوٹو! کون ہے؟

نکھل: فوٹو نہیں! نکھل شرما... بتایا تھا نا آپ کو (وزیٹنگ کارڈ دیتا ہے) ورکنگ فار اسکائی نیٹ ورک مارکیٹنگ...

ڈائریکٹر: (وزیٹنگ کارڈ دیکھتے ہوئے) ایکٹنگ... کی ہے کبھی؟

نکھل: ویسے دیکھا جائے تو ہم سبھی ایکٹر ہیں۔ اس زندگی میں ہر کوئی ایکٹنگ کرتا ہے۔ آپ یہ جو غصہ کر رہے تھے وہ کیا تھا؟

ڈائریکٹر: کیا؟

نکھل: ایکٹنگ!! خود شیکسپیئر نے کہا ہے۔ دنیا ایک اسٹیج ہے اور ہم سب...

وِنائیک: اے بھوسڑی کے... ایکٹنگ کیا ہے... کبھی؟
(نکھل ناراض ہو کر جانے لگتا ہے)

ڈائریکٹر: تو کیوں فرنٹ ہو رہا ہے... میں بات کر رہا ہوں نا اس سے (نکھل کو جاتا دیکھ کر) ابھی کھڑا کیا ہے... روک... روک اسے...

وِنائیک: آئی ایم سوری ہم لوگ بہت پرابلم میں ہیں، آدھے گھنٹے بعد شو ہے... اور ہمارا

ایک ایکٹر آیا نہیں ہے...چھوٹا سا رول ہے اس کا تم کرو گے؟

نکھل: (سوچتا ہے...سب ٹینشن میں) اوکے (وہ جیسے اوکے کہتا ہے سب ایکٹر مل کر "ہرے ہرے" چلّاتے ہیں تب ہی مینجر آتا ہے)

مینجر: (آتے ہوئے) اسٹیج پر شور کیا تو کالج کو تین سال کے لیے disqualify کر دوں گا۔

(سب خاموش ہو جاتے ہیں مینجر کے جانے کے بعد)

ڈائریکٹر: تو تم تیار ہو نا...(نکھل اثبات میں سر ہلاتا ہے) تھینکس...

نکھل: رول تو میں کر دوں گا مگر...

سب: (ایک ساتھ) مگر...؟؟؟

نکھل: مجھے کیا ملے گا؟ (سب ایک دوسرے کا منہ دیکھتے ہیں) I what will get ... دیکھیے مجھے غلط مت سمجھیے...میں آپ کی مدد کر رہا ہوں، تو مجھے بھی تو کچھ نہ کچھ تو ملنا چاہیے! دیکھا جائے تو یہ اپنے آپ کو بیچنے والی بات ہوئی نا۔

ڈائریکٹر: اوکے...اوکے...اگر تم نے ٹھیک سے اپنا رول کیا تو تمہارا آج کا سارا سامان ہم لوگ خرید لیں گے۔

نکھل: اور آپ لوگ نقصان میں نہیں رہیں گے۔

ڈائریکٹر: اوکے...(پاس کھڑی ایک لڑکی سے) سنیتا اس کو لائن دے۔

نکھل: میں شادی شدہ لیکن شریف آدمی ہوں۔صرف اپنی بیوی سے ہی لائن لیتا ہوں۔

ونائیک: ارے بھو...(گالی دینے جاتا ہے پھر خود کو روک کر) میرا مطلب ہے بھو...لنا مت اپنے ڈائیلاگ...سراسے اس کے ڈائیلاگ دو نا...

ڈائریکٹر: آپ کا کریکٹر اس کے پتی کا ہے۔(نکھل سوچ میں گم ہو جاتا ہے)

ونائیک: کیا ہوا؟

نکھل: کچھ نہیں...مجھے مادھوری یاد آگئی۔

ڈائریکٹر: کون دکشت؟

نکھل: نہیں...میری بیوی...مادھوری شرما...بہت اچھی ہے وہ...

ڈائریکٹر: ہاں...یہاں پر آپ کی بیوی یہ ہے۔آپ کی ایک بیٹی ہے اور آپ کا اپنی بیوی

یعنی اس کے ساتھ پرابلم ہے اور…

نکھل: (بات کاٹ کر) پتہ ہے… مسٹر… نام کیا ہے تمہارا؟ خیر جو بھی ہو ہمارے یہاں 99 فی صد طلاق کیوں ہوتے ہیں؟ miss comunication ہماری کمپنی اسکائی نیٹ ورک نے یہ ایک gadget ایسا بنایا ہے۔ آپ کو پتہ نہیں کہ ٹاٹا سوشل سائنس کی نئی فائنڈ کے حساب سے تین سے کروڑ…

ڈائریکٹر: (ہاتھ جوڑ کر) میرے باپ ٹاٹا کے ڈاٹا کو اپنے بیگ میں رکھ… اور…

نکھل: اور…

ڈائریکٹر: اور اپنے رول پر دھیان دے…

نکھل: پر مجھے کرنا کیا ہوگا؟

ونائیک: خالی ادھر سے… ادھر آنے کا۔ (چل کر بتاتا ہے)

ڈائریکٹر: یہ ادھر الیکشن بوتھ ہوگا۔

نکھل: الیکشن بوتھ؟

ڈائریکٹر: ہاں… یہ یہاں تمہیں بیلیٹ پیپر دے گا، اور یہ…

نکھل: (سمجھ نہیں پاتا ہے) ایک منٹ پھر سمجھانا…

(ونائیک چڑ جاتا ہے اس لیے ایک دوسرا ایکٹر گریش سمجھانے لگتا ہے)

گریش: یہاں سے بیلیٹ پیپر لینے کا اس پر مہر لگانے کا اور بیلیٹ پیپر کو موڑ کر ادھر باکس میں ڈالنے کا…سمجھا…؟

نکھل: ہاں… پھر…؟

ڈائریکٹر: پھر کیا… ہو گیا تمہارا کام…

نکھل: پر میرا سامان…؟

گریش: وہ بھی ہو جائے گا… پہلے ووٹ… بہت اہم رول ہے۔ ووٹ ڈالنا تمہارا سمو یدھان کیا ادھیکار ہے، ایسے ایکسپریشن آنے چاہیے…

ڈائریکٹر: 15 اگست کو ٹی وی پر لال قلعہ پر فوجی پریڈ دیکھی ہے نا…فوجیوں کے چہرے پر جو ایکسپریشن رہتا ہے نا…بس وہی چاہیے…

نکھل: پر لال قلعہ پر پریڈ 26 جنوری کو ہوتی ہے۔

ڈائریکٹر   (غصّے کو قابو میں کرتے ہوئے) ہاں ہاں وہی...بس اب شروع کرو...کم اآن
بوائز...تھرڈ بیل دے رہا ہوں...اسٹینڈ بائی (نکھل سے) تم وہاں کھڑے ہو
جاؤ...آل دی بیسٹ سمیر اور گریش اگر یہ بچّہ پھر پوپٹ مارے تو سنبھال لینا۔او
کے۔

نکھل   ایک منٹ، مجھے ووٹ ڈالنا ہے یا خالی ایکٹنگ کرنی ہے۔

ڈائریکٹر   ایکٹنگ...ایکٹنگ کرنے کا ہے خالی۔

نکھل   اوکے...پر یہ ناٹک کس بارے میں ہے؟ مجھے نہ تو ڈرامے کے بارے میں پتہ
ہے اور نہ اپنے کریکٹر کے بارے میں...

ڈائریکٹر   چنتا مت کر سید ھا سادا ناٹک ہے...عام آدمی کے بارے میں۔

نکھل   وہ ٹھیک ہے مگر میری ذات، کلاس behaviour pattern اور کوئی خاص
بات جو میرے کردار کو ایک زمین دیتی ہے ۔۔ intangible   and
uncontrollable aspects of human behavior کا مجھے
جب تک مجھے...

ڈائریکٹر   (خود کو قابو میں رکھتے ہوئے) آدمی کو چوکھٹوں میں باندھنا ضروری ہے کیا بس یہ
سمجھو کہ...تمہارے جیسے آدمی کے بارے میں ہے ہی یہ ڈراما...

نکھل   مگر نام...مجھے تو نام بھی نہیں معلوم اپنا۔

ڈائریکٹر   (چڑ کر) نام کیا ہے اس کا...اسکرپٹ کدھر ہے یار؟

گریش   راجن...راجن کوٹھاری...بس (تیسری گھنٹی بجتی ہے) یار تم تو سیلس مین ہو اس کا
کام ہی یہ ہے کہ identifying   the   prospects اور ساتھ ہی
maintaining relationships with clients بس یہ سمجھو
گرا ہک دیکھ کے پڑی باندھنا ہے۔

(کہہ کر سب جاتے ہیں، کوئی نکھل کا بیگ لے جانے لگتا ہے)

نکھل   لیکن میرا بیگ...

(دفعتاً تھرڈ بیل بجتی ہے اور بہت سارے لوگ زور سے..."چپ رہو" کہتے ہیں
اور اچانک اندھیرا چھا جاتا ہے۔ اندھیرے میں ہی ڈائریکٹر کی بھینچی ہوئی آواز آتی

ہے''لائٹ''اور اسی کے ساتھ دھیرے دھیرے روشنی ہوتی ہے۔ نکھل بیگ لیے
کمرے میں داخل ہوتا ہے۔ ایک دم اجنبی کی طرح...جوں ہی روشنی ہوتی ہے وہ
بری طرح چونک پڑتا ہے۔ آنکھیں ملتا ہے سر کو زور سے جھٹکتا ہے اور پھٹی پھٹی
آنکھوں سے کمرے کی درو دیوار کو دیکھتا ہے)

نکھل   ہے بھگوان...یہ سب کیا ہے؟ یہ ان لوگوں نے تو میرے ہی گھر کا سیٹ لگا دیا ہے۔
ایک دم میرے گھر کا ڈرائنگ روم...(دیواروں کے قریب جا کر) یہ تو سچ مچ میرا
ہی گھر ہے۔ وہی دیواریں، وہی چھت، وہی کھڑکیاں...کھڑکیوں پر جھولتے وہی
پردے۔ ٹیبل، کرسیاں، گلدان اور گلدان میں رکھے پھول تک وہی...یہ کیسے
ممکن ہے...کیا چکّر ہے یہ...
(تب ہی مادھوری اندر داخل ہوتی ہے۔ وہ گھر کے کپڑوں میں ہے لیکن اس کے
کندھوں پر ایک بڑا سا بیگ جھول رہا ہے)

مادھوری   (اسے دیکھتے ہی تیزی سے آگے بڑھتی ہے) کیا بات ہے راجن! تم اس وقت گھر
پر what a pleasant surprise
(کہہ کر اس کے گلے لگنے جاتی ہے نکھل حیرت سے اسے دیکھتا ہے اور پھر دو
قدم پیچھے ہٹ کر حیرت سے اسے دیکھتا ہے)

نکھل   مادھوری تم؟

مادھوری   (زبردستی مسکراتے ہوئے) ہاں میں...!

نکھل   تم یہاں کیا کر رہی ہو؟ (اسے کھینچ کر ایک طرف لے جانے لگتا ہے)

مادھوری   چھوڑو...چھوڑو میرا ہاتھ...

نکھل   کیا ہو گیا ہے مادھوری تمہیں؟ تم میری بیوی ہو...

مادھوری   (دھیمے سے) ہاں...مگر خالی منچ...

نکھل   مادھوری تم میری سچ مچ کی بیوی ہو اور...

مادھوری   (چڑ کر اسے خود سے دور کرتے ہوئے) سدھا کر...سدھا کر...

نکھل   سدھا کر کو کیوں بلا رہی ہو؟
(دوسری ونگ سے سدھا کر آتا ہے وہ کوکنگ اپرن میں ہے۔ اس کی گردن میں

بھی ویسا ہی لال بیگ جھول رہا ہے)

سدھا کر: میم صاحب (پلٹ کر نکھل سے) چوتیے یہ کیا کر رہا ہے…؟

نکھل: (ڈپٹ کر) سدھا کر تو…؟ تمیز سے بات کرو…

سدھا کر: مائی باپ…! (دھیمے مگر کڑے لہجے میں) یہ تمیز سے ہی تو بات کر رہا ہوں۔

نکھل: یہ سب کیا ہو رہا ہے…میری سمجھ میں تو کچھ نہیں آ رہا ہے۔

سدھا کر: مگر میری سمجھ میں آ رہا ہے…سالے پڑا ہوا مال ہے کیا۔…اپنے گھر لے جانا چاہتا ہے…میری فیانسی ہے (زور سے) مالک…مجھے لگتا ہے آپ کی طبیعت بروبر نہیں ہے۔ آپ یہ لپٹن چائے پیو…سر درد اڑن چھو ہو جائے گا (بیگ میں سے کپ اور کیتلی نکال کر چائے دیتا ہے اور پھر تیزی سے نکل جاتا ہے)

نکھل: مادھوری، یہ ہمارا نوکر اس طرح بات کر رہا ہے…

مادھوری: چھوڑو نا اسے…وہ ہے ہی بدتمیز…

نکھل: مگر…مگر مادھوری تم یہاں کیسے آ گئیں…؟ میں تو پبلک گارڈن سمجھ کر…

مادھوری: راجن…راجن…یو ڈونٹ نو لائف از فل آف سرپرائز…بلاوجہ پریشان کیوں ہوتے ہو…یہ لو (کہتے ہوئے اپنے بیگ سے اخبار نکال کر نکھل کو دیتی ہے) یہ لو سنسنی خیز خبروں اور اشتہاروں میں لت پت فور کلر اخبار…کراس ورڈ پزل بھرو، اور یہ چائے پیو…لپٹن کی چائے…
(جانے لگتی ہے اس کا ہاتھ پکڑ کر روک لیتا ہے)

نکھل: تم تو جانتی ہو مادھوری…میرا نام راجن نہیں نکھل شرما ہے…

مادھوری: میں مادھوری نہیں پوجا ہوں! تم نکھل نہیں راجن کوٹھاری ہو…ایم بی اے ورکنگ فار اسکائی نیٹ ورک مارکیٹنگ…

نکھل: ہاں مگر میرا نام…

مادھوری: (بات کاٹ کر) میں چلتی ہوں، دال بگھارنے پر رکھی ہے (جاتی ہے تب ہی دوسری ونگ سے ایک خوبصورت لڑکی آتی ہے۔ اس کے کندھوں پر بھی بڑا سا سرخ بیگ جھول رہا ہے)

نکھل: (اسے دیکھ کر) کون ہو تم…؟ میرے گھر میں…

سپنا: تیرا گھر… (گھور کر دیکھتی ہے اور اچانک کھلکھلا کر ہنس پڑتی ہے اور نکھل کا ہاتھ پکڑ کرنا چاہنے لگتی ہے) یہ تیرا گھر یہ میرا گھر، یہ گھر بہت حسین ہے…

نکھل: تم یہاں آئی کیسے؟

سپنا: ٹی وی کا اسکرین پھاڑ کر آئی ہوں…اوہو سوری… پھاڑ کر نہیں توڑ کر…میں ٹوتھ پیسٹ ہوں ڈارلنگ تمہارا سرکشا چکر…بھول گئے وہ میرا ہی سواد ہے جو پیپر مینٹ جیسا تمہارے من میں بس جاتا ہے۔

نکھل: لیکن میں کون ہوں راجن یا نکھل؟

سپنا: تم نہ راجن ہو نہ نکھل…تم ہو میرے ٹوتھ برش zigzag…(ہنستی ہے) ایسے کیا دیکھ رہے ہو مجھے؟

نکھل: واہ تمہارا شریر کتنا فریش ہے…دنیا کے سب سے پہلے سیب کی طرح…اور کتنی سندر مہک ہے تمہاری…تو چہ کتنی ملائم…

سپنا: وہ اس لیے کہ میں لیرل سے نہاتی ہوں۔

نکھل: لیرل سے تو مادھوری بھی نہاتی ہے، پر اس کے جسم سے تو…

سپنا: اس لیے کہ اس کے باتھ روم میں جھرنا نہیں ہے، کھلا آسماں نہیں ہے…بڑا سا جھولا نہیں ہے اور وہ چولی بھی نہیں ہے جو ہے…یہ لو میری طرف سے…(ایک پاکٹ نکال کر دیتی ہے)

نکھل: یہ کیا ہے؟ چولی…!

سپنا: نہیں، اُجالا…چار بوندوں والا…

نکھل: اس کا میں کیا کروں؟

سپنا: کبھی اس سے نہا کر دیکھو، سارا شریر نیلا ہو جائے گا۔ نیلے جھاگ اور بلبلوں سے تمہارا شریر ہی نہیں تمہاری آتما بھی چہک اٹھے گی۔ نگو…نگو…نگو…

نکھل: سچ؟

سپنا: ہاں! پھر ان بلبلوں کا تم ایک غبارہ بنانا اور ہم دونوں اس غبارے میں بیٹھ کر نت نئے بلبلے بنائیں گے اور ایک نئے سورگ میں جائیں گے…دور بہت دور…

نکھل: پر اتنی دور تک میں کیسے جاؤں گا، میرا ہاتھ تو میری پیٹھ تک نہیں جاتا…اور قریب

کے بھاڑے کے لیے آٹو والا تیار نہیں ہوتا۔ تم بتاؤ میں اپنی پیٹھ پر یہ بیل کیسے ملوں گا؟

سپنا: میں ہوں نا... میرا ہاتھ تو جائے گا... تم نہیں جانتے میرے ہاتھ قانون سے زیادہ لمبے ہیں... ہم دونوں دن کے اندھیرے اور رات کے اجالے میں ان ست رنگی بلبلوں کی بتھی میں بیٹھ کر ڈابر چپن پراش کھائیں گے (کھلکھلا کر ہنستی ہے اور ہنستے ہوئے چلی جاتی ہے نکھل اسے حیرت سے دیکھتا رہتا ہے دوسری طرف سے مادھوری آتی ہے)

مادھوری: یہ آدھی رات کو تم ٹوتھ برش اور پیسٹ لیے ایسے کیوں کھڑے ہو...؟ آج کل تم بہت ہی naughty ہو رہے ہو۔

نکھل: آں... ہاں (ایک پل کو چونکتا ہے مادھوری اندر جانے لگتی ہے نکھل اس کا ہاتھ پکڑتا ہے) مادھوری تم؟ تم پہلے یہ بتاؤ کہ وہ ڈائریکٹر...

مادھوری: (ونگ میں دیکھ کر) اوف... یہ مروائے گا...

نکھل: وہاں کیا دیکھ رہی ہو یہ بتاؤ کہ تم یہاں کس لیے آئی ہو؟

مادھوری: جس لیے تم آئے ہو ڈارلنگ... ایکٹنگ کرنے

نکھل: مجھے تو ان لوگوں نے وعدہ کیا ہے کہ وہ میرا سارا سامان خرید لیں گے مگر تم سے یہ لوگ کیا چاہتے ہیں...؟

مادھوری: اوئے موٹی عقل کی مہان آتما اپنی لائین بول! (پھر اچانک مسکرا کر) راجن میں نے آج تمہاری پسند کی مسور کی دال بنائی ہے۔ اپنے ہاتھوں سے...

نکھل: وہ ٹھیک ہے پر، تم اندر چلو مجھے تم سے کچھ ضروری بات کرنی ہے...۔ (ایک طرف لے جا کر) مادھوری کچھ گڑ بڑ ہے... دیکھ پورے گھر کا سیٹ اپنے گھر جیسا ہے... مجھے تو ایسا لگتا ہے کہ ہمارے گھر کو اٹھا کر لے آئے ہیں یہ لوگ، کسی نے ریکی کی ہے ہمارے گھر کی... سچ! (مادھوری خاموش)

مادھوری: (سپاٹ لہجے میں) تو اپنی لائین بول، میرا دماغ مت پھرا...

نکھل: مادھوری کوئی ہے جو ہمیں پھنسا رہا ہے، ہمیں manage کر رہا ہے۔ پتہ نہیں کس پروگرام کے لیے... میں تو یہاں کھانا کھانے کے لیے آیا تھا... ٹفن باکس

لیے...مگر اِن لوگوں نے...

مادھوری (غصے سے) چرکٹ اپنی لائن بول (پھر نرمی سے بیگ میں سے ایک پلیٹ نکال کر اس کی طرف بڑھاتی ہے) دیکھو نار اجن! آیوڈین یکت نمک سے تیار کیا ہے میں نے۔

نکھل مگر...

مادھوری اور اس میں کپٹن کوک کے ہینگ کا تڑکا لگایا ہے، مجھے پتہ ہے وہ تمھیں بہت پسند ہے...چکھ کر دیکھو مزا آ جائے گا...(نکھل کسی اور سوچ میں) اب پھر کیا سوچنے لگے؟

نکھل ماں یاد آ گئی...(اچانک ماں منچ پر اپنا پلّو سنبھالتے تیز تیز قدموں سے چلتی ہوئی آتی ہے۔ اس کے کندھے پر بھی لال بیگ ہے)

ماں کہاں ہے رے میرا بیٹوا...اے بیٹوا...

نکھل ماں...(نکھل حیرت سے اسے دیکھتا ہے) ماں تُو...تُو...تُو...

ماں ہاں میں...بیٹوا...

نکھل پر...ماں تو...کیسے آ گئی؟

ماں کیسے؟ (ماں واپس باہر جاتی ہے اور پلٹ کر دوبارہ اپنا پلّو سنبھالتے تیز تیز قدموں سے چلتی ہوئی آتی ہے) ایسے...

نکھل ایسے مطلب ایسے نہیں...بنا خط اور تار کے تو کیسے آئی...اور آنا ہی تھا تو اپنے گھر پر آنا چاہیے تھا نا...

ماں تو یہ کس کا گھر ہے...یو پی کے گورنر کا ہے کیا؟ تیرے گھر آنے کا مجھے کوئی شوق نہیں ہے، میں تو تیری دال میں ہینگ کا تڑکا لگانے آئی ہوں...یہ لے دو آنے...جا جا کر ہینگ لے آ...

نکھل یہ دو آنے نہ جانے کب سے میری ہتھیلی کی لکیروں کے بیچ میں چھٹ پٹا رہے ہیں...ماں اب دو آنے میں ہینگ نہیں ملتی۔ اب تو...

ماں (چڑ کر) کیا؟

نکھل ہاں ماں! اب نہ تیرے دو آنے بچے ہیں نہ تیری ہینگ...

ماں	پھر میں کیوں بچی ہوں...میں جاتی ہوں اپنے گاؤں...
نکھل	نہیں ماں تو مت جا...(مگر ماں اسی طرح چلی جاتی ہے)
مادھوری	وہ چلی گئی۔
نکھل	میرے سر میں جوں بہت کاٹتی ہے...رات بھر مجھے سونے نہیں دیتی۔
مادھوری	چنتا کیوں کرتے ہو...تھکا کائی تیل لگاؤ...اور کھانا کھاؤ...تیل سر میں جان ڈالے گا اور کھانا پیٹ میں۔

(تب ہی پنکی آتی ہے اس کے کندھوں پر بڑا سا بیگ ہے)

پنکی	ہائے پاپس...ہائے مما...!
مادھوری	ہائے بیٹا...(دونوں ماں بیٹی ہائے فائے کرتے ہیں)
نکھل	(لگ بھگ چیختے ہوئے) پنکی تم...؟ مادھوری تم نے اسے بھی یہاں...
پنکی	ہائے پاپس...
نکھل	تت...تت...تم یہاں...کیوں آئیں؟
پنکی	مما یہ ایسے over react کیوں کر رہا ہے؟ جیسے مجھے اپنے گھر میں کسی بروتھل میں دیکھ لیا ہو...(نکھل حیرت سے اسے دیکھتا ہے)
مادھوری	ہاں...راجن وہ اپنے گھر ہی میں تو ہے۔
پنکی	ہوں...مگر ابھی جا رہی ہوں۔
نکھل	کہاں...پنکی اتنی رات کو کہاں جا رہی ہو...؟
پنکی	(بیگ سے ڈانڈیا نکال کر بجاتی ہے) ڈانڈیا کھیلنے...
نکھل	پر بیٹا...نوراتری...تو...!
پنکی	پاپس...میں اشیش کے ساتھ جا رہی ہوں لانگ ڈرائیو پر، سا پوتارہ...اس کے فارم ہاؤس پر، ٹاٹاسو میں میں...
مادھوری	نہیں بیٹی مت جا...بہت رف ڈرائیو کرتا ہے وہ...!
پنکی	ڈونٹ وری مما اس نے وعدہ کیا ہے کہ سنبھال کر چلائے گا۔
مادھوری	پر بیٹی اس سے کہنا پارک بھی سنبھال کر کرے...غلط ڈرائیونگ کی وجہ سے کم غلط پارکنگ کی وجہ سے ایکسڈینٹ زیادہ ہوتے ہیں۔

پنکی   ممّا!یہ ہے نا میرے پاس (بیگ کی زِپ کھول کر دکھاتی ہے مادھوری دیکھ کر
سکون کا سانس لیتی ہے) بائے پاپس...بائے ممّا...

مادھوری   بائے...سی یو...

نکھل   ار...ر...رے...(پنکی کے پیچھے لپکتا ہے ،تھوڑی دیر میں سدھا کر اسے کھینچ کر
واپس لاتا ہے)

سدھا کر   (غصّے سے) بھا بھی سنبھالیے مالک کو...

مادھوری   تم اپنا گھر چھوڑ کر کہاں جا رہے تھے؟

نکھل   یہ میرا گھر نہیں...منچ ہے اور چھوٹ رہا ہے وہ میرا گھر ہے۔ تم نے اسے اکیلی کیوں
جانے دیا...کیوں...؟

مادھوری   وہ اکیلی نہیں اپنے دوست اشیش کے ساتھ گئی ہے۔

نکھل   اشیش...؟؟؟

مادھوری   اس کا دوست ہے...ڈونٹ وری...ایسا ویسا کچھ نہیں ہوگا اور ویسے بھی بیگ بھر
کے condom اور مالا ڈی کی ٹیبلیٹ لے گئی ہے وہ اپنے ساتھ...میں نے
خود دیکھا ہے اس کے بیگ میں۔

نکھل   (سر پکڑ کر) ہے بھگوان کیا ہو رہا ہے؟ یہ منچ میرے گھر میں بدل رہا ہے یا میرا گھر
منچ میں ٹرانسفارم ہو رہا ہے۔

مادھوری   (کھینچی آواز سے) پاگل ہو گئے ہو کیا (پھر ناظرین کو دیکھ کر) ہے...ہے...ہے...
اپنے کریکٹر سے مت نکل میرے باپ...اپنی لائن بول...

نکھل   میں اپنے گھر جانا چاہتا ہوں...اپنی مادھوری کے پاس...

مادھوری   یہ تمہارا ہی گھر ہے اور میں ہی ہوں تمہاری مادھوری راجن!

نکھل   نہیں یہ میرا گھر نہیں گھر کا سیٹ ہے اور تم...میری بیوی کی ڈبل ہو...

مادھوری   (پکڑ کر کھینچتی ہے) ٹھیک سے اپنا رول کریں نہیں تو دوں گی ایک ایسا...کان کے نیچے
رنگولی بن جائے گی...(پھر مسکراتے ہوئے) راجن تمہیں جہاں جانا ہے چلے جانا
پہلے چل کر آرام کر لو...
(اپنے ساتھ لے جاتی ہے...نکھل نہ چاہتے ہوئے بھی اس کے ساتھ جاتا ہے۔

(دھیرے اسٹیج پر اندھیرا ہوتا ہے اور دوسرے ہی لمحے مدھم روشنی ہوتی ہے ایک آدمی جو ننگ دھڑنگ ہے لباس کے نام پر اس نے ایک لنگوٹ باندھ رکھی ہے چھت سے نیچے اترتا ہے سیڑھیوں کے ذریعے...کندھے پر بڑا سا بیگ ہے۔سر پر گاندھی ٹوپی ہاتھ میں ٹارچ ہے۔اترتے اترتے اچانک رک کر میوزک روم کی جانب دیکھ کر)

نیتا   میوزک...ڈائریکٹر صاحب میوزک...اوئے ستش میوزک دے یار...۔

ستیش   (میوزک روم سے) سوری...سوری...

(پس منظر سے جیمس بانڈ کا signature میوزک بجتا ہے، نیتا نیچے اترتا ہے تب اندر کے کمرے سے نکھل آتا ہے)

نکھل   اے۔۔۔کک...کک...کون ہے؟

نیتا   ابے کیا شاہ رخ خان کی طرح ہلکلا رہا ہے...پہچانتا نہیں میں مسٹر انڈیا۔

نکھل   کون مسٹر انڈیا؟

نیتا   میں اور کون...

نکھل   پر میرے گھر میں کیا کر رہے ہو؟ (پھر اوپر دیکھ کر) ارے یہ تم نے کیا کیا؟

نیتا   کیا کیا؟

نکھل   ہے بھگوان...تم نے میرے گھر کی چھت میں...یہ کیا کیا...چھید کر دیا...۔

نیتا   (ہاتھ جوڑ کر) چھید کیا اس کا کھید ہے۔مگر کیا کریں اوپر سے نیچے آنے کے لیے چھید کرنا ہی پڑتا ہے اور چھید کرنے کے بعد کھید بھی کرنا پڑتا ہے...(نکھل کہنے جاتا ہے اس کی بات کاٹ کر) پر تیرے گھر کی یہ چھت ایک دم پول ہے...میری باڈی دیکھ...امبوجاسیمینٹ نے بنائی ہے میری باڈی...اس لیے اس کو توڑ آ گیا میں...

نکھل   پر تم ہو کون؟ اور اس طرح...

نیتا   دکھتا نہیں تیرے کو...اوپر کھادی ٹوپی اور نیچے VIP کی نائیلون جانگھیہ...hand free comfort...فٹ ہے باس!

نکھل   (جھنجھلا کر) پر...پر...یہاں میرے گھر کے اندر کیوں گھسے؟

نیتا: واہ... کیا سوال کیا ہے؟... یہ بتا بش عراق میں کیوں گھسا؟

نکھل: کیوں؟

نیتا: کیونکہ incoming free تھا۔ (کہہ کر زور سے ہنستا ہے)

نکھل: ارے مگر...

نیتا: (بات کاٹ کر) بتاتا ہوں... بتاتا ہوں... (مادھوری سے) اسے سنبھال یار اس کا ہگنا کم اور پیٹ پیٹ بہت ہے (نکھل کہنے جاتا ہے، اسے ایک طرف کرتے ہوئے) بازو ہٹ... Cover مت کر مجھے... (نرمی سے) پرارتھنا کرنے آیا ہوں تیرے گھر کی...

نکھل: میرے گھر کی... چھت تو توڑ کر...

نیتا: وہ بھی بنا بولے... (زور سے ہنستا ہے) وہ گھن چکرا الیکشن کمیشنر نے الیکشن اناؤنس کر دیا... اس لیے میں نے سوچا کہ پہلے تیرے پاؤں کی دھول اپنے ماتھے پر لگاؤں پھر اپنی election compaign شروع کروں۔ (بیگ سے آرتی کی تھالی نکال کر گانے لگتا ہے) چرن شرن میں لے لو پربھو جی... چرن شرن میں لے لو (پھر نکھل کے پاؤں چھونے لگتا ہے)

نکھل: ار...رے... یہ... یہ کیا کر رہے ہو؟

نیتا: تیرے پاوں پاؤں چھوڑ رہا ہوں۔ یہ ٹائم الیکشن کی مہابھارت تیرے گھر سے ہی شروع کروں گا۔

نکھل: میرے گھر سے؟

نیتا: اور کیا... میرے لیے تیرا گھر راج گھاٹ سے بھی زیادہ پوتر ہے... اس بابری مسجد سے بھی زیادہ... جسے رام بھگتوں نے توڑ دیا تھا اور اس رام مندر سے بھی زیادہ... جو ابھی تک بنا نہیں۔

نکھل: پر اس سے مجھے کیا... دیکھو مسٹر میں تو ایک سیدھا سادا...

نیتا: (بات کاٹ کر) عام آدمی ہوں (ہنس کر) اس پر جانتر کے وشال بھون کی بنیاد تیرے سر یکے عام آدمی کے ووٹ پر ہی ٹکی ہوتی ہے۔
(سوٹ بوٹ میں ملبوس بھکاریوں والی ٹرالی پر پورے گھے کو لے کر گزرتا ہے)

بھکاری
میرے باپ کا سپنا...ایک موبائل لے لے بابا...پانچ سوایک روپے کا سوال ہے۔اوپروالا مجھے SMS فری دے گا۔جولڑے گااس کا بھی بھلا،جومرے گااس کا بھی بھلا (نکھل اسے حیرت سے دیکھتا ہے)

نیتا
دیکھ...دیکھ...بڑے بڑے سیٹھ ساہوکار...جو رچتے ہیں اتہاس...آتے ہیں تیرے در پر بھیک مانگنے۔

نکھل
وہ ٹھیک ہے پر...پر میرے ہی در پر کس لیے...؟

مادھوری
(آتے ہوئے)کیا ہوا ڈارلنگ؟ (نیتا اسے گھور کر دیکھتا ہے)

نکھل
تت...تم...تم یہاں کیوں آئی ہو؟ جاؤ اندر جاؤ۔

نیتا
رہین دے...رہین دے...واہ کیا جھکاس بیوی ہے تیری...(اسکی کمر چھونے کی کوشش کرتا ہے)

نکھل
(روکتے ہوئے)ارے...ارے...ارے یہ کیا کر رہے ہو تم؟

نیتا
بھٹرکتا کائے کو ہے...خالی ہاتھ لگا رہا ہوں...ورلڈ ٹریڈ سینٹر تھوڑے ہی اڑا رہا ہوں(مادھوری سے نہایت نرم لہجے میں)تمہارا نام کیا ہے میڈم؟

مادھوری
(اتراکر)مادھوری!

نیتا
(مزہ لیتے ہوئے)آہ...ہ...ہا...کیا نام ہے،کیڈ بری جیسا...نام سن کے ہی dibeties ہو جائے(بانہوں میں لینے کی کوشش کرتا ہے)

نکھل
ارے یہ کیا کر رہے ہو تم...

نیتا
(شرارت سے)کیڈ بری کھاؤ خود جان جاؤ۔

نکھل
چھوڑو...چھوڑ دواسے اور نکلو...خبردار جو...جو...(کہتے کہتے اسے کھانسی آتی ہے تب ہی ایک شخص سپر مین کے ڈریس میں وہاں آتا ہے)

سپر مین
یہ پیاس ہے بڑی...(مادھوری کو دیکھ کر)نمستے بھابھی...(بیگ سے کولڈ ڈرنک کی بوتل نکال کر نکھل کو دیتا ہے)

نیتا
(کڑے لہجے میں)جلدی سے کولڈ ڈرنک پی اور اس بیلیٹ پیپر پر اپنی مہر لگا (پلٹ کر مادھوری سے)چلو میڈم تب تلک ہم لوگ ڈانڈیا کھیلتے ہیں...(کہتے ہوئے بیگ میں سے ڈانڈیا نکالتا ہے)

نکھل   ڈانڈیا!

مادھوری   (ایک دم خوش ہو کر) آئی لو ڈانڈیا...

نیتا   اینڈ آئی لو اینڈیا...(دونوں ڈانڈیا کھیلتے ہوئے اندر چلے جاتے ہیں)

نکھل   (لاچاری سے)ارے ارے کوئی روکو اسے...وہ آدمی میری بیوی کو...

سپرمین   (ڈپٹ کر) چپ بجر بٹو...خبردار ایک شبد بھی کہا تو...تو تو بہت ہی پست خیال،
            آرتھوڈاکس، narrow minded conservative، متعصب اور لکیر
            کا فقیر ہے بے...خالی ڈانڈیا ہی تو کھیل رہا ہے۔

نکھل   نہیں وہ ڈانڈیا نہیں کھیل رہا ہے۔۔میں نے اس کی آنکھوں میں شیطان کو دیکھا
            ہے۔

سپرمین   شیطان نہیں میرے دوست onida devil تھا...وہ بھی پلازما والا...

نکھل   (رندھی ہوئی آواز میں) پلیز اسے بچاؤ وہ....وہ....وہ....

سپرمین   (حیرت سے) اچھا یہ بات ہے کیا؟

نکھل   ہاں میں سچ کہہ رہا ہوں...ورنہ وہ میری بیوی کو... پلیز روکو اسے...تم تو سپرمین
            ہو...پلیز...

سپرمین   میں سپرمین نہیں کامن مین ہوں...پر تو چنتا مت کر اس پر جا انتر کے ویڈیو گیم
            میں کامن مین ہی سپرمین ہوتا ہے۔۔یس تیرے ساتھ اسٹار پلس، سونی، انڈیا ٹی
            وی، آج تک، سہارا ہی نہیں پورا دیشی اور ودیشی میڈیا ہے... ڈونٹ وری
            دوست رجت کپور کو بول کر اپن اس نیتا کا ایسا operation string
            کر کے ننگا کر دیں گے...کہیں منہ دکھانے کے لایق نہیں رہے گا وہ...(کہتے
            ہوئے اسے تکیہ دیتے ہوئے رازدارانہ انداز میں) یہ لو اس تکیے پر سر رکھ کر سو جاؤ
            اس سے ملے گا آرام کا احساس...بالکل سوکھا اور نرم...اتنا ملائم کہ گیلے پن کا پتہ
            ہی نہ چلے، ہر عمر کے لایق care free...تکیے (کہہ کر جانے لگتا ہے)

نکھل   ایک منٹ...تت...تم...تم...ہو کون...؟سیلس مین...؟

سپرمین   صحیح جواب...مائی سیلف نکھل شرما (وزیٹنگ کارڈ دیتا ہے) ورکنگ فار اسکائی
            نیٹ ورک مارکیٹنگ...(نکل جاتا ہے کچھ پل نکھل ایسے ہی کھڑا سوچتا رہتا ہے)

نکھل	وہ...وہ تو میں ہوں...نکھل شرما تو میرا نام ہے...سنو...(مگر سپر مین نکل چکا ہے۔ نکھل گھبرا کر ادھر ادھر دیکھتا ہے) ہے بھگوان! اب میں کیا کروں؟ ان لوگوں نے میرا نام، میری پہچان تک مجھ سے چھین لی (اندر کے کمرے سے گر بای میوزک) اب اس کے چنگل سے اپنی بیوی کو کیسے بچاؤں؟ یہ لوگ مجھے کسی گہری سازش میں پھنسا رہے ہیں، مجھے لگتا ہے زیرو ون ون پر فون کرنا چاہئے...ہیلو... ہیلو...کوئی ہے...؟

(ایک غنڈہ کھڑکی کے راستے اندر آتا ہے)

غنڈہ	میں ہوں نا...(کندھے سے بیگ کو نیچے اتارتا ہے)
نکھل	(اسے دیکھ کر چلانے لگتا ہے) ائے کون ہے تم...اور...اور...
غنڈہ	کائے کو چلم چلی کر رہا ہے؟ تو نے ہی تو فون کیا...کرے میں آیا (شور سن کر مادھوری آتی ہے۔ اسے دیکھ کر) نمستے بھا بھی!
نکھل	اوئے...کون ہو تم اور...
غنڈہ	ائے کھجور...بچاؤں کیا؟
مادھوری	(دھیمے سے) تم نہیں جانتے اپنے ایرئیے کا بہت بڑا غنڈہ ہے۔
غنڈہ	ائے چھبیس...کیا بولی رے تو؟
نکھل	دیکھئے...دیکھئے بھائی صاحب...!
غنڈہ	بھائی کس کو بولا رے...گالی دیتا ہے...بہین...(مارنے کے لیے اس پر جھپٹتا ہے مادھوری روکتی ہے)
مادھوری	ارے...کیا کر رہے ہیں آپ؟ بیٹھئے نا (نکھل سے) اوئے چھبین بھگت! اپنی لائین مت بڑھا...(غنڈے سے) آپ کھڑے کیوں ہیں بیٹھئے نا...
غنڈہ	اس ڈیڑھ بائی دو سے کچھ سیکھ...کیسے بات کرتے ہیں شریف لوگ سے۔
نکھل	نہیں...وہ میں...میں...(مادھوری اسے چپ رہنے کا اشارہ کرتی ہے)
غنڈہ	(گھر کا جائزہ لیتے ہوئے) سالا ابھی تلک cow belt میں جی رہا ہے۔
نکھل	وہ...وہ کہاں ہے؟
مادھوری	ڈونٹ وری ڈیر...وہ اپنے گھر کو اپ مارکیٹ بنا رہا ہے۔ ایک ایک چیز بدل رہا

نکھل: ہے...

نکھل: ارے مگر...

گھنڈا: (زور سے) شرم برم نہیں ہے کیا تیرے کو؟ اتنی اچھی انترا مالی سری کی بیوی کے ساتھ ادھر کچرا پٹی میں رہتا ہے...دیکھ...دیکھ...دیکھا ہے کہ بھی اپنی بیوی کو...اس انترا کا تو...مکھڑا بھی جھکاس ہے اور انترا تو...ہا...ہا...ہا...لگتا ہے ذاکر حسین کی طرح جا کر طبلہ بجاؤں...واہ تاج! (اپنے بیگ سے ایک بڑا سا کریڈیٹ کارڈ نکال کر اسے دیتا ہے) یہ لے...

نکھل: یہ کیا ہے؟

گھنڈا: دکھتا نہیں؟ آنکھ ہے کہ بھینس کی چوتڑ...اس کو کریڈیٹ کارڈ بولتے۔

نکھل: اتنا بڑا کریڈیٹ کارڈ...

مادھوری: واؤ...اتنا بڑا کریڈیٹ کارڈ...سچ مچ کافی بڑا ہے...

نکھل: اتنے بڑے کارڈ میں کیا کروں گا؟؟

گھنڈا: ابے عقل کے انا تھالیہ یہ بڑے کا زمانہ ہے...بڑا گھر، بڑا ہال، بڑا کچن، بڑا ہسپتال، بڑا کالج، بڑا کریئر بڑی جاب، بڑا ڈیل، بڑا کانٹریکٹ، بڑا scam، بڑی پارلیمینٹ، بڑا ڈیم، بڑا ڈان، بڑا بھگوان، بڑا بھگت، بڑا اسم، بڑا انقلاب، بڑا بلڈ شیڈ، بڑی فلم، بڑی ایم آر پی، بڑی رنڈیاں، بڑے بھڑوے، بڑے کسٹمر، بڑے بستر، بڑی نیند، بڑے خواب، سب کچھ بڑا...کیونکہ بڑا ہے تو بہتر ہے۔

نکھل: پر میں تو ایک چھوٹا اور غریب...

گھنڈا: (بھڑک کر) چپ...(نکھل کچھ کہنے جاتا ہے زور سے) چوپ...غریبی دنیا کا سب سے بڑا شاپ ہے۔ غریب وہ نہیں جس کے پاس پیسہ نہیں غریب وہ ہے جس کے پاس سپنے نہیں...

نکھل: میرے پاس تو پیسے بھی نہیں اور سپنے بھی نہیں۔

گھنڈا: وہی تو بول رہا ہوں چوتئے...واگلے کی دنیا سے باہر نکل...سپنا تم دیکھو پیسہ ہم دیں گے...یہ لے...(کریڈٹ کارڈ دیتا ہے) تیرے سپنوں کے محل کی کنجی...جو لینا ہے وہ لے ڈال...بال بنانے کے لیے کنگھا، نہانے کے لیے

صابن، پہننے کے لیے ریڈی میڈ کپڑے، ریڈی میڈ جوتے، ریڈی میڈ زیورات، بات کرنے کے لیے این سریز کا فون، آئی پیڈ، آئی فون، جیوسر گرا اینڈر، اوون موزے، سگریٹ، نائٹ بلب، چاکلیٹ، چیوگم، پالی تھن کا ڈیزائر تھیلا، پان مسالا نیل پالش، بوٹ پالش، ٹوتھ پیسٹ، کارپیٹ، روٹی میکر، ڈٹرجن پاوڈر، کمپیوٹر، فوڈ پروسیسر، منرل واٹر، گرائپ واٹر، واٹر فلٹر، پیمپر، نیل کٹر، ہاف کٹر، فل کٹر، واشنگ مشین، فینسی کریم، سینٹری نیپکن، dvd, hiv, hmv, bpl, dna, tv,icic, vcd,vcp trp, جو لینا چاہو گے وہ ملے گا۔

نکھل: وہ تو ٹھیک ہے مگر...

غنڈہ: (زنا نے تھے دار طمانچہ کھینچ کر مارتا ہے) کیا بولا   بھین چود...(نکھل گر پڑتا ہے)

مادھوری: (پاس آ کر) کیا کرتے ہو؟ کیوں آگ میں موت رہے ہو کہا تھا نا تم سے... اپنی لائین بولو... غلط ٹریک مت پکڑو۔

نکھل: میں...میں نے تو...

غنڈہ: (جھپٹتا ہے نکھل ڈر جاتا ہے) سوری...خون نکلا لگتا ہے...یہ لے بسکٹ...

نکھل: نہیں نہیں مجھے نہیں چاہئے...

غنڈہ: (ڈپٹ کر) لے بولانا...اتنی ساری چیز لے گا تو دو ماری گولڈ بسکٹ فری ہے، لے کھالے...شاہ رخ خان کا ایڈ نہیں دیکھا کیا۔ برانڈ ایمبیسیڈر رہے وہ اس کا معلوم ہے کہ نہیں...(نکھل لیتا ہے)...چلتا ہوں ابھی...(جاتے جاتے نکھل کے پاس رک کر) سوری...پر تو نے خالی پیلی غصہ دلا دیا...دنیا کدھر جا رہی ہے تیرے کو نہیں معلوم گوگل میپ سروس نے ابھی دنیا کی نقشہ تیری ہتھیلی پر لا کر رکھ دیا ہے۔ کدھر کون سا شہر کدھر کون سا گاؤں...سب نظر کے سامنے جگر کے پار...سالا جدھر ڈرینج سسٹم برو بر نہیں تھا ادھر بڑے بڑے شاپنگ مال کھل رہے ہیں امبانی کے بیٹے لوگ پردھان منتری کے ساتھ بیٹھ کر نیا اتہاس رچ رہے ہیں...اور تو بولتا ہے سپنے بھی نہیں ہیں پیسے بھی نہیں ہیں (پلٹ کر مادھوری کو کارڈ دیتا ہے) لو بھابھی انجوائے کرو...چلتا ہوں ابھی...ارے ہاں...پاوتی تو دینا ہی بھول گیا (ایک کاغذ جیب سے نکال کر) یہ میرا سروس چارج ہے...ڈونٹ وری ابھی نہیں

دینے کا ہے (نکل جاتا ہے۔۔) مادھوری کارڈ دیکھ کر خوش ہے۔ نکھل سکتے کے
عالم میں کھڑا رہتا ہے اور کچھ پل بعد اچانک پھپھک پھپھک کر رونے لگتا ہے)

مادھوری   (چونک کر) ارے۔۔۔ارے۔۔۔کیا ہوا۔۔۔(تب ہی نیتا باہر آتا ہے۔)

نیتا   کیا ہوا؟ (نکھل کی طرف دیکھ کر) پہلے اسے چپ کراؤ؟

مادھوری   (نکھل کے پاس جا کر دھیمے سے) کیا کر رہے ہو مرواؤ گے کیا؟ (مگر نکھل مسلسل
رو رہا ہے) یار اس آفت کے انڈے کو چپ کراؤ۔۔۔

نیتا   نیا ایکٹر چار لائین زیادہ بولتا ہے۔ اے بھائی تیرا رونے کا سین نہیں ہے۔

نکھل   نہیں۔۔۔بس اب میں یہاں رہنا نہیں چاہتا۔۔۔میں جا رہا ہوں۔

مادھوری   مجھے چھوڑ کر۔۔۔ after all I am your wife

نکھل   (ٹوٹے لہجے میں) تم میری وائف نہیں مادھوری۔۔۔تم تو ہماری بسکٹ کا پاکٹ ہو،
شاہ رخ خان جس کا برانڈ ایمبیسیڈر ہے۔۔۔

نیتا   چل ابھی زیادہ فوٹیج مت کھا اور فٹافٹ اس پر سائین کر۔۔۔(نکھل حیرت سے
دیکھتا ہے) سنائی نہیں دیتا کیا۔۔۔چلے جلدی اس بیلیٹ پیپر سائین کر۔

نکھل   (دھیمے مگر مضبوط لہجے میں) نہیں! میں سائین نہیں دوں گا۔

نیتا   کیا بولا؟ کھوپڑی مت گھما۔۔۔جلدی سائین کر۔

غنڈہ   (آتے ہوئے) کیوں رے۔۔۔دیوار کے ششتی کپوری کی طرح میں بولوں''بھائی
تم سائین کرتے ہو یا نہیں'' اس کے بعد سائین کرے گا۔۔۔سالے ماروں کا کم
گھسیٹوں گا زیادہ، چل جلدی انگوٹھا لگا۔۔۔کہ سپاری نکالوں کیا تیرے نام کی۔۔۔

نکھل   یہ بیلیٹ پیپر نہیں۔۔۔یہ پاور آف آٹارنی ہے۔ میں اپنا پاور آف اٹارنی کسی کو نہیں
دوں گا۔۔۔کسی کو بھی نہیں۔

نیتا   (غنڈے سے) منہ کیا دیکھ رہا ہے مار لات اس کی گانڈ پہ۔۔۔

پنکی   (آتے ہوئے) رکئے۔۔۔مت مارے میرے پاپا کو۔۔۔پاپا لگا دو نا انگوٹھا۔۔۔

مادھوری   ہاں جو کہہ رہے ہیں یہ لوگ۔۔۔

نکھل   نہیں۔۔۔میں نہیں کروں گا، کبھی نہیں۔۔۔(نیتا اور غنڈہ اس کی طرف بڑھتے ہیں)
چھوڑو مجھے۔۔۔چھوڑو۔۔۔مجھے کنزیومر بنا کر میرے خود مالک بننا چاہتے ہو تم۔۔۔

میری زندگی اور میرے رشتوں کو اپنی مارکیٹ اسٹریٹیجی مت سمجھنا...اور یہ بھی مت سوچنا میں سرینڈر ہو جاؤں گا۔...میں پولیس میں کمپلینٹ کروں گا...سپریم کورٹ کا دروازہ کھٹکھٹاؤں گا...ہیومن رائٹ کے پاس جاؤں گا...لیکن اپنی ضرورتوں میں تمہارے پروگرام کو peneterate کرنے نہیں دوں گا اور نہ اپنا ریموٹ تمہارے حوالے کروں گا...میرے خواب عرب دیش کا تیل نہیں جسے تم ہتھیا سکو... میں تمہاری کسی ڈیل، کسی کانٹریکٹ، کسی برانڈنگ، کسی مارکیٹنگ پلان میں حصے داری نہیں لوں گا...اپنا کوئی شبد...تمہیں نہیں دوں گا...

(تب ہی مختلف ونگ سے لوگ آتے ہیں ان کے حلیے سے معلوم ہوتا ہے فینسی ڈریس کے مقابلے میں شریک ہونے آئے ہیں مگر ہڑبڑی میں ڈریس چننے میں غلطی ہو گئی ہو مثلاً کسی نے اپنے سر پر پولیس کی ٹوپی پہن لی ہو مگر نیچے اس نے قبائلی انسانوں کی طرح پتے باندھے ہیں۔کسی نے جج کے کوٹ کے ساتھ بھیڑے کا مکھوٹا چڑھا لیا ہو،کسی مولوی کے سر پر سینگ ہیں یا کسی کی سادھو کی دم نکلی ہوئی ہے...وغیرہ وغیرہ...)

ایک نکھل	کیا بات ہے راجن کوٹھاری؟
	میں راجن کوٹھاری نہیں، نکھل شرما ہوں...
دو نکھل	نام میں کیا رکھا ہے۔ بولو کیا پرابلم ہے۔ ہم تمہارے ساتھ ہیں۔
	یہ آدمی میرے گھر کی چھت پھاڑ کر گھر میں گھس آیا ہے...اور....اور....
دو نکھل	اور....
	اس نے میری بیٹی، میرے بیوی، میری ماں، میرے نوکر، میرے دوستوں... سبھی کو میرے لیے اجنبی بنا دیا ہے۔
تین نکھل	گھبراؤ مت...ہیومن رائٹس تمہارے ساتھ ہے۔
	کچھ کرو سر! یہ لوگ کھلے عام میری جیب میں ہاتھ ڈال کر پیسے لوٹ لیتے ہیں اور قانون سامنے کھڑے ہو کر ہجڑے کی طرح تالی بجاتا رہتا ہے۔
نو نکھل	چنتا نکو۔کارل مارکس کا Das Capital اپن کو منہ پہ یاد ہے۔
	سر انہوں نے میرا دھرم، میری سنسکرتی، میرا اتیت، میرا ورتمان، میرا بھوشیہ سب

کچھ چھین لیا ہے۔

چار: ڈونٹ وری... بجور کشا سمیتی ہر قدم تمہارے ساتھ ہے۔

پانچ: بابری مسجد ایکشن کمیٹی بھی تمہارے کندھے سے کندھا ملا کر کھڑی ہے

چھ: رام جنم بھومی مکتی سمیتی تمہارے ساتھ تھی، ساتھ ہے اور ساتھ رہے گی۔

سات: مایاوتی فین کلب بھی تمہارے دکھ میں شریک ہے اور کالے ہاتھی پر بیٹھ کر کالی پٹی باندھ کر اپنے دکھ کو وہ ڈسپلے کرے گا۔

آٹھ: بالی وڈ تمہاری اس پریشانی کو دور کرنے کے لیے چیرٹی شو کرے گی...۔ جس کے لیے عامر خان اور رانی مکھرجی نے اپنی تین نائٹ دینے کا وعدہ کیا ہے۔

نو: آل انڈیا ڈان آرگنائزیشن...

دس: ہم سب تمہارے حق کے لڑنے کے لیے تیار ہیں۔

گیارہ: اکھل بھارتیہ ویپاری سنگھ تمہیں مورچہ نکالنے کے لیے تین ہزار ڈنڈے اور تیرہ ہزار جھنڈے سپلائی کرے گی۔

بارہ: ملٹی نیشنل کمپنی کے اپنے تمام کال سینٹر کے فون سائیلینٹ موڈ پر رکھ کر اپنا دکھ ویکت کرے گی۔

سب: (ایک ساتھ) بس ایک بار تم بیلیٹ پیپر پر انگوٹھا لگاؤ۔

نکھل: کیا؟

سب: (ایک ساتھ) ہاں! بس ایک بار تم بیلیٹ پیپر پر انگوٹھا لگاؤ۔

نکھل: تم لوگ بھی اسی راون کے سر ہو جو ہمارے پہاڑ، ہوا، جنگل ندیوں، پانی سمندر، پیڑ، پودے، پر پرائز ٹیگ لگا کر اس کو سپر مارکیٹ میں بیچ رہا ہے...کھیتوں کو بنار ہا انڈسٹری اور کسانوں کے بچوں کو بنار ہا چیئرس گرلس اور کال سینٹر بوائز... ملٹی نیشنل کارپوریشن بنار ہی ہے آم کا اچار اور نہانے کی گولیاں...میاں بیوی کا رشتہ ٹکا ہے چالیس روپے پچپن پیسے کے کلوز اپ ٹوتھ پیسٹ پر...ورلڈ بینک سے قرض لے کر بن رہے ہیں ڈیم اور میرے حصے کا دس پرسینٹ سے زیادہ حصہ کھا جاتا ہے چوہا اور گنتی ہر سال دس دن تک اسی چوہے پر بیٹھ کر دیکھتا ہے بڑے ہوتے کامپلین بوائے کو اور کامپلین گرل کو بھی...

(لوگوں کو مخاطب کرتے ہوئے)

سمندر کو کاٹ کر کون بنا رہا ہے شاپنگ مال، تھیٹر اور گھر۔۔۔گھر کے آنگن سے تلسی اکھاڑ کر بو دی گئی ہے سمرتی ایرانی کی پرتیبھا میرے ہی ڈرائنگ روم میں ... یہ لوگ چھین رہے ہیں مجھ سے میرا دھوبی گھاٹ، میری بھاشا، میرے سمندر کا کنارا، میرا مشاعرہ... چوری کر رہے ہیں میرا نیم کا داتن مجھ سے، میری پگڑی، میری شیروانی، میرا سانتا کلاؤز، کھیتوں میں کھڑا بجوکا، میرا گلال اور میری چوپال، درزی، موچی، کمہار اور چاند کی بوڑھیا، کھجری، میری کتاب، لوک کتھائیں، میرا مداری، میرا جمورا... کوئی ہے جو مجھے یہ سب لوٹا دے یہ سب... میں دوں گا وہ سب جو میں نے کمایا ہے ... ایک سیلز مین ہو کر ... (کہہ کر اپنا بیگ ڈاون اسٹیج پر لاتا ہے اور ان میں سے ایک ایک چیز نکال کر ناظرین کی جانب اچھالتا ہے)

یہ ہے میری کمائی، ہندوستان کا سمودھان، اے کے 47، جسے توڑ دیا تھا سنجے دت نے گرفتار ہونے کے ڈر سے، یہ ہے وہ نوجوان لڑکے کے کپڑے جو اپولو بندر بم بلاسٹ میں اڑ گیا تھا... یہ ہے لوے کی وہ راڈ جس سے پڑی تھی پہلی ضرب بابری مسجد کے گنبد پر... یہ ہے مادھوری کی چولی جسے اتارا تھا سبھاش گھئی نے ہماری ماؤں، بہنوں اور بیٹیوں کے سامنے، یہ ہے وہ گڑھا جس میں پانی بھرنے کے لیے دھاروا اڑ گاؤں کی عورت چلتی ہے چار کوس روزانہ، یہ ہے وہ کشمیری گلاب جسے اپنی شیروانی کی کاج میں لگا کر پنڈت نہرو نے دیا تھا پہلا پردھان منتری بھاشن... یہ ہے وہ کیسیٹ اٹل بہاری واجپائی کی کویتا کا...جب جل رہا تھا گجرات دنگوں کی آگ میں ہمارا پردھان منتری کر رہا تھا اپنی کویتاؤں کی کیسٹ ریلیز ایم ٹی وی پر... یہ ہے وہ ہسٹری کی کتاب جسے پرائیویٹائز کروا رہا ہے ہمارا ہجڑا سسٹم، یہ ہے وہ چیک جو لگا تار تیسری سنچری بنانے کے بعد دیا تھا انڈین کرکٹ بورڈ نے اظہر الدین کو، یہ ہے مراٹھی اور اردو اخبارات کے وہ ایڈیٹوریل جس نے کروائے تھے ممبئی میں 84 میں دنگے ... یہ ہے جگن ناتھ مشرا کی کھوپڑی جو بھوپال گیس کی ٹریجڈی میں مارا گیا اور جس کے بیوی اور بچے آج بھی پھرتے ہیں منترالیہ کے گلیاروں میں معاوضے کے لیے ... یہ ہے دتا

سامنے کی یونین کا بورڈ جس نے کروائی تھی پریل کی مل میں پہلی ہڑتال، یہ ہے
وہ بلّہ جس سے چھکا مارنے کے بعد ولس کمپنی نے دی تھی سچن ٹینڈولکر کو سفاری
گاڑی... یہ ہے فیئر اینڈ لولی کی وہ کریم جسے استعمال کر کے سشمیتا سین نے
پہنا تھا مس یونیورس کا تاج، یہ ہے وہ ترشول جسے کالی ماں کے ہاتھوں سے لے
کر ڈاکٹر پروین تو گڑیا نے بانٹا تھا غریب لوگوں میں جن کو نہیں ملتا تھا دو وقت
پیٹ بھر کا کھانا... یہ ہے وہ آر ڈی ایکس جسے استعمال کر کے میمن بھائیوں نے
دیکھا تھا ممبئی اڑانے کا سپنا، یہ ہے وہ ٹویٹا گاڑی کا وہ ٹائر جس پر بنایا تھا ادوانی نے
پرشوتم رام کارتھ، یہ ہے وہ کموڈ جسے استعمال کیا تھا مائیکل جیکسن نے بال ٹھا کرے
کے گھر میں... یہ ہے پیسلری کی بوتل، یہ ٹائمس آف انڈیا کا پیج تھری، یہ ہے صابن
یہ ہے تیل، یہ ہے چپس، یہ مرچی، یہ زیرہ، دھنیا...
(بولتے بولتے ہانپنے لگتا ہے سب حیرت سے اسے دیکھتے ہیں... کچھ پل کی خاموشی
اور پھر اچانک سب مل کر ایک ساتھ تالیاں پیٹنے لگتے ہیں)

ایک	گڈ... ویری گڈ... کیا پرفارم کیا ہے... غضب...
دو	فس کلاس... مارلن برنڈو سے بھی دھانسو ایکٹنگ کی ہے... واہ ـ واہ...
تین	مارلن برنڈو کو چھوڑ... اس نے تو نانا پاٹیکر کی بھی چھٹی کر دی...
چار	غضب... گریٹ جاب... گریٹ...
پانچ	خالی گریٹ بولنے سے کیا ہوتا ہے اس کو ایوارڈ دو... ایوارڈ...
چھ	بیسٹ ایکٹر کا ایوارڈ دے دو...
سات	ائے فلم فیئر نکال رے... جلدی ٹافٹ...
آٹھ	فلم فیئر کیا...؟ نیشنل ایوارڈ نکال ـ نیشنل ایوارڈ...
نو	چھی اتنا بڑا اداکار اور خالی نیشنل ایوارڈ...
دس	انٹرنیشنل لیول کا پرفارمینس تھا... ایوارڈ بھی ویسا مانگتا... ائے او سکر کدھر ہے؟
	(سب ادھر ادھر دوڑتے ہیں اور اچانک چلاتے ہیں "مل گیا.. مل گیا")
گیارہ	اس سال کا اکیڈمی ایوارڈ جاتا ہے راجن کوٹھاری کو (سب تالیاں بجاتے ہیں)
نکھل	میں راجن کوٹھاری نہیں ہوں۔

دو : پھر... پھر تم کون ہو؟؟

نکھل : (سوچتے ہوئے) پھر میں کون ہوں؟ نام کیا ہے میرا؟؟

پانچ : وزیٹنگ کارڈ دیکھ لو...

نکھل : (نکھل وزیٹنگ کارڈ دیکھتا ہے) اوہ مائی گاڈ...میں...میں...

ایک : (وزیٹنگ کارڈ لے کر) اس پر تو تمہارا نام راجن کوٹھاری ہی لکھا ہے۔

چار : ہاں...تم راجن کوٹھاری ہی ہو۔

مادھوری : اور کیا...راجن کوٹھاری نام کا منگل سوتر میں نے اپنے گلے میں ڈالا ہے۔

پنکی : میرے نام کے آگے راجن کوٹھاری ہی لکھا ہوا ہے۔

غنڈہ : تم راجن کوٹھاری ہی ہو۔

پانچ : تمہارا موبائیل راجن کوٹھاری کے نام سے ہی رجسٹرڈ ہے۔

سات : الیکشن رول میں بھی تمہارا نام راجن کوٹھاری ہی درج ہے۔

آٹھ : ہمارے بینک میں تمہارا اکاونٹ راجن کوٹھاری کے نام سے کھلا ہوا ہے۔

مادھوری : اب جلدی سے یہاں پر سائین کرو...(اسے پین دیتی ہے) امیتا بھ بچن کا پار کر
پین ہے...من چاہے لکھتا جائے (کاغذ بڑھاتی ہے) لو سائین کرو....
(وہ سائین کرتا ہے اور گر پڑتا ہے اچانک راشٹرگیت شروع ہوتا ہے سب ایک
قطار میں کھڑے ہوتے ہیں۔ اچانک منچ پر مینجر آتا ہے)

مینجر : چلو...چلو یہ کیا لگا یا ہے...چارج گئے...کدھر ہے تمہاری ٹیم...اگر نہیں آئی تو
ابھی disqulify کرتا ہوں...

ایک : ہم لوگ تیار ہیں۔

دو : ہمارا ایکٹر آگیا۔

مینجر : (بکھرے سامان کو دیکھ کر) یہ یہ سامان...

گیارہ : یہ ہمارا سیٹ ہے۔ (تیسری گھنٹی بجتی ہے)

مینجر : تو لیجئے...آج کی شام کا چوتھا ڈراما...پیش کرتا ہے گورنمینٹ لا کالج...
(پردہ دھیرے دھیرے گرتا ہے)

❖❖

کولاژ

کردار:

کیول	:	خوبرونوجوان
ماں	:	کیول کی ماں
باپ	:	کیول کا باپ
شیاما	:	
مایا	:	
کلیانی	:	
سریتا	:	کیول کی محبوبائیں

اس کے علاوہ، بہت سے کردار اورکورس

کولاژ پہلی مرتبہ مراٹھی کے آئی این ٹی ڈراما مقابلوں میں
پریہ درشن جادھو کی ہدایت میں 2010ء میں ملنڈ کالج،
ملنڈ، ممبئی کے طلباء و طالبات نے پیش کیا۔

(اونچے سُر میں اشلوک کی آواز... موت پر پڑھے جانے والے اشلوک ... کیول ہاتھ میں استھیاں لیے داخل ہوتا ہے۔)

کیول   ماں تو سب سے زیادہ کس سے پیار کرتی ہے؟ مجھ سے یا اپنے پتی سے ...
(اشلوک کی آواز) چاہت، محبت، کیا ہمیشہ ایک سی رہتی ہے؟ کبھی یہ صرف ایک
adjustment ہوتی ہے ... کبھی صرف ایک یاد، کبھی یہ راکھ ہوتی ہے تو کبھی
راکھ میں دبی چنگاری، کبھی یہ بے بسی کا روپ دھار ان کر لیتی ہے ... کبھی ہم محبت
نہیں کرتے محبت کرنے کا ڈھونگ کرتے ہیں ... اور کبھی محبت کے نام پر ہم
زندگی بھر ایک دوسرے سے نفرت کرتے رہتے ہیں۔
(اشلوک کی آواز تیز ہو جاتی ہے)

کیول   (استھیوں سے مخاطب ہو کر) ماں بول نا... تو سب سے زیادہ کس سے پیار کرتی
ہے؟ (خلا میں دیکھتے ہوئے) میری ماں اس چھوٹی سی مٹکی میں ہے۔ لوگ کہتے
ہیں وہ مر چکی ہے۔ پر ماں کیسے مر سکتی ہے؟ وہ تو زندہ ہے ... میری نسوں کے
vacume میں دوڑ رہی ہے۔ معاف کریں دوڑ نہیں رہی ہے بلکہ چل رہی
ہے ... لاٹھی ٹیک کر ... دھیرے دھیرے ... دھیمے دھیمے ... کھٹ ... کھٹ ...
کھٹ ... کھٹ ... کھٹ
...

ماں   کے ... ے ... ے ... ول ... ل ... ل ...
(دور سے پکارتی ہوئی ایک ونگ سے دوسری ونگ میں چلی جاتی ہے)

کیول   ماں کی لاٹھی کی یہ ... کھٹ ... کھٹ ... باپ کے جوتوں کی ... کھٹ ... کھٹ سے

different ... ہے ایک دم الگ

(کھٹ ...کھٹ...کی آواز کے ساتھ ہی بہت سے لوگ اسٹیج پر آتے ہیں، ان کے بدن اکڑے ہوئے اور چہرے تنے، اپنے ہاتھوں میں دھری لاٹھیوں کو وہ ایک خاص ردھم سے زمین پر پٹکتے ہیں)

کیول ... (اپنے آپ سے) اندھیرا چھاتے ہی آنکھوں کے سامنے ہزاروں رنگ مچلنے لگتے ہیں ۔ ہر رنگ کا ایک الگ کریکٹر ہوتا ہے، الگ مزاج، الگ تیور ... یہ رنگ مجھے ہمیشہ بے چین کر دیتے ہیں ۔ کتنے عجیب اور دلچسپ ہوتے ہیں یہ رنگ ... رومانچکاری، زندہ، جیوت، نرم، چنچل، کومل، بے داغ، اچھوتے اور ملائم ... (اچانک سبھی لوگ بچے بن جاتے ہیں اور کیول کی آنکھوں پر پٹّی باندھتے ہیں اور آنکھ مچولی کھیلتے ہوئے بات کرتے ہیں)

ایک ... کیول! دیکھنا... اس رنگین اندھیرے کے پرے ایک کھلا آسمان ہے ۔

دو ... اور اس کھلے آسمان پر اٹھلاتے نرم ملائم بادل ہیں ۔

تین ... ان بادلوں کے گھر میں ٹھنڈا نرمل جل ہے ۔

چار ... اور اس نرمل جل میں تیر رہی ہے بپاشا بسو ...

پانچ ... بپاشا بسو کی جانگھ پر ایک کالا تِل ہے ...

چھ ... اس تِل پر کھی جا رہی ہیں کویتائیں ...

سات ... کویتاؤں میں مسکرا رہے ہیں پھول ...

آٹھ ... ان پھولوں پر منڈلا رہی ہیں سپنوں سے زیادہ رنگین تتلیاں ...

نو ... تتلیوں کے پیچھے دوڑ رہے ہیں بچے ...

دس ... اور ان بچوں کی دوڑ سے جنم لے رہی ہیں پنچ تنتر... جاتک کتھائیں ... دنت کتھائیں ... فش ٹیلس اور کتھا سرت ساگر ...

گیارہ ... ان کتھاؤں کی جڑوں میں براجمان ہے رشتوں کا سمودھان ...

کیول ... (آنکھ پر پٹّی باندھے اپنے ساتھیوں کو پکڑنے کی کوشش کر رہا تھا اچانک شیاما کو پکڑ لیتا ہے) پکڑ لیا ...

سب ... چیٹنگ ...چیٹنگ ... (ایک ساتھ بچوں کی طرح شور کرنے لگتے ہیں)

دو: تو جان بوجھ کر شیاما کو ہی پکڑتا ہے...

کیول: نہیں میں تو صرف اس رنگ کو...

تین: سب معلوم ہے...ہمیں سب معلوم ہے...(بچے جھگڑنے لگتے ہیں)

شیاما: میری وجہ سے کیوں جھگڑتے ہو...چلو میں دے دیتی ہوں داؤ...

(شیاما آنکھ پر پٹی باندھتی ہے...سب نکل جاتے ہیں، اسٹیج پر صرف کیول اور شیاما رہ جاتے ہیں...شیاما کیول کو پکڑ لیتی ہے، دونوں ہنستے ہیں دوسری طرف سے ماں کیول کو پکارتی ہوئی آتی ہے)

ماں: (پاس آ کر) کتنی بار کہا ہے اُس شیاما کے ساتھ مت کھیلا کر...

کیول: مجھے اچھا لگتا ہے اس کے ساتھ کھیلنا...

ماں: ابھی تو بڑا ہو گیا ہے پتّر...چھوٹا بچہ نہیں رہا۔

کیول: ہاں! میرا تو من کرتا ہے ماں...میں اتنا چھوٹا ہو جاؤں کہ دوبارہ اڑ کر تیری کھ میں چلا جاؤں۔

ماں: (کھسیا کر) دھّت! جا اپنی اسکول کا ہوم ورک کر تیرے پاپا آئیں گے تو...

کیول: (چیخ کر) وہ آدمی میرا باپ نہیں...خالی تیرا پتی ہے...

ماں: (گھبرا کر) چُپ! انہوں نے سن لیا تو...چل کر کھانا کھا لے...

(تب ہی جوتوں کی دھمک سنائی دیتی ہے اور باپ اندر داخل ہوتا ہے)

باپ: (ماں سے) سن! میرا سر درد سے پھٹا جا رہا ہے...آ کر دبا دے...

ماں: ابھی آئی (جانے کے لیے مڑتی ہے)

کیول: پر ماں مجھے کھانا کون کھلائے گا؟

ماں: اپنے ہاتھ سے کھا لے پتّر...تو ابھی کوئی بچہ نہیں رہا۔

باپ: کہاں مر گئی جلدی آ...

ماں: ابھی آئی...(تیز تیز قدموں سے باہر جانے لگتی ہے)

کیول: ماں...ماں...ماں...(جاتے جاتے ماں رک جاتی ہے)

شیاما: ماں نہیں بدھو...شیاما...شیاما...یہ لے شری کھنڈ کھا لے...میں لائی ہوں خاص تیرے لیے...میری ممی اور ڈیڈی نے مل کر بنایا ہے یہ شری کھنڈ تیرے لیے۔

| باپ | (غصے سے پیر پٹکتا ہے) اوف...لگتا ہے میرا برین ہیمرج ہو جائے گا۔ |

کیول   ڈراٸیکولا (کیول اور شیاما ایک طرف آنکھ مچولی کھیل رہے ہیں)

باپ   اس کو بول تُو میری پتنی ہے، بھگا کر نہیں لایا ہوں تجھے...''وہ'' تو اس حرام کے جنے کو تیرے گربھ میں چھوڑ کر...

شیاما   پر کیول تم اس کے سگے بیٹے ہو...

کیول   (کھیلتے کھیلتے) میں ڈراٸیکولا کا بیٹا نہیں...تمہیں نہیں معلوم میرے باپ کے پاس جو راٸفل ہے اس کی نال پر ایک telescope لگا ہے اس میں دیکھنے سے دور کی چیز قریب دکھائی دیتی ہے میرا باپ، میری ماں کو اسی سے دیکھتا ہے...

باپ   اوف! میں پاگل ہو جاٶں گا سر پھٹ کر باہر آ جائے گا...چل سر دبا (دونوں اندر جاتے ہیں۔ کیول دیکھتا ہے شیاما بھی وہاں نہیں ہے)

(تب ہی ایک بڑی گیند کیول کے پاس آ کر گرتی ہے اور وہ فٹ بال کھیلنے لگتا ہے دوسرے بہت سے لڑکے بھی شامل ہوتے ہیں...اور پھر کھیل ختم ہو جاتا ہے...کھیل کا میدان ایک کلاس روم میں بدل جاتا ہے بچوں کا شور)

ٹیچر ایک   خاموش...خاموش (سب چپ) ہاں تو بچوں الجبرا کا مول آدھار نیم یہ ہے کہ اگر کوئی تمہارے ایک گال پر مارے تو دوسرا گال پیش کر دو، شاید یہی وجہ ہے کے سورج کے 4.9 کروڑ کلو میٹر دور ایک ٹیومر ہے جسے واسکو ڈی گاما نے ڈسکور کیا اس کا اصلی نام بلیک ہول ہے اور اس کی آنکھ سے ریٹینا یعنی آنکھ کا پردہ خراب ہونے کے کارن بھارت کے دستور پر اس کا سیدھا اثر اس لیے پڑتا ہے کہ 1912 ء میں پہلی گول میز کانفرنس پر جب theory of alienation کو بیان کرتے ہوئے آٸین سٹائین نے کہا تھا کہ ہر عمل کا رد عمل ہوتا ہے۔ چونکہ دوسری بڑی جنگ کے بعد ایچ ٹو اوکا کیمیکل لوچہ adverb کو ہی نہیں noun, اور اس کے سوتیلے بھائی pronoun کو بھی کاٹ رہا ہے، جس کو اورنگ زیب نے ہاتھی کے پیروں تلے روند کر مروایا تھا، کیونکہ وہ جانتا تھا کہ چاند گرہن کا آدھار، پدھارت ہے اور اسی بات کو دھیان میں رکھ کر ویت نام میں ایڈیسن نے کہا کے تم مجھے خون دو میں تمہیں آزادی دوں گا اور اس طرح سمراٹ

اشوک نے کلینگا یدھ کے بعد جب بودھ دھرم سویکار کیا تب ہی آزادی کے بعد
پہلی بار دیش کے قانون کو مسلم پرسنل لا کے لیے بدلا گیا اور اسی دوران ہندؤں کو
پتہ چلا کہ ہیومن باڈی میں وائٹ سیل کندھار کے راستے سے ہی جرمنی آئے اور وہ
ہڈیوں کے connective tissue میں شکر اور کاٹن کے کارخانے زیادہ
پائے گئے جو ہیموگلوبن کے لگا تار کم ہونے کا کارن بنے مگر اس فارمولہ کو خلجی اور گپت
dynasty کے راجاؤں نے مہاتما گاندھی کو دیا کیونکہ ایکس اور وائے کروموزوم
بڑھتے ہیں اور اس حساب سے ہم دیکھیں تو space میں...(کہتے کہتے اس کی
رفتار بڑھتی چلی جاتی ہے اور آخری میں ہانپنے لگتا ہے ۔ ایک گلاس پانی پیتا ہے)

ٹیچر ایک	سب اپنی نوٹ بک نکالو...ہوم ورک کیا یا نہیں ۔
سب	(ایک ساتھ) یس سر (صرف کیول کچھ نہیں کہتا ہے)
ٹیچر ایک	کیول تم نے...؟
کیول	سر وہ مم...م...میں...میں...
ٹیچر ایک	(ڈپٹ کر) وہاں مرغا بن کر کھڑے ہو جاؤ...انڈے ضرور دینا...
کیول	مگر انڈے تو مرغیاں دیتی ہیں...سر...
ٹیچر ایک	شٹ اپ...ہوم ورک پورا کیے بنا تم گھر نہیں جاؤ گے...
کیول	جی...وہ...م...میں...میں...
ٹیچر ایک	مرغے کی بھاشا میں بولو کیول...
کیول	کُکڑوں کوں...(سب ہنستے ہوئے بکھر جاتے ہیں...سوائے مایا کے)
مایا	پوری کلاس میں صرف تم نے اپنا ہوم ورک نہیں کیا تھا...
کیول	پوری کلاس کیا میری طرح فٹ بال کھیل سکتی ہے...؟
مایا	یہ لو (نوٹ بک دیتی ہے) ہوم ورک کر دیا ہے میں نے تمہارا...
کیول	(نوٹ بک دیکھ کر) تمہارے اکثر کتنے سندر ہیں (وہ مسکراتی ہے) اور تمہارے بال بھی...
	(پیچھے سے شیاما آتی ہے اس کی آنکھ پر ہاتھ رکھتی ہے)
کیول	کون...؟

شیاما   پہچانو...؟

کیول   شیاما...! (شیاما ہنستی ہے اور چلی جاتی ہے)

مایا   کون شیاما... (کیول وہیں دیکھ رہا ہے جہاں شیاما گئی تھی) وہاں کیا دیکھ رہے
              ہو...؟ جاؤ سر کو نوٹ بک دکھاؤ...ورنہ....

ٹیچر ایک   کیا لگتا ہے اڈوانی کی رتھ یاترا کا پورے دیش پر کیا اثر پڑے گا؟

کیول   مایا کتنے زندہ، جیویت، نرم، کومل، چنچل، بے داغ، اچھوتے، ملائم ہیں تمہارے
              بال....

ٹیچر دو   ہم ٹیچروں کو راج نیتی سے کیا لینا دینا... پگار ٹائم پر مل جائے...بس....

کیول   تم جانتی ہو میری ہسٹری کی ٹیکسٹ بک میں ہٹلر مر چکا ہے پر اصل میں وہ زندہ
              ہے مایا...مرا نہیں....

مایا   اب تم جاؤ دیری ہوگئی تو....

ٹیچر تین   اوف...جس دن صبح اخبار پڑھ لیتا ہوں رات کو مجھ بہت مچھر کاٹتے ہیں....

ٹیچر ایک   لوگوں کا کوئی سوشل کمٹ منٹ ہی نہیں۔ (کیول کو دیکھ کر) آؤ مسٹر مرغے کر لیا ہوم
              ورک...(اخبار بڑھا کر) یہ بتاؤ یہ کیا ہے؟

کیول   گنبد ہے سر....

ٹیچر دو   گنبد نہیں مسلمانوں کی تہذیب ہے....

ٹیچر تین   ان کی سنسکرتی ہے....

ٹیچر دو   ان کی تاریخ ہے....

ٹیچر چار   نہ تہذیب ہے، نہ سنسکرتی ہے اور نہ تاریخ ہے ۔۔صرف ایک ڈھانچہ تھا، جسے
              دھوست کر دیا گیا۔ مگر سوال یہ ہے کہ ہندو راشٹر بننے کے بعد کیا ایودھیا میں بھی یہ
              رام مندر کا نرمان ہوگا۔

ٹیچر ایک   کیوں مرغے! کیا خیال ہے تیرا؟ (کیول خاموش، دوسرے ٹیچروں کو دیکھ کر)
              دوستوں اسے غور سے دیکھو، یہ تو شری شری نرسمہا راؤ 1992 کی طرح خاموش
              ہے ۔۔بتاتا کیوں نہیں بے مسجد کی جگہ مندر بنے گا کہ نہیں؟

کیول   مجھے نہیں معلوم سر؟

ٹیچر ایک	پھر تجھے کیا معلوم ہے؟
کیول	مجھے یہ معلوم ہے کہ مایا کی اتہاس کی نوٹ بک میں لکھے ہوئے اکثر بابری مسجد کے گنبد سے زیادہ سندر اور رام مندر سے زیادہ بھویہ ہیں ۔ (سب ہنستے ہیں، اچانک گولیوں کی آواز...سب گھبرا کر ادھر بھاگنے لگتے ہیں سوائے کیول کے)
باپ	(ہاتھ میں بندوق لیے) آج ہم لوگ کالے ہرن کا شکار کرنے والے ہیں (وہ بندوق کی نال سے چاروں طرف دیکھتا ہے) تیری ماں کے بول کو بلکیک کافی کے ساتھ دو جنگلی خرگوش بھی پیک کر دے...
کیول	ماں کے پتی! مجھے دیکھنا ہے کیسے کرتے ہیں کالے ہرن کا شکار...؟
باپ	گدھے...! اگر گدھے کے سر پے سینگ ہوتے نا تو بارہ سینگا ہوتا...(ہنستا ہے...دفعتاً ونگ سے ڈبے بجاتے ہوئے لوگ نکلتے ہیں اور چاروں طرف سے کیول کو گھیر لیتے ہیں اور کچھ دیر بعد ہانکا لگانے والا سارا ایکشن فٹ بال کے کھیل میں بدل جاتا ہے اور کیول نیچے گر پڑتا ہے)
شیاما	کیا ہوا گر گئے...؟
کیول	ہاں دیدی...سوچتا تھا ہافٹ بال کھیلوں گا تو گروں گا نہیں اور گروں گا تو چوٹ نہیں آئے گی اور چوٹ آئے گی تو درد نہیں ہوگا اور درد ہوگا تو...
شیاما	(کھلکھلا کر ہنستی ہے) چل آنکھ مچولی کھیلتے ہیں...
کیول	چلو...(ایک دم سے تیار ہو جاتا ہے)
شیاما	میدان میں نہیں کوٹھری میں (کیول خاموش) ہاں! کوٹھری میں ایک خاموش تالاب ہے، سویا ہوا، چل کنکر مار کر اسے جگاتے ہیں...مزا آئے گا...چل نا...
ماں	(آتی ہے) خبردار جو تو شیاما کے ساتھ گیا تو...
کیول	دیدی ماں منع کیوں کرتی ہے تمہارے ساتھ کھیلنے کو...؟
شیاما	کیونکہ اب تو بڑا ہو گیا ہے میرا چوکو...چوکو (لاڈ سے اس کے گال کھینچی ہے اور نکل جاتی ہے)
ماں	کہا تھا نا! اس کے ساتھ مت کھیلا کر...

کیول   تم کھیلو گی میرے ساتھ...؟

ماں   دھت باؤلے! میری عمر کیا آنکھ مچولی کھیلنے کی ہے؟

کیول   تو کیا خالی اس کے پاؤں دبانے کی عمر ہے تیری۔

باپ   (غصہ سے) ڈونٹ ٹاک بل شیٹ (کیول ڈر جاتا ہے) بدتمیز ہو گیا ہے یہ
            (ماں سے) تو کیا کھڑی ہے یہاں...جا...جا کر ٹائیگر بام لے کر آ کمرے میں...
            پورا بدن دکھ رہا ہے...

کیول   میرا باپ...جو کہ میرا باپ نہیں ہے ،شکار ہرن کا کرتا ہے اور باڈی پر ٹائیگر بام
            لگاتا ہے...(باپ چلا جاتا ہے سب لوگ ڈھول بجاتے ہوئے آتے ہیں کیول
            دیوانہ وار دوڑتا ہے اور پھر گر پڑتا ہے)

ماں   (ایک ونگ سے دوسری ونگ میں جاتے ہوئے) کیول کہاں ہے پتّر تو...؟

شیاما   میں کہاں ہوں کیول...؟ بتاؤ...(چلی جاتی ہے)

ماں   کہاں ہے تو پتّر...؟

کیول   (آنکھ پر پٹّی باندھے کھوج رہا ہے) کہاں ہو تم...؟

مایا   (آتے ہوئے) کیول کیا کر رہے ہو تم...؟

کیول   م...م...میں آنکھ مچولی کھیل رہا تھا...

مایا   آنکھ مچولی...! کس کے ساتھ...؟

کیول   شیاما کے ساتھ! نہیں نہیں ماں کے ساتھ...نہیں...نہیں...تم کھیلو گی میرے ساتھ...؟

مایا   نہیں...میں تو یہ کہنے آئی تھی کے ہم لوگ شہر چھوڑ کر جا رہے ہیں...(کیول
            چپ) کیا ہوا...؟

کیول   تو کیا ہم لوگ پھر کبھی مل نہیں پائیں گے...؟

مایا   شاید...

کیول   مایا تم نے کبھی مجھے فٹ بال کھیلتے ہوئے دیکھا ہے...؟

مایا   نہیں...(پیچھے سے باپ بندوق لیے ماں کا پیچھا کر رہا ہے وہ اپنی ساڑھی سنبھالتی
            بھاگ رہی ہے)

کیول   تمہیں پتہ ہے میری ماں نے میرے باپ کو بہت ڈانٹا اور مجھے کھانے کے لیے

سوچی کا حلوا دیا... جل گیا سالا...

| مایا | حلوا...! |

کیول: نہیں میرا باپ...(ایک پل رک کر) تم آنکھیں بند کرو مجھے کچھ دکھانا ہے...

مایا: آنکھیں بند کروں گی تو دیکھوں گی کیسے...؟

کیول: بند کرو نہ پلیز...(وہ آنکھ بند کرتی ہے کیول کی ماں جس ونگ میں گئی تھی وہاں سے اس کی ساڑھی اٹھا کر لاتا ہے)

مایا: یہ... یہ کیا ہے...؟

کیول: میری ماں کے کپڑے...

ماں: (پکارتی ہے) کیول...کہاں ہے تو پُتّر...؟

(مایا کپڑوں کو دیکھتی ہے اور کیول ماں کو...)

کیول: (ماں سے) مایا جانے سے پہلے مجھے تمہاری چوڑیاں اتار کر دو گی...

ماں: باؤلے سہاگن عورتیں ہاتھ سے چوڑیاں نہیں اتارتیں...

کیول: اس کے لیے بھی نہیں جس سے سب وہ سب سے زیادہ پیار کرتی ہیں...؟

مایا: پر تم ان کا کرو گے کیا...؟

کیول: میں ان چوڑیوں کو توڑ کر کیلیڈیڈ اسکوپ میں ڈالوں گا...اور پھر تمہارے رنگ کے الگ الگ آکار بناؤں گا...

مایا: میں چلتی ہوں...

کیول: یہ رنگ کیا ہیں...؟ کیا روشنی کے حساب سے رنگ اپنی جون اور ذات بدل دیتے ہیں یا یہ رنگ کیول ہماری آنکھوں کا الیوژن ہے...؟

(یہ دیکھ کر کہ مایا وہاں نہیں ہے چاروں طرف دوڑتا ہے)

کیول: مایا...مایا...(مایا چلی جاتی ہے کیول غصے میں) تمہیں کیا لگا کہ تم چلی جاؤ گی تو میں مر جاؤں گا (گیندا اچھل کر کیول کے سامنے آتا ہے اسے لات مار کر) مجھے پتہ ہے مایا تم سے جدا ہونا میری تقدیر تھی...نیتی تھی...نصیب...

شیاما: (آتے ہوئے) کیول ماں کے کپڑے لیے یہاں کیا کر رہے ہو؟ (کیول وہیں دیکھ رہا ہے جہاں مایا چلی گئی تھی) مایا چلی گئی تو تمہیں اچھا نہیں لگنا...

کیول: اچھا اس لیے نہیں لگا کے اس نے مجھے مرغا بنتے دیکھا مگر فٹ بال کھیلتے ہوئے نہیں (اچانک خوش ہو کر) چلو دیدی آنکھ مچولی کھیلتے ہیں...

شیاما: مجھے دیکھنے لڑکے والے آرہے ہیں (کیول چپ) کیا ہوا؟ (شیاما لاڈ سے) اے... اے... میلے گندے بچے کو کیا ہوا؟ چل کھیلتے ہیں (کیول خوش ہوتا ہے) آخری بار کھیل رہی ہوں اس لیے داؤ میں دوں گی...

کیول: اگر...ہم دونوں پر داؤ آئے تو؟ (شیاما حیرت سے دیکھتی ہے) ہاں دیدی آج ہم دونوں آنکھ پر پٹی باندھیں گے...اور پھر...

شیاما: دونوں...!

کیول: ہاں...! دونوں رنگوں کے تالاب میں کھو جائے گے...وہاں اپنی سانسیں گنیں گے، ہوا چھکنے لگے تو ان کے ہونٹ سی دیں گے، بھیگیں گے...کھلیں گے...تارے گنیں گے...ایک، دو، تین، چار، پانچ...دس، بیس، پچاس سو ہزار، لاکھ، کروڑ، ارب...(بہت سارے لوگ رنگ برنگی چادریں اوڑھے آتے ہیں ۔ بیچ شیاما اور کیول آنکھ مچولی کھیلتے ہیں)

شیاما: کتنی عجیب بات ہے نا کیول...آنکھ بند کر لینے کے بعد سب کچھ کتنا صاف دکھائی دینے لگتا ہے ۔

کیول: دیدی تمہیں پتہ ہے میرے باپ کے بستر پر لیٹی ہوئی میری ماں سوالیہ نشان کی طرح دکھائی دیتی ہے...
(ماں آتی ہے دونوں کو دیکھ کر)

ماں: کتنی بار کہا کے اس سے بارہ پتھر دور رہا کر، پڑھائی پر دھیان دے...اس بار بھی فیل ہوا تو تیرے پاپا...

کیول: ماں! اس آدمی کا نام نہ لے میرے سامنے...(کچھ پل کی خاموشی)

ماں: پاولوں کی طرح سوچنا بند کر...دیکھ میں آج پھر تیرے لیے حلوا لائی ہوں...تجھے پسند ہے نا...

کیول: (خوش ہو کر لاڈ سے) ماں آج تو اپنے ہاتھوں سے کھلا...

ماں: تو سچ مچ باؤلا ہے پتّر...(وہ گاتی ہے)

ایک نوالا راجا کا...

ایک نوالا رانی کا...

ایک نوالا اماں کا...

ایک نوالا پپا... (کیول کو دیکھ کر چپ ہو جاتی ہے)

کیول: بہت مست حلوا بنایا ہے لگتا ہے تیری انگلیاں بھی کھا جاؤں...

باپ: (غصّے سے) باپ کا مال ہے کیا...اس کی انگلیاں تو کھا جائے گا تو میری باڈی پہ وِس ویفرا ایکشن کون ملے گا...؟ تیرا باپ...

کیول: (دھیمے سے) غلام نہیں ہے وہ تمھاری...

باپ: کیا...کیا بولا...؟ (اس کی طرف بڑھتا ہے... ماں روکتی ہے)

ماں: پتّر وہ میرا مالک ہے...

کیول: مالک تو جانوروں کو ہوتے ہیں...ڈھور ڈانگر، گائے بھینسوں کے...

باپ: کیا بولا؟ بہت چربی چڑھ گئی ہے۔

کیول: لیکن...

باپ: (اُسے روک کر) خبردار! ایک شبد بھی منہ سے نکالا تو زبان کاٹ کے کتّوں کے کھلا دوں گا...اب تو بورڈنگ میں پڑھائی کرے گا...(پھر اچانک پیٹ پکڑ کر) آہ...میرا پیٹ اسب گول یا پودین ہرا ہے کیا...؟

(باپ جاتا ہے...کیول گٹھری کھولتا ہے...ایک لڑکی دھیمے قدموں سے چلتی اس کے پاس آتی ہے اور کپڑے واپس گٹھری میں رکھتی ہے...آ لاپ)

کلیانی: تو اس طرح تم یہاں آ گئے...

کیول: ہاں...(ٹھنڈی سانس بھر کر) اور تم آ گئی میرے ساتھ ان پتھروں کے بیچ...

کلیانی: پلیز انہیں پتھر مت کہو کیول...یہ تو محبت کرنے والے فرشتے ہیں جنہیں کسی دیوتا کے شاپ نے پتھر بنا دیا ہے...انہیں ان کے کھوئے ہوئے چہرے لوٹا رہی ہوں۔

کیول: تم...؟ پر یہ بت تو...ہزاروں سال پرانے ہیں۔

کلیانی: میری محبت بھی تو پرانی ہے...تو ہزاروں سال پرانی...(کیول کی طرف دیکھتی ہے وہ نظر چرا کر وہاں سے ہٹ جاتا ہے)

کیول   ایک بات کہوں کل...

کلیانی   ...کلیانی...Please call me with my full name

کیول   مگر کل میں کیا پرابلم ہے...

کلیانی   کیول میں تمہارا کل نہیں بننا چاہتی، نہ بیتا ہوا، نہ آنے والا...مجھے اپنے تم میں آج میں اسپیس دے دو...تھوڑی سی...

کیول   تم جانتی ہوکل...آئی مین کلیانی میری محبت مجھے وہاں لے جاتی ہے جہاں وقت نہیں ہوتا...'وقت سے بندھی ہوئی شادیاں ہوتی ہیں محبت نہیں...جب شیاما کی ڈولی اٹھی تو مجھے لگا تھا جیسے میری ماں کی ارتھی اٹھ رہی ہے (کچھ لوگ ایک ارتھی اٹھا کر ایک ونگ سے دوسری ونگ میں جاتے ہیں) میں رونے لگا اور ماں سمجھی کہ میں شیاما کی رخصتی پر رو رہا ہوں، بہت ٹوٹ گیا تھا...پھر...

کلیانی   پھر تم نے کیا کیا...

کیول   میں کیا کرتا اکیلے ہی کالے ہرن کے شکار پر نکل گیا...(ہانکا لگانے کا شور) ہم لوگوں نے ایک ہرن مارا اس کی ریڑھ کی ہڈی ٹوٹ گئی تھی...مگر وہ دوڑ رہا تھا اپنی جان بچانے کے لیے...(ہانکا لگانے والے اس کو گھیر لیتے ہیں وہ دوڑتا ہے اور پھر تھک کر گر پڑتا ہے سب لوگ چلے جاتے ہیں)

کلیانی   اس کا کیا ہوا...؟

کیول   کالے ہرن کا...؟ لگتا ہے اسے سلیپ ڈسک ہوگیا...

کلیانی   نہیں نہیں...(ہنستی ہے) اس لڑکی کا...کیا نام تھا...ہاں مایا...فٹ بال کھیلتے دیکھا ہوگا مایا نے تمہیں...؟

کیول   ہمیشہ...میں نے ایسا گول ہی نہیں کیا جس پر مایا نے لوگوں کے بیچ بیٹھی تالی نا بجائی ہو...سچ کہوں تو مجھے جب مایا کو تالی بجاتے دیکھنا ہوتا تو میں گول کر دیا کرتا تھا...

کلیانی   (ہنستی ہے) تمہیں کیا لگتا ہے مایا نے اور تم...

کیول   سچی بات تو یہ ہے کہ ہم لوگ ایک دوسرے کے لیے بنے ہی نہیں تھے...پر ہاں ایک بار...کئی برسوں بعد جب مایا ملی تو میں نے اسے...(جب وہ یہ بات کر رہا

ہے مایا اسکیٹنگ کرتی اسے آواز دیتی ہوئی اس کے پاس آتی ہے)

مایا: کیول...کیول...تم یہاں بیٹھے ہو میں کب سے تمہیں آواز دے رہی تھی۔

کیول: مایا تم!!! کیسی ہو...؟ خوش ہو...؟

مایا: بہت...سنجے میرا بہت خیال رکھتا ہے...تمہیں پتہ ہے...

کلیانی: سنجے کون...؟

مایا: میرا پتی...وہ تو مجھے زمین پر پاؤں ہی نہیں رکھنے دیتے اس لیے میں ہمیشہ اسکیٹنگ یوز کرتی ہوں...(بھی بیک اسٹیج سے آواز آتی ہے)

آواز: مایا ڈارلنگ میرا تولیا کدھر ہے؟

مایا: (گھڑی دیکھ کر) او ہے مائے گاڈ سنجے کے شاور کا ٹائم ہو گیا...میں گیزر آن کر کے آتی ہوں...بائے...سی یو...(وہ اسکیٹنگ کرتی نکل جاتی ہے کیول وہیں کھڑا رہ جاتا ہے ایک لڑکا اس کے پاس آتا ہے)

لڑکا: کیا بات ہے کیول آج practice نہیں کرنی ہے...

کیول: تم نے غور کیا زمین سورج کے قریب آ رہی ہے...

ایک: ٹڈے کا خون سفید کیوں ہوتا ہے...

دو: آج بھی چولہا جلانے کے لیے بانس کا استعمال کیوں نہیں کرتے لوگ...؟

پانچ: عرب دیش کے لوگ اس قدر عیاش کیوں ہوتے ہیں...؟

چھ: جب دنیا میں مردوں کی تعداد عورتوں سے زیادہ ہے تو لڑکیوں کو ورکیوں نہیں ملتے...؟

سات: راجا بھائی ٹاور کی اونچائی شیئر بازار کی بلڈنگ سے چھوٹی کیوں ہے؟

آٹھ: ریلائنس کا نیٹ ورک سب سے اچھا کیوں ہے...؟

نو: ربڑ کی گڑیا ٹوتھ پیسٹ کی طرح اپنا بازار میں کب ملے گی...؟

دس: کار کی قیمت ہر مہینے کم کیوں ہو جاتی ہے...؟

ایک: چل یار practice کرتے ہیں...

کیول: نہیں! موڈ نہیں ہے (سب جاتے ہیں وہ ایک پل رکتا ہے اور پھر دروازے پر دستک دیتا ہے سامنے کلیانی کی ماں کھڑی ہے)

ماں: کون ہے...؟

کیول: مجھے کلیانی سے ملنا ہے...

ماں: اوہو تو تم کیول ہو...؟

کیول: آپ مجھے جانتی ہو...!

ماں: تم نے جس طرح کلیانی کا نام لیا میں پہچان گئی کہ تم ہی کیول ہو...میں اس کی ماں ہوں...

کیول: آپ بالکل کلیانی کی طرح دکھتی ہیں...یعنی جب آپ جوان رہی ہوں گی تو کلیانی کی طرح دکھتی ہوں گی...

ماں: ہاں...مگر میں نہیں چاہتی کے کلیانی بوڑھی ہو کر میری طرح دکھائی دے (کچھ پل کی خاموشی) بیٹھونا...یہ کہو تم کیا لو گے...؟

کلیانی: (آتے ہوئے) کلیانی...!

کیول: کل...کیسی ہو کل...سوری کلیانی...

کلیانی: ماں کیول مجھے لینے آیا ہے...

ماں: کلیانی یہ کیا کہہ رہی ہے تو جانتی ہے...دینیش...
(اس کا ہاتھ پکڑ کر اٹھاتی ہے دونوں آنکھوں پر پٹی باندھے بنا آنکھ مچولی کھیلتے ہیں، ماں کچھ پل بعد غصے سے باہر نکل جاتی ہے)

کلیانی: میرے سوال کا جواب نہیں دیا تم نے...

کیول: کچھ سوالوں کی خوبصورتی ان کے سوال بنے رہنے میں ہی ہے...

کلیانی: (ایک پل رک کر) کیول...کل دینیش آیا تھا...وہ کہہ رہا تھا کہ....

کیول: بولو نا چپ کیوں ہو گئی...؟

کلیانی: میں اپنے اسٹوڈیو میں کام کر رہی تھی تبھی دینیش آیا...(کیول پتھر کی مورت بن جاتا ہے جس پر کلیانی کام کر رہی ہے تبھی فٹ بال ہاتھ سے پٹکتے ہوئے دینیش آتا ہے)

کلیانی: تم اندر کیسے آئے...؟

دینیش: کیا شوہر کو اپنی بیوی سے ملنے کے لیے...

کلیانی: (غصّے سے) ایک منٹ...اب تو ہمارے رشتے کی expiry date of بھی

خ

<table>
<tr><td>ختم ہو چکی ہے دنیش...</td><td></td></tr>
</table>

دنیش: chill مار یار... جو گھر تم چھوڑ کر گئی ہو کلیانی اس گھر کی ہر چیز تمہارا انتظار کر رہی ہے۔ اور انتظار کرنے والی چیزوں میں میں بھی شامل ہوں...

کلیانی: (sarcasticlly) تم...؟

دنیش: سچ کہوں تو...میں پورا نہیں میرے شریر کا صرف نچلا حصہ...(کہہ کر وہ بے ساختہ ہنستا ہے اور پھر سنجیدگی سے) چلتا ہوں...(پلٹ کر نرم مگر مضبوط لہجے میں) میرے گھر آجاؤ کلیانی ورنہ...

کلیانی: ورنہ کیا...؟

دنیش: (غصّے سے اس کی طرف بڑھتا ہے پھر اچانک مسکرا کر) میں تم سے اتنا پیار کرتا ہوں جتنا آج تک کسی نے کسی سے نہیں کیا ہوگا...میں اپنے گھر پر تمہارا انتظار کر رہا ہوں...(کہہ کر بال کیول کے ہاتھوں میں دھرتا ہے)

کیول: کل یہ کتنی اچھی بات ہے کہ کوئی تمہارا انتظار کر رہا ہے...

کلیانی: میرا انتظار وہ نہیں...اس کے شریر کا نچلا حصہ کر رہا ہے...وہ بات کرتا ہے تو اس کے منہ سے ایمونیا کی بو آتی ہے...(اس کی آواز بھیگ جاتی ہے وہ جانے لگتی ہے)

کیول: رک کل...رک جاؤ...(مگر وہ رکتی نہیں ہے کیول فٹ بال کھیلنے لگتا ہے) زمین سورج کے قریب آ رہی ہے تو میں کیا کروں؟ ٹڈے کا خون اگر سفید ہوتا ہے تو میں کیا کر سکتا ہوں؟ اگر چولہوں جلانے کے لیے بانس کا استعمال نہیں ہوتا تو میں کیا کروں...؟ عرب دیش کے لوگ عیّاش ہوتے ہیں، اور دنیا میں مردوں کی تعداد عورتوں سے زیادہ ہونے کے باوجود لڑکیوں کو وہ نہیں ملتے تو میں کیا کروں؟ راجا بھائی ٹاور کی اونچائی شیئر بازار کی بلڈنگ سے چھوٹی ہے تو میں کیا کروں؟ ریلائنس کا نیٹ ورک سب سے اچھا ہے...اور ربڑ کی گڑیا ٹوتھ پیسٹ کی طرح اپنا بازار نہیں ملتی تو میں کیا کروں...؟ کار کی قیمت ہر مہینے کم کیوں ہوتی جا رہی ہے تو میں کیا کروں...؟ کیا کروں...؟ (کہتے کہتے گر پڑتا ہے، اندھیرا چھا جاتا ہے، ماں ہاتھ میں دیا لیے آتی ہے)

ماں	کیول...کیول... یہاں اندھیرے میں کیا کر رہا ہے...؟

کیول	آنکھ مچولی کھیل رہا ہوں ماں...

ماں	اکیلے؟

کیول	میں اکیلا کہاں ہوں ماں... یہ دیکھ میرے ساتھ کتنے رنگ ہیں...لال، پیلے، نیلے، ہرے، اودے، گلابی...

	(بہت سارے لوگ رنگ بی رنگے دوپٹے اوڑھے الگ الگ رنگ سے نکلتے ہیں کیول انہیں پُرشوق نظروں سے دیکھتا ہے۔ اچانک اسے کسی کے کھلکھلا کر ہنسنے کی آواز آتی ہے، وہ شیاما ہے)

کیول	تم آگئی دیدی...چلو ہم لوگ آنکھ مچولی کھیلتے ہیں...

شیاما	میں تو کھیل ہی رہی ہوں...وہ دیکھو (ایک طرف اشارہ کرتی ہے جہاں ایک آدمی جس کے سر پر سہرا ہے آنکھ پر پٹّی باندھے اسے پکڑنے کی کوشش کر رہا ہے) میں یہاں ہوں ہنی (ہنستی ہے) تم بتاؤ تم کیسے ہو...؟

کیول	عیش کر رہا ہوں...

شیاما	سارے عیش کنوارے ہونے کے ہیں... یہ کہو تمہاری ماں کیسی ہے؟ تم اب تک اس کی ساڑی کا تکیہ بنا کر سوتے ہو یا...

کیول	(کچھ سوچتے ہوئے) ہاں...

شیاما	(جلدی سے) تمہارے پاپا...پاپا کیسے ہیں تمہارے...؟

کیول	(غصے سے تلملا کر) وہ میرا باپ نہیں ڈرائیکولا ہے...(قریب جا کر) تم نہیں جانتی میرا باپ دن میں میری دماغ کی نسوں میں ہوتا ہے اور رات کو میری ماں کے بستر کی سلوٹیں میں...میں...میں جب بھی اپنی پسند کا رنگ پکڑنے کی کوشش کرتا ہوں تو وہ رنگ...مجھ سے چھین کر اسے کالا ہرن بنا دیتا ہے۔ (شیاما کو پکڑ کر) پکڑ لیا...(دونوں ہنستے ہوئے نکل جاتے ہیں)

ماں	پتر ہم رنگ کو کیسے پکڑ سکتے ہیں...؟ رنگ کوئی خرگوش تو نہیں۔ رنگ تو...

کیول	رنگ کیا گبر سنگھ ہے؟

باپ	(سر پکڑ کر آتے ہوئے) یہ سر درد...اس کی ماں کا...(ماں سے) تو یہاں کیا کر

رہی ہے...؟ چل جلدی آکر سردیا...

کیول: مت جااس ڈرائیکولا کے پاس ماں! مجھے نیند نہیں آتی...(ماں رک جاتی ہے) تجھے یاد ہے جب میں چھوٹا تھا اور مجھے نیند نہیں آتی تھی تو تو مجھے ایک کہانی سناتی تھی...

ماں: ایک تھی راج کماری...

کیول: بالکل تیری طرح...

ماں: اور ایک تھا راج کمار...

کلیانی: (آتے ہوئے) بالکل تمہاری طرح (کیول پلٹ کر کلیانی کو دیکھتا ہے وہ ایک طرف جا کر کھڑی ہو جاتی ہے)

ماں: ایک دن دونوں سیر کو نکلے...تب پھولوں کا ایک بڑا سروور دکھائی دیا، جس میں بہت سے رنگ مسکرا رہے تھے...انہیں دیکھ کر راج کمار چیت ہو گیا...

کیول: اچیت...مطلب...؟

کلیانی: من مگدھ...

ماں: من مگدھ ہو کر وہ سروور میں جانے لگا یہ دیکھ کر راج کماری نے کہا...

کلیانی: کہاں جا رہے ہو چارمینگ پرنس...؟

ماں: تمہارے لیے رنگ لانے اور پھر راج کمار ان رنگوں کے سروور میں اتر گیا...

کلیانی: تبھی ایک راکشش وہاں گھات میں کھڑا تھا موقعہ دیکھ کر اس نے راج کماری کو اٹھا لیا اور اپنی BMW میں بٹھا کر لے گیا، راج کماری چیختی رہی، چلّاتی رہی، اپنے چارمنگ پرنس کو آواز دیتی رہی...مگر وہ تو رنگوں کے سروور میں اتر گیا تھا...

ماں: (کیول کو غور سے دیکھتے ہوئے) کیول...کون ہے وہ لڑکی...؟

کیول: (جوش میں) راج کماری! تیری کہانی کی نہیں میری کہانی کی! بہت سندر...کہانی کی راج کماری جیسی، جی چاہتا اسے ہی دیکھتے رہو...اس کے سوا کچھ نظر نہ آئے...

ماں: میں بھی نہیں...

کیول: ماں جب کچھ نظر نہیں آتا تب تو ہی تو دکھائی دیتی ہے...

ماں: پر بیٹے میں نے تو سنا ہے کے وہ شادی شدہ ہے...

کیول: تو کیا ہوا...؟

کلیانی	سات سال سے ہم لوگ الگ رہ رہے ہیں...اور تم مجھے پسند کرتے ہو...
کیول	جو پسند ہے وہ ملتا کہاں ہے؟ اسے کوئی نہ کوئی ڈرائیکو لالے جاتا ہے... (باپ آتا ہے ماں بنا کچھ کہے اس کے ساتھ چلی جاتی ہے)
کلیانی	اس کا مطلب...؟
کیول	کل ہمیں الگ ہو جانا چاہیے...
کلیانی	کیول میں تمہیں بہت پیار کرتی ہوں...
کیول	میں بھی تمہیں بہت بہت چاہتا ہوں کل...(کلیانی خاموش) کیا ہوا؟
کلیانی	تمہیں پتہ ہے اس راج کماری کا کیا ہوا...؟ راکش نے راج کماری کو اٹھا کر قلعے میں بند کر دیا...وہ اس سے شادی کرنا چاہتا تھا مگر راج کماری تو اپنے چارمنگ پرنس سے پیار کرتی تھی...وہ ہر روز قلعے کے جھروکے میں بال بناتی اس کی راہ دیکھتی اور بال بناتے وقت جو بھی بال اترتے ان پر راج کمار کا نام پھونک کر ہوا میں اچھال دیتی (اچانک خاموش ہو جاتی ہے...پھر رک کر) پوچھوگے نہیں کیوں...؟
کیول	کیوں؟
کلیانی	اسے یقین تھا کہ ایک نہ ایک وہ سنہری بال دیکھ کر راج کمار اسے بچانے ضرور آئے گا...
شیاما	(آتے ہوئے) تو کیا راج کمار...
کلیانی	ایک دن اسے کھوجتا قلعے کے پاس پہنچا تو اسے راج کماری کا سنہری بال ملا...
شیاما	ویری گڈ...
کلیانی	اسے یقین ہو گیا کہ راکش نے راج کماری کو قلعے میں قید کر رکھا ہے۔
مایا	تب راج کمار نے کیا کیا...؟
کلیانی	راج کماری ایک دن اپنے بال بنا رہی تھی تب جھروکے پر اسے ایک کبوتر دکھائی دیا، کبوتر کے پیروں میں اس کے سنہری بالوں سے بندھا ایک خط تھا...راج کمار نے لکھا تھا کہ... (وہ پاس کھڑی شیاما کو خط دیتی ہے)
شیاما	تم میری زندگی سے گئیں تو میری زندگی کے سارے رنگ مر گئے ہیں...میں...

کلیانی	خط پڑھ کر راج کماری رونے لگی۔...وہ راج کمار اسے خط لکھتا اور وہ انہیں پڑھ کر روتی اور اس طرح دن ہفتے، مہینے،سال بیت گئے...راج کمار نے خط لکھنے میں کبھی ناغہ نہیں کیا...یہاں تک کہ راج کماری کے سنہری بالوں میں بڑھاپے کی سفیدی آگئی، چہرے پر جھریاں چھا گئیں پر۔... (مایا اور شیاما دونوں تڑپ کر کہتے ہیں)
دونوں	پر کیا۔...؟
کلیانی	راج کماری نے اس راکش سے شادی کر لی...(خاموشی)اب وہ دونوں ہر سنیچر کی شام کو کلب میں جا کر کھانا کھاتے ہیں،شراب پیتے ہیں اور رات کو انٹرنیٹ سے ڈاون لوڈ کر کے فلم دیکھتے ہیں۔... (ونگ سے گیند تیزی سے اچھل کر کیول پر آتا ہے، وہ اسے پکڑ لیتا ہے۔"گول" سب چلاتے ہیں۔کلیانی چلی جاتی ہے۔سب لوگ یہاں کھیلتے ہیں...کیول ہانپنے لگتا ہے سب کے جانے کے بعد ماں آتی ہے)
ماں	کیا بات ہے پُتّر تو چار دن سے گھر پر نہیں آیا...کہاں تھا۔...؟
کیول	مجھے نیند نہیں آتی ماں...تو جس بستر سے ابھی سو کر اٹھی ہے مجھے ممتا کا وہی نرم اور گرم بستر لا کر دے۔...
ماں	تیرے لیے سندر سی لوری کا بندوبست کر دیا ہے...پتّر۔...
کیول	کیا؟
ماں	یہ دیکھ...یہ تصویر...!سریتا نام ہے اس کا۔... (تبھی منچ پر ہنستے ہوئے ایک لڑکی آتی ہے)
سریتا	سریتا...سریتا پرکاش...پرکاش میرے پتاجی کا نام نہیں سرنیم ہے ویسے میرے دوست اور سہیلیاں مجھے ایس پی کہتے ہیں۔...
کیول	ایس پی۔...!
ماں	ایس فور سوشیلا،اور پی فور پڑھی لکھی...اپنی کاسٹ کی ہے۔...
سریتا	بی کام ہوں...ساہتیہ میں روچی ہے نرمل ورما کی کہانیاں اور فیض کی نظمیں پسند کرتی ہوں۔...

ماں	دیکھنے میں بھی سندر ہے...

سریتا	پتہ نہیں... پر مجھے دیکھ کر لوگوں کے چہروں پر wow جیسا ایکسپریشن ضرور ابھرتا ہے۔ ویسے میرا قد پانچ فٹ دو انچ ہے ۔تم دیکھ سکتے ہو (پوز لیتی ہے) میرا Vital statistic 36-24-42 ہے۔ راجندر سنگھ بیدی زندہ ہوتے تو میرے جسم کا نچلا حصہ دیکھ کر''باپ رے'' ضرور کہتے، مگر میں جانتی ہوں مجھے دیکھ کر تم صرف''ماں رے''ہی کہو گے۔

ماں	ماں ہوں تیری! سب جانتی ہوں... دو چار سال چھوٹی ہوگی تیرے سے ... تیری وہ دوست... وہ بنگالی لڑکی تھی نا... کیا نام تھا اس کا...

کیول	مایا... (ٹرانس میں جاتا ہے)

ماں	اب گھر بسا لے پتر ...

مایا	(آتے ہوئے) پتہ ہے کیول! بڑے سے بڑے عدد کو شونیہ یعنی صفر سے multiply کریں تو حاصل جمع شونیہ یعنی صفر ہی آتا ہے مگر... (اسی پل دوسری وینگ سے شیاما نکلتی ہے)

شیاما	...مگر آنکھ پر پٹی باندھتے ہی اندھیرا شریر میں کود پڑتا ہے... جیسے اندھیرا بھی لمبے کالے گھنے بالوں والا کوئی بھالو ہو... تم جانتے ہو اندھیرے کا اپنا ایک existence ہوتا ہے ۔کیول پھر بھی... (تیسری وینگ سے کلیانی نکلتی ہے)

کلیانی	... پھر بھی جس جگہ ایک بار وسفوٹ ہو جائے وہ جگہ برسوں ویران رہتی ہے اور تم نے تو ... (چوتھی ونگ سے سریتا نکلتی ہے)

سریتا	تم نے تو محبت کا جلتا ہوا در یا فائر پُروف جیکٹ پہن کر پار کیا ہے یا کرنا چاہا۔ اگر اردو کے کلاسیکل شاعر آتش تم سے ملے ہوتے تو یہ شعر کبھی نہ کہتے: ؎ ایک آگ کا دریا ہے اور ڈوب کر جانا ہے۔

کیول	(سریتا کے پاس آ کر) چلو سری ہم لوگ آنکھ مچولی کھیلتے ہیں...

سریتا	دھت! یہ کیا بچپنا ہے...؟

کیول	(غور سے دیکھتے ہوئے) تم بالکل میری ماں کی طرح بات کرتی ہو...
سریتا	اور تم بالکل میرے بچے کی طرح...
کیول	تمہارا بچہ...؟
سریتا	ہاں... جو ابھی تک پیدا نہیں ہوا...
کیول	ایک بات کہوں سریتا... میرے پھیپھڑوں کی ہر حرکت... میرے دل کی ہر دھڑکن اور سانس کی ہر کمپن کے ساتھ تم میری چیتنا میں اترتی جاتی ہو... سچ تم سے اتنا پیار کرتا ہوں...
سریتا	جھوٹ... تم کسی سے پیار نہیں کرتے... کسی کو نہیں چاہتے... نہ مایا کو، نہ شیاما کو، نہ کلیانی کو، نہ مجھے نہ اپنی ماں کو...
ماں	(پکارتی ہے) کیول... کیول...
سریتا	تم صرف اس آدمی کو چاہتے ہو جسے خود اپنے جسم کی دیوار میں زندہ چنوا دیا ہے... تم نے...
ماں	کیول... کیول...
شیاما	اپنی کلپناؤں سے پیار کرتے ہو تم، جو تم نے خود رچی اپنی سہولت کے لیے...
ماں	کیول... کیول...
شیاما	ہماری طرح ہاڑ ماس کی عورتیں نہیں ہیں وہ... یہ وہ عورتیں ہیں جو کیول تمہارے دماغ میں بستی ہیں کیول...
ماں	کیول... کیول...
	(چاروں ایک دوسرے سے پیٹھ جوڑ کر کھڑی ہوتی ہیں)
کیول	سریتا میں تمہیں چاہتا ہوں...
کلیانی	تم کسی کو نہیں چاہتے... کسی سے پیار نہیں کرتے...
کیول	کیا کہہ رہی ہو کل... دل کی گہرائیوں سے تم سب سے پیار کیا ہی تم نی۔
مایا	پیار ہی تو نہیں کیا تم نے...
سریتا	پیار کرنے کا سوانگ کیا... ڈھونگ...
شیام	ہر بار ڈھونگ... ہر بار جھوٹ... تم تھک نہیں جاتے...؟

کلیانی: محبت کی ناکامی ہوتی دیکھ بے عزتی محسوس کرنے لگتے ہو...

سریتا: اور فوراً اس بے عزتی کو بے بسی کا خوبصورت کالا لباس پہنا دیتے ہو۔

مایا: تم بازی ہار جاتے ہو اور ہاری ہوئی بازی پر نئے مہرے سجانے لگتے ہو...

شیاما: یہی کیا ہے تم نے زندگی بھر...

کیول: میری محبت کی بے عزتی مت کرو، ورنہ میں مر جاؤں گا...

مایا: تمہیں اب تک اپنے زندہ ہونے کی خوش فہمی ہے...

کلیانی: ہم لوگوں نے تو ایک لاش سے پیار کیا تھا...سانس لیتی ہوئی لاش سے۔

کیول: نہیں...نہیں...

شیاما: تم چاہتے تو کسی کو بھی اپنا جیون ساتھی بنا سکتے تھے...

سریتا: پر تمہیں ہم نہیں ہمارا خیال چاہیے تھا...

کلیانی: تمہیں چاہئے تھی ہماری پرچھائیں...

مایا: رنگ برنگی لال پیلی ہری نیلی اودی گلابی پرچھائیاں...

سریتا: ہمیں دینے کے لیے کچھ نہیں ہے تمہارے پاس...

مایا: کیول سفید راکھ ہے...

شیاما: اور بھوشیہ کا کالا اندھیرا...(کہہ کر سب جانے لگتی ہیں)

کیول: نہیں مجھے چھوڑ کر مت جاؤ...کلیانی، مایا، دیدی، سریتا، رک جاؤ...(وہ سب لوگ جاتی ہیں وہاں سے ماں آتی ہے)

ماں: چلی گئی وہ سب...

کیول: ماں دیکھ یہیں مایا مجھے چھوڑ کر گئی تھی یہیں شیاما دیدی اور میں نے سوئے ہوئے تالاب کو کنکر مار کر جگایا تھا یہیں کل کے شریر اور اس کی آتما کے زخموں کو میں نے چوما تھا، یہیں سریتا نے مجھے آئینہ دکھایا تھا کہ میں...میں...(پلٹ کر اپنی ماں سے) ماں...میں اکیلا ہو گیا ماں...تو چلے گی میرے ساتھ...

ماں: کہاں...؟

کیول: میرے پاس کچھ رنگ ہے جو ہوا میں اڑانے ہیں...نہیں ماں اس میں تیرے شریر کی راکھ ہے جو پانی میں بہانی ہے...

ماں   دونوں ایک ہی ہیں...چل پتّر...

(دونوں ڈاؤن اسٹیج پر آتے ہیں راکھ بہاتے ہیں، جس میں الگ الگ رنگ کی
راکھ ہے ۔ اشلوک جوکسی کے پیدا ہونے پر پڑھا جاتا ہے میوزک دھیرے
دھیرے...پردہ گرتا ہے...)

❖❖

سومو... دی پاگل

کردار:

سومو   :   ۲۶،۲۶ سال کا ایک نوجوان

بھومیکا   :   سومو کی محبوبہ

للت   :   بھومیکا کا شوہر

اس کے علاوہ بمبئی کی چال میں رہنے والے مختلف افراد

سومو ۔۔۔دی پاگل پہلی مرتبہ اپٹا ممبئی کے انٹر کالیجٹ ڈراما مقابلوں میں وپُل مہتا کی ہدایت میں 1982ء میں تیجپال ہال،گرانٹ روڈ ممبئی میں میٹھی بائی کالج ،ولے پارے،ممبئی کے طلبا و طالبات نے پیش کیا۔

(ایک طرف ڈسٹ بین، جس پر بڑے حرفوں میں USE ME لکھا ہوا ہے۔
کچھ پل بعد سومو ڈسٹ بین سے باہر نکلتا ہے۔ منہ سے کار کی آواز نکالتے ہوئے
گلے میں جھولتے ہوئے ہارن کو زور زور سے بجاتا ہے)

سومو — ڈر....ر....رہٹ جاؤ...سومو کی ٹاٹا سومو آ رہی ہے (من سکھ کو آتا ہے سومو جھٹ
چھتری کی آڑ میں چھپ جاتا ہے)

من سکھ — سومو...سومو... پتہ نہیں یہ سومو کا بچہ کہاں مر گیا...؟
(جاتا ہے اس کے جاتے ہی سومو چھتری سے باہر نکل کر)

سومو — دیکھا کیسے پپٹ بنایا من سُکھ کو...وہ مجھے نہیں اسے کھوج رہا ہے (کہہ کر سومو
جیب سے ٹوتھ پیسٹ نکالتا ہے) Close-up کی مسکان ہا...ہا...(پھر اچانک
چونک کر) یہ کون رو رہا ہے...؟ او....ہو...میرا بچہ...م...میرا بچہ بھوکا ہو گا...
کہاں ہے...میرا بچہ...؟ (وہ ڈسٹ بن میں کچھ کھوجتا ہے اور ایک پلاسٹک کی
بڑی سی بوتل کو بچہ سمجھ کر اسے چپ کرانے کی کوشش کرتا ہے) تو یہاں پڑا
ہے...میرے بیٹے...مت رو میرے بیٹے...تجھے دودھ چاہیے نا... رک میں
دیتا ہوں...(اپنے گریبان میں جھانک کر) سوری میرے پاس تو دودھ نہیں
ہے...دودھ تو...ماں کے پاس ہوتا ہے...ماں...ماں کدھر ہے؟ (وہ اپنی
جیب ٹٹولتا ہے) مل گئی...ماں مل گئی...(جیب سے ماچس نکالتا ہے) ماں...
نہیں ماچس ہے...ماچس سے تو آگ لگتی ہے...پیٹ کی آگ نہیں بجھتی...

پرتو ڈرمت... میں تیرے لیے دودھ لایا ہوں (اس کی نظر سامنے لوتھ پیٹ پر پڑتی ہے) ارے یہ ہے نا دودھ کے جیسا سفید... بڑی سُپر شکتی... تیری... تیرا کلوز اَپ (سارا پیٹ بوتل میں انڈیل دیتا ہے، تب ہی من سکھ آتا ہے)

من سکھ (غصے سے) ابے حرام زادے، گدھے کی اولاد، تجھے لوتھ پیٹ لانے کو کہا تھا اور تو ادھر... (کہہ کر وہ سومو کو مارنے کے لیے ہاتھ اٹھاتا ہے اور پیچھے دیپک اس کا ہاتھ پکڑ لیتا ہے)

دیپک من سکھ... (پیچھے دھکیل کر) عقل ہے کہ نہیں، پاگل انسان پر ہاتھ اٹھاتا ہے...

سومو انسان... ہوں اس لیے پاگل ہوں، پاگل ہوں اس لیے کہ انسان ہوں ہا... ہا... ہا... پتہ ہے دیپک بھائی جانور بھی وہی پاگل ہوتے ہیں جن کو انسان اپنی طرح بنانے کی کوشش کرتا ہے... ہا... ہا... ہا...

دیپک کیا سومو تو بھی سریس جوک مارتا ہے... (من سکھ سے) من سکھ تیرے شرم آنا مانگتا اتی جلدی بھول گیا... بولے تو یہ اپنا سومو ہے، سومو (پس منظر سے میوزک شروع ہوتا ہے اور دیپک جیسے ٹرانس میں چلا جاتا ہے) اکھی چالی کی بولے تو جان تھا... کتنا کام کرتا تھا... اُٹھ سومو اُٹھ... ہمارے کام کرتے کرتے یہ کبھی نہیں تھکتا تھا ہم لوگ اس کا نام لیتے تھک جاتے تھے... بھول گیا... (اچانک الگ الگ جگہوں سے چال کے لوگ نمودار ہوتے ہیں اور سب ایک ساتھ کہتے ہیں)

سب سومو!

(فیڈ آوٹ اندھیرے ڈرامے کے نام کا اعلان)

<u>سین نمبر دو</u>

(دھیرے دھیرے روشنی ہوتی ہے وہی چالی)

کاکی سومو تو میرا صابن نہیں لایا... تیرے کا کا بیٹھے ہیں پانی لے کر...

سب (معنی خیز انداز سے) او... ہو...؟

کاکی باتھ روم میں...

سومو کاکی... کا کا سے کہنا جو اوکے سے نہائے کمل ساکھل جائے... کیونکہ اوکے...

سب: ‏(ایک ساتھ گاتے ہوئے) نہانے کا بڑا صابن....

کائی: ‏(صابن کو دیکھ کر) سچ مچ کافی بڑا ہے....

قاسم: اوئے سومو....

سومو: آیا قاسم بھائی... یہ لو آپ کا مٹن....

قاسم: آہا... واقعی بہت مہین ہے... تین نمبر والی شانتا کی طرح....

شانتا: میلیہ تیرے منہ میں کیڑے....

سب: ‏(ایک ساتھ) تیرے منہ میں دھول!

پانڈے: بھیا سومو....

سومو: یہ لو پانڈے تمہارا سامان....

پانڈے: وہ تو ٹھیک ہے پر حساب....

سومو: بعد میں ابھی میرے کو آئی ہے پیشاب... ‏(سب ہنستے ہیں سومو اپنے کمرے میں جانے لگتا ہے بھی شانتا بائی اس کو روک لیتی ہے)

شانتا: سومو آفس جاتے ٹائم بنڈیا کو اسکول چھوڑ دینا....

سومو: ہاں تائی پہلے میں تو چھوڑ کے آؤں... ‏(کمرے میں آتا ہے تب ہی کانتی بھائی اس کے سامنے آ کر کھڑا ہو جاتا ہے)

سومو: تمہیں کیا چاہئے کانتی بھائی... کھولی کا بھاڑا؟

کانتی: بھاڑا جائے بھاڑ میں... بھاڑے کی بات کون کرتا ہے سومیس بھائی... بولو تو ابھی چالی تمہارے نام پے ڈال دوں....

دیپک: ‏(پیچھے سے آ کر) اور جہیز میں اپنی کون سی بیٹی دو گے لیلا کہ شیلا....

کانتی: تو کائے کو بیچ میں اپنا ٹانگ ڈال رہا ہے ‏(مڑتا ہے وہاں سومو نہیں ہے) ارے سومیس بھائی کدھر گیا؟

دیپک: وہ گیا... کانتی بھائی پر تم کیوں چنتا کرتے ہو... اکیلا آدمی بولے تو کیلے کی طرح ہوتا ہے ہر جگہ available میں ہوں نا تمہاری بیٹی لیلا....

کانتی: تیرے سے شادی کرنے سے تو اچھا ہے کہ وہ زندگی بھر کنواری رہے....

دیپک: ہے بھگوان اپنی لیلا دکھا اور اس کانتی بھائی کی لیلا کو میری لیلیٰ بنا... ‏(لیلا آتی ہے)

ليلا	ديپک بھائی! سومو کو تم نے دیکھا کیا...؟
دیپک	بھائی کو اتنا انڈر لائن کرنے کی کیا ضرورت تھی لیلا...؟
ليلا	تم اپنی لائن کو کراس نہ کرو اس لیے...
دیپک	ایسا بول کے تو اپنے کو ہی تو نے کراس پہ چڑھا دیا... بھی اپنی کھولی پہ بھی تو آمیرا تو...(گا کر) دل بھی ہے خالی گھر بھی ہے خالی... روپ نگر پریم گلی کمرہ نمبر چار سو بیس excuse me please...بول، آئے گی؟
ليلا	ضرور آؤں گی...
دیپک	بولے تو کبھی...
ليلا	بولے تو... رکشا بندھن کے دن...(کھلکھلا کر ہنستی ہے دیپک کھسیا کے چلا جاتا ہے۔ لیلا یہاں وہاں دیکھتی ہے، سومو کے بیگ کے پاس رکھی ایک ڈائری اٹھا لیتی ہے اس میں ایک کو یتا ہے اسے پڑھنے لگتی ہے)
سومو	(ڈائری جھپٹ کر) لیلا... کتنی بار کہا کہ میری پرسنل چیزوں کو ہاتھ مت لگایا کر...
ليلا	نہیں لگاؤں گی بس...(وہ پیار بھری نظروں سے دیکھتی ہے)
سومو	کیا ہے...؟
ليلا	سومو جب میں تمہیں دیکھتی ہوں بجلی کا کرنٹ دوڑنے لگتا ہے میرے اندر.... بہت سارے بلب جلنے لگتے ہیں...
سومو	تبھی تیرے یہاں بجلی کا بل زیادہ آتا ہے...
ليلا	(چڑ کر) سومو۔ تو اپنے کو کیا سمجھتا...
سومو	سومو!
	(لیلا غصّے سے پاؤں پٹکتی ہوئی نکل جاتی ہے)
چندا	(پکار کر) سومو! گیس ختم ہو گئی ہے۔ آتے آتے میرے گیس کا نمبر لکھا دینا۔
پانڈے	آج کل گیس بہت ہوتی ہے۔ سومو انو کا بڑا پاکٹ لے آنا۔
پاروتی	سومو تیرے کو معلوم نا میری ساس گیس پر ہے، اس کی دوائی لانا مت بھولنا۔
شانتا	ارے سومو... میرا بنڈیا گیس کے پھگے کے لیے ضد کر رہا ہے۔
قاسم	سومو بھائی... کل جو تو نے میرے لائٹر میں گیس بھرائی تھی نا...

من سکھ	سومو...

(سب لوگ ''سوموسومو'' کہہ کر اپنا کام بتاتے ہیں...تب ہی بھومیکا آتی ہے۔اس کے ہاتھوں میں ایک بڑا سا بیگ ہے۔اسے دیکھ کر سب چپ ہو جاتے ہیں۔)

| سومو | (بھومیکا کو اجنبی نگاہوں سے دیکھتا ہے پھر پہچانتے ہی حیرت اور خوشی سے چیخ پڑتا ہے)ارے بھوی تم...؟ |

| بھومیکا | مجھے یہاں دیکھ کر پریشان ہو؟ |

| سومو | نہیں حیران ہوں۔ |

| بھومیکا | میں یہاں تم سے نہیں اپنے ایک پرانے دوست سے ملنے آئی ہوں۔(سومو کا چہرہ بجھ جاتا ہے) یہیں کا ایڈریس ہے...دیکھو تم شاید جانتے ہو؟ (کاغذ کا پرزہ اس کی طرف بڑھاتی ہے) |

| سومو | ارے یہ تو میرا... |

| بھومیکا | ہاں تمہارا ہی پتہ ہے۔just joking(کہہ کر ہنس دیتی ہے) |

| سومو | مذاق کرنے کی تمہاری عادت... |

| بھومیکا | (جملہ پورا کرتے ہوئے)ابھی تک نہیں گئی نہیں۔ویسے سومو شاید تم نہیں جانتے بھومیکا اور موت ہمیشہ وقت طے کئے بنا ہی آتے ہیں۔(ہنستی ہے، پھر اچانک سنجیدہ ہو کر) joke apart میں زندگی کو ایک موقع اور دینا چاہتی ہوں ساتھ ہی...(رک کر) کیا مجھے ساری باتیں یہیں کرنی پڑیں گی۔ |

| سومو | (چال کے لوگ آنکھیں پھاڑے دونوں کو دیکھتے ہیں) اوہ...ہاں ہاں...اندر آؤ...پلیز...(سومو کمرے میں لے جاتا ہے چال کے لوگ ایک دوسرے کو دیکھ کر معنی خیز انداز سے مسکراتے ہیں...اندر آنے کے بعد بھومیکا پورے کمرے پر نظر دوڑاتی ہے چال کے لوگوں سے پنڈ چھڑا کے سومو آتا ہے) |

| بھومیکا | تو اس گھر میں تم اکیلے رہتے ہو۔(ہاں کہہ کر گردن ہلاتا ہے) لوگ کہتے ہیں دنیا میں دو حالتیں بہت عجیب ہوتی ہیں۔ |

| سومو | کون سی...؟ |

| بھومیکا | ایک...بنا عورت کے گھر اور دوسرا... بنا گھر کی عورت... |

سومو	جی...بم...بم...میں...
بھومیکا	تمہارے پوچھنے سے پہلے ہی بتا دیتی ہوں...سومو میں اپنا گھر چھوڑ کر آئی ہوں... اور اپنا پتی بھی...
سومو	(حیرت سے) پتی...؟
بھومیکا	ہاں...گھر آئے مہمان کو پانی نہیں پلاتے ہیں تمہارے گاؤں میں...؟
سومو	او...ہاں...ہاں...(کہہ کر وہ تیزی سے اندر جاتا ہے بھومیکا پورے گھر کا جائزہ لیتی ہے اس کی نظر پاس رکھی ہوئی چھتری پر پڑتی ہے وہ چھتری اٹھاتی ہے مسکراتی ہے اور اسے وہیں رکھ دیتی ہے، سومو پانی لے کر آتا ہے)
بھومیکا	(ایک طرف اشارہ کرکے) اس طرف شاید کچن ہے نا؟
سومو	نہیں بیڈ روم...پر میرا نہیں 14 نمبر والی شانتا بائی کا...پانی...(گلاس لینے کے لیے ہاتھ بڑھاتی ہے)
بھومیکا	سومو...جو کچھ میرے پاس تھا وہ سب...سب کچھ چھوڑ کر آئی ہوں...کیا یہاں مجھے چھت مل سکے گی...کچھ دنوں کے لیے...
سومو	چھت...؟ یہاں...(رک کر پھر ہچکچا کر) تم پانی تو پیو...
بھومیکا	(گلاس رکھ کر کھڑی ہوتی ہے) کوئی بات نہیں سومو...میں چلتی ہوں...
سومو	پلیز بھومی مجھے غلط مت سمجھو میں...
بھومیکا	میں نے کہا نا...It's ok...(بھومیکا باہر جانے لگتی ہے)
سومو	تم نہیں جاؤ گی اور جتنے دن چاہو یہاں رہ سکتی ہو...
بھومیکا	مگر...
سومو	وہ بھی بنا کسی اگر مگر کے...پانی...

(بھومیکا پانی پیتی ہے اور سومو اسے نہایت غور سے نہارتا ہے...میوزک اور دھیرے دھیرے اندھیرا)

<u>سین نمبر تین</u>

(چال کے سبھی لوگ سومو کے گھر میں تاک جھانک کر رہے ہیں ۔ ایک قطار میں...پہلا دیکھتا ہے اور گھر کے اندر کا آنکھوں دیکھا حال دوسرے کو بتاتا ہے

(او دوسرا تیسرے کو اور تیسرا چوتھے کو...)

کائی   کیا چل رہا ہے...؟

من سکھ   اب تک سو رہی ہے...

کائی   اب تک سو رہی ہے...

دیپک   اب تک سو رہی ہے مطلب رات کو جاگی ہوگی...

(اندر کے کمرے سے سومو آتا ہے اس کے ہاتھ میں پوجا کی تھالی ہے اسے دیکھ کر
چال کے سب لوگ پیچھے ہٹتے ہیں تھالی ایک طرف رکھ کر وہ بالٹی ہاتھ میں لیتا ہے
بھی بھومیکا جا گئی ہے)

بھومیکا   گڈ مارننگ سومو...

سومو   گڈ مارننگ بھومی! تمہیں رات کو...

بھومیکا   بہت اچھی نیند آئی... پر یہ صبح صبح تم بالٹی لے کے...

سومو   وہ جوزف انکل ہے نا ان کے یہاں پانی جلدی چلا جاتا ہے...

جوزف   ارے سومو تم کدھر ہے...؟ آنگ پے صابن لگا کے بیٹھا ہے...

سومو   ابھی آیا...(وہ باہر جاتا ہے چال کے لوگ انجان بن جاتے ہیں اس کے جاتے
ہی کمرے میں جھانکتے ہیں)

کائی   اٹھ گئی...

دیپک   اٹھ گئی...

من سکھ   گئی...

کائی   کچن میں گئی...

دیپک   کچن میں گئی...

من سکھ   جلا رہی ہے...

پاروتی   اپنے آپ کو...؟

کائی   ارے نہیں اسٹو جلا رہی ہے...

شانتا   اسٹو جلا رہی ہے...

(وہاں لیلا آتی ہے... وہ غصہ سے یہ تماشہ دیکھتی ہے)

دیپک	کھوج رہی ہے...

بنڈیہ	کھوج رہی ہے...

پاروتی	کیا...؟

بنڈیا	ماچس...

شانتا	ماچس کھوج رہی ہے...؟

دیپک	اسٹو جلانے کے لیے ماچس کھوج رہی ہے...

کاکی	پانی ڈال رہی ہے...

شانتا	اسٹو پہ...

کاکو	ارے نہیں برتن میں...

بنڈیہ	ڈھونڈ رہی ہے...

پاروتی	دھونڈ رہی ہے...

شانتا	کیا...؟

بنڈیہ	مل گیا...

پاروتی	مل گیا...

شانتا	کیا...؟ (سومو آتا ہے اور ان لوگوں میں کھڑا ہو جاتا ہے)

بنڈیہ	ڈبہ... چائے کا...

دیپک	چھنّی سے چائے چھان رہی ہے...

کاکی	چھنّی سے چائے چھان رہی ہے...

سومو	کون...؟

(تب ہی سومو آتا ہے کاکی کو پتہ نہیں، وہ سومو کو کوئی اور سمجھ کر کہتی ہے)

کاکی	ارے وہی جو اپنے سومو کے یہاں آئی ہے...؟

(کسی اور کی سومو دیکھ کر کھسیا جاتی ہے)

سومو	آپ لوگ باہر کیوں کھڑے ہیں اندر آئیے نا...

سب	نہیں نہیں...(کہتے ہوئے سب لوگ جانے لگتے ہیں)

دیپک	(لیلا سے) تم کب آؤ گی میری کھولی میں چائے چھاننے...روپ نگر کی پریم گلی

سے کمرا نمبر 420 میں...

لیلا
شٹ اپ...میں تمہیں چھوڑوں گی نہیں...
(پاؤں پٹک کر نکل جاتی ہے...دیپک پیچھے بھاگتا ہے...سومو جیسے ہی گھر میں آتا
ہے بھومیکا چائے کا کپ اسے دیتی ہے)

بھومیکا
ذاکر حسین کی واہ تاج پیشِ خدمت ہے...

سومو
تم نے چائے کیوں بنائی...

بھومیکا
پینے کے لیے...پیونا...

سومو
بھومی! اپنا کام خود کرنے کی عادت ہے مجھے...یہ بری عادتیں پڑ گئی تو میں تو گیا
نا....

بھومیکا
کدھر؟

سومو
بارہ کے بھاؤ میں...تم تو چلی جاؤ گی مگر...

بھومیکا
(دھیمے سے)کس بے وقوف نے کہا کہ میں جانے والی ہوں...

سومو
کیا...؟

بھومیکا
just joking (سومو چسکی لیتا ہے) کیسی ہے...؟

سومو
شکر بالکل نہیں...

بھومیکا
اوہ...(وہ اٹھتی ہے، سومو ہاتھ پکڑ کر اسے روک لیتا ہے)

سومو
اتنی میٹھی چائے میں نے اپنی زندگی میں کبھی نہیں پی...(چائے پیتا ہے بھومیکا
پاس پڑی چھتری اٹھا کر) یہ شاید وہی چھاتا ہے نا جو تم کالج لایا کرتے تھے۔

سومو
ہاں!

بھومیکا
تمہیں یاد ہے ایک بار فائنل ایئر میں کالج ڈے کے فنکشن سے لوٹتے ہوئے میں
میرا چھاتا اپنی فرینڈ کو دینے لگی تب تم نے مجھے منع کیا تھا...

سومو
(ٹرانس میں) کیا کر رہی ہو بھومی...؟ بادل دیکھو لگتا ہے بارش ہوگی...

بھومیکا
(اسی طرح) ہوگی تو کیا...میں تمہارے چھاتے میں آ جاؤں گی...

سومو
(ٹرانس سے باہر آ کر) اور اس دن بارش ہی نہیں ہوئی...لیکن اس دن کے بعد
سے یہ چھتری میری زندگی کا اٹوٹ حصہ بن گئی...

بھومیکا	اور اب دیکھو (چھاتا کھولتی ہے) میں تمہارے چھاتے کے نیچے ہی نہیں تمہاری چھت کے نیچے بھی آگئی ... (ہنستی ہے ... سومو غور سے بھومی کو دیکھتا ہے)
بھومیکا	کیا ہوا ...؟
سومو	کچھ نہیں ... بھومی ایک بات پوچھوں ... میرا مطلب ہے ت ... ت ... تم ...
بھومیکا	اپنا گھر چھوڑ کر کیوں آئی ؟ یہی نا ... سومو جسے میں چھوڑ کر آئی ہوں شاید وہ گھر تھا ہی نہیں ... بے حس، بے جان، ٹھنڈی اینٹوں کو جوڑ کر بنایا گیا ایک مکان تھا ... جہاں میرے سر کے لیے کوئی چھت نہیں تھی ...
سومو	مگر تمہاری شادی ...
بھومیکا	شادی ... (طنزیہ مسکراہٹ کے ساتھ) لوگ کہتے ہیں کے پتی پتنی کے رشتے سورگ میں بنتے ہیں پر میری شادی بھگوان نے نرک میں بیٹھ کر طے کی تھی ۔ (کچھ پل کی بے تکی خاموشی کے بعد)
سومو	تو کیا للیت ...
بھومیکا	(نہایت تیکھے لہجے میں) نام مت لو اس پرورٹ، سیڈیسٹ، نیورٹک اور ادھورے آدمی کا ... میں اس رشتے کو تھوک کر تمہارے پاس آئی ہوں ۔
سومو	او ... ہو ... سوری ...
بھومیکا	سمئے تو چلتا ہی رہتا ہے ۔ تم اسے پکڑ کر چلتے رہے اور سمئے مجھے پکڑ کر چلتا رہا ۔ (کچھ پل کی خاموشی کے بعد) تمہیں آفس کے لیے دیری نہیں ہو رہی ہے ...؟
سومو	او مائی گاڈ ... (جوتے پہنتا ہے بھومیکا سامان لے کے آتی ہے)
بھومیکا	یہ رہا تمہارا بریف کیس، رومال، کفن ... تمہیں بیگن پسند ہے نا ...
سومو	(حیرت سے اسے دیکھ کر) ارے یہ سب تم نے کب ...؟
بھومیکا	تمہیں شاید معلوم نہیں میرے پاس ایک جن ہے ... میں اس سے جو کہتی ہوں وہ چٹکیوں میں تیار کر دیتا ہے ۔ (سومو کسی گہری سوچ میں گم ہے) کیا ہوا ؟
سومو	کچھ نہیں ... یہ گھر اب تک لاوارثوں کی طرح حیتار ہا لیکن آج ...
کاکا	(پکارتا ہے) سومو ...
سومو	کیا ہے ...؟

کاکا	دن کو تیری کھانسی سونے نہیں دیتی اور رات کو یہ کھٹمل...آفس سے آتے آتے ٹِک ٹوینٹی کی بوتل لے آنا... چھوٹی والی...

پانڈے	چھوٹی سے یاد آیا بھیا چھوٹی بیٹی نے عینک کی ڈنڈی توڑ دی اسے لے آنا۔

پاروتی	یاد سے یاد آیا گلیکسی میں یادیں لگی ہے کرینا کپور والی... یاد سے اس کی دو ٹکٹ لے آنا...اچھی سیٹ دیکھ کے...

کاکی	سیٹ سے یاد آیا...سومو بیٹا میرے کولہے کا درد پھر سے چالو ہو گیا...بہت دکھتا ہے... وید سے دوا لے آنا...بھولنا مت۔

سومو	ہاں...ہاں...ہاں...لے آؤں گا...

بھومیکا	کیوں کرتے ہو ان لوگوں کا کام... یہ تمہیں پے کرتے ہیں کیا...؟

سومو	ہاں...(مسکرا کر) مگر پیسوں کی شکل میں نہیں....

بھومیکا	سچ کہوں سومو...مجھے تم پر گروہ بھی ہوتا ہے اور غصہ بھی آتا ہے...تم اتنے اچھے کیوں ہو... لوگ تمہیں use کرتے ہیں اور تم...

کانتی	سومو...سومو...

بھومیکا	انہیں بھی کوئی چیز منگانی ہو گی...

کانتی	سومو میں تیرے کو چھوڑوں گا نہیں...آج تیری وجہ سے میری بیٹی نے آتم تیا کرنے کی کوشش کی...

سومو	کیا لیلا نے؟

کانتی	ہاں! رسی ڈال کر پنکھے سے...

سومو	تو کیا ہوا...لیلا ٹھیک تو ہے نا!

دیپک	وہ ٹھیک ہے پر پنکھا نیچے گر گیا...

کانتی	سومو اب تجھے ہی کچھ کرنا پڑے گا...

دیپک	تم چاہتے ہو کے سومو تم کو دوسرا پنکھا دلائے ...

کانتی	چپ کر...شریف لوگوں کے محلے میں یہ شوبھا دیتا ہے...

سومو	اس کا نام شوبھا نہیں بھومیکا ہے میری دوست ہے...کالج میں ہم لوگ ساتھ پڑھتے تھے...

کانتی	تو ابھی یہاں کیا پڑھنے آئی ہے تیرے پاس...؟
دیپک	لوکالیسن...
کانتی	چالی میں رہنا ہے تو شریف لوگ کی طرح رہنا ہوگا نہیں تو...
سومو	نہیں تو کیا کرو گے...
کانتی	کیا کروں گا... میں... میں (غصّے کی وجہ سے اسے جواب سوجھتا نہیں ہے) تم دونوں کو کنویں میں اٹھا کر پھینک دوں گا...
پانڈے	پر کانتی بھیا اپنی چالی میں تو کنواں ہے ہی نہیں...
من سکھ	تو کیا ہوا پانڈے جی! کانتی بھائی پہلے یہاں کنواں کھدوائے گا پھر پھینکے گا...
شانتا	یہاں کنواں... نہیں میرے چھوٹے چھوٹے بچے ہیں کبھی کچھ ہو گیا تو....
پاروتی	کچھ نہیں ہوگا کانتی بھائی میں تو کہتی ہوں کنواں کھدواؤ اور یہیں کھدواؤ، پانی لانے کے لیے مجھے کتنا دور جانا پڑتا ہے...
کاکی	یہاں کنواں کھدا تو (وہ لوگ آپس میں جھگڑنے لگتے ہیں)
کانتی	چپ رہو کنواں ایشو نہیں ہے... میں بس یہ کہنا چاہتا ہوں کے یہ لڑکی یہاں نہیں رہے گی...
سومو	پر کیوں...؟
کانتی	کیوں...؟ کیا... یہ بتا تیرا اس کا رشتہ کیا ہے؟ (سومو سوچتا ہے کہ کیا جواب دے)
کانتی	سن رہے ہو... میں پوچھتا ہوں آخر یہ تیری ہے کون...؟
سومو	یہ میری بیوی ہے... میری دھرم پتنی... ہونے والی...
بھومیکا	سومو... (سب لوگ حیرت سے سومو کو دیکھتے ہیں)
سومو	کیوں کوئی اعتراض ہے آپ لوگوں کو...؟ (سب نہیں میں گردن ہلاتے ہیں) تو جاؤ اپنے اپنے گھر پر ہاں! ہماری شادی میں آنا ضرور... (سب جاتے ہیں... منچ پر خالی سومو اور بھومیکا ہیں... سومو اپنے ہاتھ دھری چھتری کھول دیتا ہے) بھومی باہر کیوں کھڑی ہو؟ (بھومیکا کچھ کہنے جاتی ہے اسے روک کر) کچھ کہومت، صرف ان بادلوں کو دیکھو، لگتا ہے تیز بارش ہونے والی ہے... بھیگ جاؤ گی

یہاں آجاؤ،میرے چھاتے میں ...

(بھومیکا مسکراتے ہوئے اس کی چھتری میں سمٹ آتی ہے ...میوزک ...
دھیرے دھیرے اندھیرا ہوتا ہے)

سین نمبر چار

(چالی میں شادی کا ماحول لوگ شادی کی تیاری کر رہے ہیں)

قاسم: اوئے گنپت ادھر میں گیٹ کے پاس لائٹ کی سیریز لگا ...جلدی جلدی ...اور سن
وہ تین نمبر والی شانتا سے پوچھ ...

دیپک: (لیلا کے پاس جا کر) لیلا ابھی بھی ٹائم ہے ...میرے نام کی مہندی ہاتھ پر اپنے لگا
لے،نہیں تو ہاتھ کی مہندی بال پر لگانی پڑے گی ...

لیلا: دیپک بھا ...(بولتے بولتے رک جاتی ہے) یہ بول اپنی شادی بھی کیا بنا کچے
باجے کے ہوئے گی۔

دیپک: (خوش ہو کر) کیا بات کرتی ہے لیلا کا جا با جا ابھی ہوئے گا اوت بتھی بھی ہوئے
گا ...اے چندو ...گانا لگا رے ...(گانا بجتا ہے''اے مالک تیرے بندے
ہم...''لیلا ہنستی ہے) اوے شانتا رام کی اولاد ...ڈھن چاک گانا لگا ...(''سپنوں
میں ملتی ہے لڑکی مجھے سپنوں میں ملتی ہے''سب ناچتے ہیں ... پنڈت آتا ہے ...
گانا رک جاتا ہے)

پنڈت: دولہا دلہن کو بلاؤ ...

پانڈے: بکرے کو بلاؤ ... قصائی آگیا ہے۔(دولہا دلہن آتے ہیں)

کاکو: (بھومیکا کی بلائیاں لیتے ہوئے) واہ سومو ...واہ دلہن کا چہرہ تو ایک دم پونم کے چاند
کی طرح چمک رہا ہے ...

(پنڈت شادی کی رسم شروع کرتا ہے)

پنڈت: شبھ منگل ساودھان ... (پنڈت منتر پڑھتا ہے سب ان پر پھول اور چاول
پھینکتے ...اور پھر اچانک فریز ہو جاتے ہیں ...صرف سومو اور بھومیکا اسی طرح
پھیرے لیتے ہیں اور پنڈت کے شلوک جاری رہتے ہیں۔بھومیکا کے چہرے پر
ایک انجانے خوف کا پیلا پن چھا جاتا ہے)

پنڈت	(سومو سے) اب یہ مالا پہناتے ہوئے کہو...میں تمہیں اپنی...
سومو	(دہراتا ہے) میں تمہیں اپنی جیون سنگینی سیوکار کرتے یہ وچن دیتا ہوں آج سے تمہارے جیون کا سارا بھار اپنے اُوپر لیتا ہوں...
پنڈت	(پھر بھومیکا سے) اب تم یہ مالا ان کے گلے میں ڈالتے ہوئے کہو میں ہر سُکھ دکھ میں...
بھومیکا	(پھٹی پھٹی نظروں سے دیکھتی ہے او پھر زور سے چیخ پڑتی ہے) نہیں...
سومو	کیا ہوا کہو...
پنڈت	کہو میں ہر سُکھ دکھ میں...
	(بھومیکا کچھ کہتی نہیں ہے ایک طرف اشارہ کرتی ہے)
سومو	کیا بات ہے بھومی...؟
بھومیکا	و...وہ للت...
سومو	للت...؟ للت کی یاد آرہی ہے...؟
پنڈت	کہو میں ہر سُکھ دکھ میں...
	(فریز کھڑے لوگوں کے پیچھے سے للت نمودار ہوتا ہے، اس کے ہونٹوں پر ایک زہریلی مسکان ہے بھومیکا خوف سے کانپنے لگتی ہے)
للت	کہو میں ہر سُکھ دکھ میں...(چیخ کر) کہو...
بھومیکا	میں ہر سُکھ دکھ میں تمہارا ساتھ نبھاؤں گی...
للت	گڈ...
پنڈت	میں اس پوترا اگنی کو شاکشی مان کر تمہیں خوش رکھنے کا وچن دیتی ہوں...
بھومیکا	...وچن دیتی ہوں...
للت	ویری گڈ...
بھومیکا	میں ۳٦ کروڑ دیوی دیوتاؤں کو شاکشی مان کر یہ وچن دیتی ہوں کہ میں منگل ستر کو...(کہتے کہتے رک جاتی ہے)
للت	بولو...منگل ستر کو اپنے پرانوں سے بڑھ کر مانوں گی...بولو
بھومیکا	منگل ستر کو اپنے پرانوں سے بڑھ کر مانوں گی...

للت	گریٹ...(تالی بجاتے ہوئے وہ نکل جاتا ہے سوائے بھومیکا کے وہ کسی کو دکھائی نہیں دیتا ہے)
پنڈت	دیکھو...ان سات پھیروں نے تم دونوں کو سات جنموں کے لیے ایک دوسرے کا جیون ساتھی بنا دیا ہے... (سب لوگ اپنا فریز توڑتے ہیں اور پھول اور چاول کے دانے برساتے ہیں... سومو بھومیکا کو سنبھالتا ہوا اپنے کمرے کی طرف جاتا ہے)
سومو	(بھومیکا کو اداس دیکھ کر) بھومی۔تم ٹھیک تو ہونا...؟
بھومیکا	ہاں...ہاں...
سومو	کیا ہوا...؟ کچھ یاد آرہا ہے...؟
بھومیکا	سومو کبھی کبھی بھولنا یاد رکھنے سے زیادہ مشکل ہوتا ہے...
سومو	کیا مطلب...؟
بھومیکا	سومو...آج میں بہت خوش ہوں...بہت....
سومو	میں بھی بھومی...آج تک میں دوسروں کے لیے جیتا رہا ہوں جو پہلا انعام تم نے اپنے آپ کو دیا ہے۔(دروازہ بند کرنے جاتا ہے ہال کے سارے لوگ اسے دروازے پر کھڑے دیکھتے ہیں...)
سومو	گڈ نائٹ...
سب	(ایک ساتھ) گڈ نائٹ...
	(سومو دروازہ بند کرنے جاتا ہے کاکی اور منچھا موسی بڑھ کر روک لیتی ہے)
منچھا	اری دلہن نتھ کیوں اتاری؟
بھومیکا	ناک دکھ رہی تھی
منچھا	(شرارت سے) ابھی تو بہت کچھ دکھے گا؟ (سن ہنستے ہیں)
کاکا	ارے مہاتاری...جنگل کا شیر سرکس کا شیر بننے جا رہا ہے...اس کے لیے کوئی گفٹ تو دو اسے...
کاکی	سومو تیری شادی ہوگئی...پر ہم چالی والوں نے تجھے کوئی گفٹ نہیں دیا...
سومو	اس وقت چلے جاؤ اسے ہی میں تم لوگوں کا گفٹ سمجھوں گا...

قاسم: واہ...شادی کے پھیرے کے بعد ہی اپنا مٹی کا شیر دھاڑنے لگا...

منچھا: سوموکی شکل میں تمہیں تمہارا گفٹ تو مل گیا پر ہم چالی والے مل کر سوموکو ایک گفٹ دینا چاہتے ہیں۔

کانتی: (چابی دیتا ہے) کھولی کی نہیں گاڑی کی چابی ہے...(دیپک...(دیپک موٹر سائیکل لے کر آتا ہے)

دیپک: سیکنڈ ہینڈ ہے پر فرسٹ کلاس چلتی ہے۔
(سب لوگ تالی بجاتے ہیں بھومیکا سومو کے گلے لگ جاتی ہے دھیرے دھیرے اندھیرا)

<u>سین نمبر پانچ</u>
(چالی کے لوگ پانی بھر رہے ہیں تب ہی منچھا وہاں آتی ہے۔)

لیلا: شانتا ماسی...میں ہنڈ الے کر جاوں میری ڈانس کلاس کا ٹائم ہو رہا ہے۔

دیپک: (بیچ میں) جانے دو...بولے تو جانے دو ماسی اتنے دن سے ہمیں نچا رہی ہے ۔ابھی خود ناچنے لگی ہے...

لیلا: شٹ اپ (کہتے ہوئے وہاں سے جانے لگتی ہے۔)

دیپک: shame to you (یہ سن کر لیلا بے ساختہ ہنس دیتی ہے دفعتاً بھومیکا وہاں آتی ہے)

کاکی: ارے...ار...رے یہ کیا نئی نویلی دلہن آ گئی پانی بھرنے؟

بھومیکا: میں دلہن ضرور ہوں مگر نئی نویلی نہیں...تین مہینے ہو گئے

شانتا: (بالٹی ہاتھ سے لے کر) جب تلک بچہ نہیں ہوتا دلہن نئی نویلی ہی ہوتی ہے۔

بھومیکا: (اچانک بھومیکا کا چہرہ بجھ سا جاتا ہے مگر دوسرے ہی پل وہاں سامان سے لدا پھندا سومو پہنچ جاتا ہے۔اسے دیکھتے ہی چال کے سبھی لوگ اس کے آس پاس جمع ہو جاتے ہیں۔)

کاکی: لے آ گیا تیرا بچہ...

سب: (ایک ساتھ) چالی کا بچہ...

سومو: ہٹ جاو...سوموکی ٹاٹا سومو آ گئی... یہ لو تمہارا پاو بھاجی کا مسالہ، اور من سکھ بھائی

کے چھوٹے دروازے کا بڑا تالا۔

کاکا: اور میرا بنیان؟

سومو: کاکا پہلے کاکی کا پان، یہ لو پاروتی تمہارے ٹیکو کا ڈائپر اور مگن بھائی کی گاڑی کا وائپر۔

پانڈے: اور میرا... میرا...

سومو: یہ تمہارے سگریٹ کا لائٹر، منچھا ماسی یہ تمہارے لیے امپورٹیڈ اسٹو کی پن، جوزف انکل کے لیے دیسی ودکا، وہسکی اور جن۔ (دھیمے سر) یہ لو شانتا بائی تمہارا امپورٹیڈ ڈسٹ بین۔

من سکھ: ارے گدیڑا! یہ بول اپنی پتنی کے لیے کیا لایا؟

سومو: اس کے لیے میں خود آیا۔
(اپنے کمرے میں جاتا ہے۔ بھومیکا روٹھی ہوئی بیٹھی ہوئی ہے۔)

بھومیکا: سب کا آرڈر لے آئے؟

سومو: اب تمہارا حکم بجانے آئے۔ بولو کیا حکم ہے میرے آقا؟

بھومیکا: سومو کیا ضرورت ہے ان لوگوں کا کام کرنے کی؟ یہ لوگ... یہ دنیا... یہ سبھی استعمال کرنا جانتے ہیں۔

سومو: کیا؟

بھومیکا: They are using you like a tissue paper ...stop getting use. (سومو اسے کچھ سمجھانا چاہتا ہے مگر اس کی بات سننے سے انکار کرتے ہوئے) نہیں سومو... مدر ٹریسا بننے کی ضرورت نہیں ہے۔ بس آج سے کسی کا کام نہیں کرو گے تم...

سومو: اوکے... تم کہتی ہو تو نہیں کروں گا پر اس سے پہلے تمہیں بھی میری ایک بات مانی پڑے گی... بولو منظور؟

بھومیکا: ہاں منظور!

سومو: تم مجھے لوگوں کا کام کرنے سے نہیں روکو گی۔ (بھومیکا غصے سے دیکھتی ہے۔) just joking (اور وہ ہنس پڑتی ہے)

بھومیکا: تم نہیں سدھرو گے۔

(دونوں گلے ملتے ہیں۔اچانک بھومیکا اس کا نام لے کر پکارتی ہے''سومو...
سومو''مگر اس سے پہلے کہ سومو کوئی جواب دے...وہ بے ہوش ہو جاتی ہے۔سومو
ترپ کر چیختا ہے۔)

سومو   ارے کاکی،شانتا ماسی،من سکھ بھائی،قاسم بھائی،
(''کیا ہوا؟کیا ہوا؟'' کہتے ہوئے اچانک سبھی وہاں آجاتے ہیں۔)

پانڈے   (بھومیکا کو دیکھ کر) بھئو جی کھڑے کھڑے کیوں سو رہی ہیں؟

کاکا   سو نہیں رہی ہے بے وقوف...بے ہوش ہو گئی ہے۔

شانتا   بے ہوش؟ارے کوئی چپل کا اندا سونگھاؤ...

لیلا   چپل کا اندے سے کچھ نہیں ہوگا...ڈاکٹر کو بلاؤ...

کاکی   ارے سومو تو باپ بننے والا ہے۔

سومو   (خوش ہو کر) کیا...کیا...کہا...کاکی...پھر بولو...

دیپک   واہ میرے مٹی کے شیر...تو نے پہلے بال پر سینچری مار دی...

سومو   سن رہی ہو بھومی...تو مجھے مدر ٹیر سا کہہ رہی تھی...تم خود ہی ماں بن گئی۔(بھومیکا
آنکھیں کھولتی ہے) ہاں بھومی مم...میں...میں باپ بن گیا...
(اچانک ناچنے لگتا ہے۔گانا گانے لگتا ہے۔آج پھر جینے کی تمنا ہے...چالی کے
لوگ بھی اس میں شامل ہو جاتے ہیں...سب خوشی میں مست ہیں مگر بھومیکا سکتے
کے عالم میں کھڑی ہے اور دور خلا میں گھور رہی ہے۔دھیرے دھیرے اندھیرا
ہوتا ہے)

<u>سین نمبر چھ</u>
(بھومیکا گہری سوچ میں ہے۔للت گلدستہ لیے چیونگم چباتے ہونٹوں پر ایک شریر
مسکراہٹ کے ساتھ اندر آتا ہے۔بھومیکا نے ابھی تک اسے دیکھا نہیں ہے)

للت   کیا میں اندر آ سکتا ہوں مسز سومیش (بھومیکا للت کو دیکھ کر چونکتی ہے) یہ لو...
(گلدستہ اس کی طرف بڑھاتا ہے) Roses for the rose

بھومیکا   (حواس باختہ) تت...تت...تم...تم یہاں...؟ کیسے...؟؟

للت   کبھی کبھی خوابوں کو آنکھوں کی تلاش میں نکلنا پڑتا ہے،مسز سومیش...

بھومیکا	(چڑ کر) للت تم... تم آخر مجھے سمجھتے کیا ہو؟ ریموٹ سے چلنے والا کوئی کھلونا؟ مم... میں تم سے کہہ دیتی ہوں...
للت	(بات کاٹ کر) آں ہاں... ایسی حالت میں غصہ کرنا ٹھیک نہیں ہے...
بھومیکا	تم سچ مچ گدھے ہو... (نفرت سے اسے مارنے کے لیے اٹھتی ہے) انسانی ماس نوچنے والے... You Valchure...
للت	(روک کر) یہ کیا کر رہی ہو بے بی... یہ ہمارے بچّے... میرا مطلب تمہارے بچّے کی صحت کے لیے ٹھیک نہیں ہے۔ (للت اس کے پیٹ کو چھونے کی کوشش کرتا ہے وہ پیچھے ہٹتی ہے)
بھومیکا	Dont touch me you swain (معاً سومو اندر آتا ہے)
سومو	کیا ہوا بھومی... کس سے بات کر رہی ہو؟
بھومیکا	(نارمل ہونے کی کوشش کرتے ہوئے) کک... کسی سے بھی تو نہیں... (سومو کے لیے للت visible نہیں ہے ۔ للت اس کی ناک کو چھونے کی کوشش کرتا ہے وہ پیچھے ہٹتی ہے)
للت	تم آج بھی اتنی ہی سندر ہو اور اتنی ہی سمجھ دار... بائی...
بھومیکا	شٹ اپ... (بھومیکا للت سے کہتی ہے سومو سمجھتا ہے اس کو کہا)
سومو	(سوالیہ نظروں سے دیکھتے ہوئے) تم ٹھیک ہو نا بھومی؟
بھومیکا	(ٹرانس سے نکل کر) آں... ہاں... ہاں... وہ... ڈرائر ایک بدل گیا تھا۔
سومو	تم نے سچ مچ مجھے ڈرا دیا۔ (کہتے ہوئے سومو اندر جانے لگتا ہے بھومیکا اس کا ہاتھ پکڑ کر اسے اپنے پاس بٹھاتی ہے)
بھومیکا	سومو بیٹھو نا میرے پاس!
سومو	جو حکم مہا بلی...
بھومیکا	تم تو کالج کے دنوں سے مجھے چاہتے تھے... (وہ ہمیشہ کی طرح اثبات میں گردن ہلاتا ہے اس پر جھنجھلا کر) تو... تو... کہا کیوں نہیں؟ مجھے زبردستی اٹھا کر لے کیوں نہیں گئے۔
سومو	وہ اس لیے کہ کالج کے دنوں میں تمہارا وزن 55 کلو سے بھی زیادہ تھا تمہیں نہیں اٹھاتا

تو میری ارتھی اٹھ جاتی۔ just joking (بھومیکا کے ہونٹوں پر ایک مسکراہٹ
پھیل جاتی ہے) یہ ہوئی نہ بات...ایسے وقت تمہیں زیادہ سے زیادہ ہنسنا چاہئے...
تاکہ ہمارا بچّہ مسکراتا ہوا پیدا ہو۔ (بچّے کی بات سن کر بھومیکا کا چہرہ بجھ جاتا ہے لیکن
سومو کا دھیان اس طرف نہیں ہے) تم یہاں بیٹھ کر مسکراؤ...میں تمہارے لیے
دوالے کر آتا ہوں۔ (سومو جاتا ہے، بھومیکا بڑبڑاتی ہے اور کاکی آتی ہے)

کائی   بہو ذرا ہاتھ دینا...(کہتے ہوئے دو تین کالے دھاگے سامنے کرتی ہے)

بھومیکا   یہ کیا ہے؟

کائی   یہ شیومندر کا نیلا دھاگا ہے، اسے باندھنے سے بچّہ گورا رچّا ہوگا...اور یہ ہنومان مندر کا
پیلا دھاگا، اسے باندھنے سے بچّہ ہٹّا کٹّا ہوگا، اور یہ... رادھے کرشن مندر کا لال
دھاگا اسے باندھنے سے بچّے کی ناک نوکیلی آنکھیں بڑی بڑی اور بال گھنگرالے
ہوں گے۔

سومو   (آتے ہوئے) پر کائی بچّہ ایک ہوئے گا کہ تین تین...

کائی   تو جاتا ہے کہ لگاؤں ایک...(سومو اپنا بیگ اٹھاتا ہے) اور سن شام کو جلدی گھر آ
جانا...(سومو جانے لگتا ہے)

بھومیکا   (اسے روکتے ہوئے) ایک منٹ سومو...(سومو رک جاتا ہے۔ بھومیکا اس کے
پاس جا کر اس کے پاؤں چھوتی ہے)

سومو   تم عورتیں بھی عجیب ہوتی ہیں...اچھے بھلے آدمی کو بھگوان بنا دیتی ہو۔
(بھومیکا کی آنکھیں بھیگ جاتی ہیں۔ سومو اس کے سر پر ہاتھ رکھتا ہے دونوں ایک
ساتھ کمرے کے باہر آتے ہیں۔ سومو آفس کے لیے جاتا ہے۔ کائی سومو کو دیکھتے
ہوئے کہتی ہے)

کاکو   تو بڑی نصیب والی ہے کہ تجھے سومو جیسا ہیرا پتی ملا...(کاکا کو دیکھ کر) ایک
میں...جس کے نصیب میں کوئلہ ہی کوئلہ...
(کاکا کے ہاتھ میں ڈھیر ساری کیریاں ہیں)

کاکا   کوئلہ نہیں رے مہاتاری...کیری ہے...بیٹی کے لیے...اچار بنانا...اچار...

شانتا   (ہاتھ میں بڑی سی برنی لیے) ایسی حالت میں یہ اچار بنائے گی...یے لے میں اچار

لے کر آئی ہوں۔

دیپک   ارے بھابھی اچار کا بچار کا چھوڑو.... یہ دیکھو.... یہ دیکھو تین خان ...عامر ،شاہ رخ
اور سلمان خان... یہ تینوں کے فوٹو لگا دیوار پر بولے تو میرا بھتیجا تینوں خانوں کا
کامبو ہوئے گا۔

لیلا   تیرے خان کو ڈال کوڑے دان میں... یہ لو...(رسی دیتے ہوئے)اس سے
skippnig کرنا...اس سے...

منجھا   بیٹی یہ لے... یہ کتاب...اس میں لکھا ہے کیا کرنا ہے کیا نہیں ...

کانتی   ارے سب بے کار ہے...تو... تو یہ لے...

بھومیکا   یہ کیا ہے؟

کانتی   رامائین ہے...ایسی حالت میں رامائین پڑھنی چاہئے...

پانڈے   اس سے کیا ہوئے گا؟

کانتی   بچہ رام جیسا ہوگا۔

دیپک   لیکن رامائین میں راون بھی تو ہے۔

کانتی   اچھا؟ (پھر رک کر) ایسا ہے تو راون کا chapter مت پڑھنا...
(لوگوں میں بحث ہوتی ہے اور پھر وہ لوگ آپس میں جھگڑنے لگتے ہیں ۔بھومیکا
وہاں سے اُٹھ جاتی ہے کمرے میں آتی ہے دروازہ بند کرتی ہے اور پھر گلدستہ
اٹھاتی ہے اسے نفرت سے دیکھتی ہے)

بھومیکا   I hate you Lalit..I hate you Lalit..(اور دیوانہ وار پھولوں کو
نوچنے لگتی ہے اس کی پتی پتی ہوا میں اڑانے لگتی ہے اور پھر پھوٹ پھوٹ کر
رونے لگتی ہے...دھیرے دھیرے اندھیرا)

<u>سین نمبر سات</u>
(اندھیرے میں دو ٹارچ روشن ہوتی ہے ۔سومو کی آواز آتی ہے)

سومو   آ گئی... آ گئی ...سومو کی ٹا ٹا سومو آ گئی... (روشنی ہوتی ہے ،کندھے پر پالنا،
غبارے ،اور کھلونوں کا جھولہ لیے سومو کھڑا ہے۔ چال کے سبھی لوگ اسے حیرت سے
دیکھتے ہیں ۔)

سومو	ایسے آنکھیں پھاڑے، منہ کھولے کیا دیکھ رہے ہو؟ اپنے بچّے کے لیے لایا ہوں یہ سارا سامان... یہ پالنا، یہ پھگّے، یہ اس کے جوتے، موزے، یہ بیٹ بال، چابی والا بندر بیٹری سے چلنے والی چھک چھک گاڑی، یہ اس کے کپڑے، جھبلے، لنگوٹی، چادر، تکیے، ریموٹ سے اڑنے والا پلین، ڈابرمین سُپرمین، سب کچھ...
کاکی	واہ رے میرے سومو... تو تو ایکدم سانتا کروز بن گیا۔
دیپک	سانتا کروز نہیں کاکی... سانٹا کلاز...
پاروتی	(دوسرے ڈبّے کی طرف اشارہ کرکے) اے سومو اس میں کیا ہے؟
سومو	اس میں بھومی کے لیے ساڑی اور...
سب	(ایک ساتھ) اور...
سومو	اور ڈھیر سارا پیار...
شانتا	تو ارے... ادھر کیوں کھڑا ہے... جا دے اسے... (سومو اندر جاتا ہے، سب لوگ اندر جھانکتے ہیں)
پانڈے	کیا کر رہا ہے؟
شانتا	ڈبّہ کھول رہا ہے؟
پانڈے	ڈبّہ کھول رہا ہے؟
باندریا	کھول رہا ہے۔
من سکھ	ساڑی نکالا!
کاکی	بھومی کا کے آنگ پر سے؟؟
پاروتی	ارے نہیں ڈبّے میں سے...
منچھا	ڈبّے میں سے؟
سومو	بھومی... بھومی... (کہتے ہوئے اندر جاتا ہے)
کاکا	آواز دے رہا ہے؟
کاکی	مجھے؟ (کہہ کر اندر جانے لگتی ہے، کاکا اسے پکڑتا ہے)
کاکا	ارے تجھے نہیں اپنی بیوی کو۔
بڑیا	آواز دے رہا ہے۔

سومو	(پریشان سا سومو باہر آتا ہے) کاکی...کا کا...شانتا ماسی...

کاکی	کیا ہوا؟

سومو	بھومی تو گھر میں نہیں ہے۔

کاکا	تو کہیں گئی ہو گی۔

پاروتی	میں نے تو دو پہرے سے اسے نہیں دیکھا۔

سومو	ہے بھگوان! ایسی حالت میں وہ کہاں گئی ہو گی۔

پانڈے	اپنے کسی رشتے دار...

سومو	اس کا تو کوئی دوست یا رشتے دار بھی نہیں ہے۔

شانتا	اتنا ٹینشن کائے کو لیتا ہے...وہ کوئی بچی تھوڑے ہے، جیسی گئی ویسی آ جائے گی۔

سومو	بنا بولے تو وہ کہیں نہیں جاتی، کوئی آیا تھا اس سے ملنے؟

کاکو	نہیں...(تب ہی وہاں للت آتا ہے) اسے دیکھتے ہی سب ایک بیک چپ ہو جاتے ہیں۔ اور اجنبی نگاہوں سے للت کی طرف دیکھتے ہیں)

للت	میرا خیال ہے تم ہی سومیش ہو...؟

سومو	آں...ہاں...(دھیمے سے) معاف کرنا میں...میں میں نے آپ کو...

للت	مجھے تم سے ضروری بات کرنی ہے...تمہاری وائف کے بارے میں...(سب ایک دوسرے کی طرف دیکھتے ہیں) اکیلے میں...پلیز...

	(سومو پلٹ کر لوگوں کو دیکھتا ہے، سب وہاں سے نکل جاتے ہیں۔ للت، سومو کے ساتھ کمرے میں آتا ہے)

للت	(گھر کو دیکھ کر) تو یہ ہے وہ مکان جہاں ایک سال بھومی کا...

سومو	پہلے یہ بتاؤ...بھومی ہے کہاں؟ اس طرح بنا بولے وہ کیوں چلی گئی...اور تم کون ہو؟؟

للت	میں للت...للت جو نجا ہوں...تمہاری پتنی کا پہلا پتی...

سومو	(غصے سے گریبان پکڑ لیتا ہے) تم یہاں کیوں آئے ہو؟ میری بھومی کہاں ہے؟

للت	(خود کو چھڑاتا ہے) ڈونٹ وری ڈیر...وہ ٹھیک ہے۔ اس وقت میرے گھر میں ہے۔(سومو کچھ کہنا چاہتا ہے مگر اسے کچھ سجھائی نہیں دیتا ہے کہ کیا کہے) سچی بات

تو یہ ہے کہ سومو جسے تم اپنی بیوی ،مانتے ہو...وہ آج بھی میری قانونی بیوی ہے...legal wife... یہ رہا ہمارا میرج سرٹیفکیٹ...اور ابھی تک اسے میں divorce نہیں دیا ہے ۔خیر میں یہاں تم سے لڑنے یا جھگڑنے نہیں ۔تمہیں تھینکس کہنے آیا ہوں اور سوری بھی...(سومو سمجھ نہیں پاتا ہے) اور یہ ان دو لفظوں کی قیمت ہے ۔ یہ blank چیک ۔ (کہہ کر چیک سومو کی طرف بڑھاتا ہے)

سومو
مگر بھومی کہاں ہے؟ اور اس طرح کیوں چلی گئی؟؟ کیوں؟؟؟

للت
جس طرح وہ تمہاری زندگی میں اچانک آئی تھی اسی طرح ایک دن اچانک اسے چلے جانا تھا....یہی اس کی نیتی تھی سومو... شاید میری اور تمہاری بھی...

سومو
لیکن کس نے طے کی میری اور اس کی نیتی...

للت
جس نے میری تقدیر لکھی ،جس نے میرے سینے میں ایک باپ کا دھڑکتا دل تو دیا مگر...(رک کر) ہاں میں اور بھومیکا ایک دوسرے سے پیار کرتے تھے ،تھے نہیں ہیں ۔مگر اسے بچہ دینے میں میں اسمرتھ تھا ...incapbale کئی ڈاکٹروں سے کنسلٹ کیا، اپنا علاج بھی کروایا مگر جب کوئی راستہ نہیں دکھا تو (رک کر) تو ہم دونوں نے تمہیں استعمال کیا ۔ہم چاہتے تو orphange سے کسی بچّے کو adopt کر سکتے تھے یا ٹیسٹ ٹیوب بے بی کے ذریعے بچّہ حاصل کر سکتے تھے ،مگر مجھے پیار کے انش سے جنما بچّہ چاہیے تھا ۔سومو اپنے بچّے کی چاہت میں ہم نے ایسا کیا ...ہمیں ایسا کرنا پڑا...

سومو
کیا!!!(سومو بھونچکا سارہ جاتا ہے) کیا بھومی بھی تمہارے ساتھ...

للت
ہاں دوست ...بچّہ پانے کے لیے ہمیں یہ گھناونا کھیل کھیلنا پڑا...مگر اس کھیل کی پوری قیمت ادا کرنے کے لیے ہم لوگ تیار ہیں ۔جو رقم چاہو لکھ سکتے ہو اس بلینک چیک پر...(کہہ کر چیک بڑھاتا ہے) اور ہاں! بھومیکا کے بارے میں چنتا مت کرنا۔(جانے لگتا ہے ، پلٹ کر) یہ چھاتا بھومیکا اپنے ساتھ لے گئی تھی ۔ (چھاتا اسے لوٹا کر تیز قدموں سے باہر نکل جاتا ہے ۔سومو کچھ پل ایسے ہی سکتے کے عالم میں کچھ پل بعد چال کے لوگ آتے ہیں ۔)

کاکا
کون تھا بیٹے یہ...؟

دیپک	کیا کہہ رہا تھا...؟
پاروتی	کیا اپنی بھومیکا کا کوئی رشتے دار تھا...؟
کاکی	ارے بولتا کیوں نہیں...بھومیکا کے بارے میں کیا بولا...
شانتا	بھومیکا کہاں گئی؟ (وہ ویسے ہی دیکھتا ہے اور اچانک زور زور سے ہنسے لگتا ہے)
سومو	بھومیکا کہتی تھی...وہ لوگ تمہیں ٹشیو پیپر کی طرح استعمال کر رہے ہیں .. stop

getting use (اور پھر ان ہی باتوں کو زور زور سے بڑبڑانے لگتا ہے...۔
جیسے اس کا دماغ کا توازن بگڑ رہا ہو ـ کہتے کہتے اچانک خاموش ہو جاتا ہے اور
یہاں وہاں دیکھ کر) ہاں ہاں ہاں بھومی میں آ رہا ہوں ڈررر...(وہ اچھلتا کودتا ہوا
باہر نکل جاتا ہے...سب اسے دیکھتے رہتے ہیں دھیرے دھیرے اندھیرا)

سین نمبر آٹھ

(دھیرے دھیرے روشنی ہوتی ہے ـ من سکھ بھائی اور دیپک کھڑے ہیں اور
دوسری ونگ میں سومو ہاتھ میں پھٹی ہوئی چھتری لیے آتا ہے)

سومو	بات کی ایک بات ... بولتا تیرے کو...(اپنے خیالی بچّے کو) تیری ماں پتہ

ہے کیا کہتی تھی... they are using me like a tissue
paper ..stop getting use ہاہاہاہا...کیونکہ جو خود کو use کرنے
دیتا ہے اسے اس کی نیتی کچرا پیٹی میں لا کر ڈال دیتی ہے...ہاہاہاہا...(زور
زور سے ہنستا ہے اور پھر اچانک کسی کو دیکھ کر چُپ ہو جاتا ہے کچھ پل بعد بھومیکا منچ
پر آتی ہے)

بھومیکا	مجھے معاف کر دو...میں نے جو گناہ کیا ہے اس کی کوئی معافی نہیں...پرتم مجھے

معاف کر دو...سومو میں سب کو چھوڑ کر آ گئی ہوں ـ (کہنے کے بعد وہ پھوٹ
پھوٹ کر رو پڑتی ہے)

سومو	ش...ش...ش...دکھتا نہیں میرا بچّہ سو رہا ہے...چلاؤ مت...
بھومیکا	(اس کو اپنی بانہوں میں بھینچ لیتی ہے) I am sorry I am sorry

(الگ الگ ونگ سے چال کے لوگ نمودار ہوتے ہیں ـ سب اس کی طرف
دیکھتے ہیں...میوزک اندھیرا...پردہ گرتا ہے) ❖❖

ملتے ہیں بریک کے بعد

کردار:

رام چندر : ۴۵، ۴۱ سالہ پولیس کانسٹیبل

رگھو : رام چندر کا سات آٹھ سالہ بچہ

کُسم : رام چندر کی بیوی

بھارگو : ٹی وی چینل کا سی ای او

آہوجہ : :

سنگھ : :

آکاش : :

کنگنا : :

کبیر : مختلف عہدوں پر چینل میں کام کرنے والے ملازم
اور اس کے علاوہ دیگر افراد و کورس

ملتے ہیں بریک کے بعد پہلی مرتبہ مراٹھی میں truth and
dare کے نام سے آئی ٹی این ٹی ڈراما مقابلوں میں پریہ پرلھاد
کڑوتکر کی ہدایت میں 2015ء میں ایم ڈی کالج ،پریل
،ممبئی کے طلباء و طالبات نے پیش کیا۔

(منچ اندھیرے میں ڈوبا ہوا ہے دھیرے دھیرے روشنی ہوتی ہے۔ سینٹر اسٹیج پر رکھے ٹیبل پر آف وہائٹ اور بادامی رنگ کے کپڑے کی کترنوں سے بنی چادر یا چنری میں کوئی چیز ڈھکی ہوئی ہے۔ سات آٹھ سالہ رگھو جو اسکول کے یونیفارم میں ہے، اسکولی بیگ لٹکائے گیند کو زمین پر پٹختے ڈاؤن اسٹیج پر آتا ہے اور ناظرین سے مخاطب ہوتے ہوئے)

رگھو   نمسکار...! آداب (چادر کی طرف اشارہ کرتے ہوئے) مجھے نہیں معلوم...لیکن ہال میں بیٹھے ہوئے درشکوں میں یا پھر بیک اسٹیج میں کھڑے، بیٹھے یا لیٹے ہوئے رنگ کرمیوں میں شاید کوئی جانتا ہو کہ کاٹن، جیوٹ، سلک، ریمی اور کارٹیڈڈ کے تانوں اور بانوں سے بنے width 0.33 کے اور 3/5 کے آف وہائٹ اور بادامی اس چنری کے پیچھے کیا ہے؟ (اس دوران لوگ ونگ سے نکل کر مسکراتے ہوئے ایک قطار میں کھڑے ہونے لگتے ہیں، انھیں دیکھ کر) میں جانتا ہوں چنری کے پیچھے کیا ہے...؟ سنتے ہی آپ لوگوں کے thought bubles میں مادھوری ناچ رہی ہوگی۔

دس   (قطار سے نکل کر) مادھوری نہیں بیٹے...مادھوری کی چولی (سب ہنستے ہیں)

رگھو   خیر...چولی کو چھوڑو اور یہ بتاؤ اس کے پیچھے ہے کیا...؟ (سب ایک دوسرے کی طرف سوالیہ نظروں سے دیکھتے ہیں) ہو سکتا ہے اس کے پیچھے ہندوستان کا سمودھان ہو...

ایک   نہیں...نہیں اس میں ہے زنجیروں سے سجی میری بیوی کی مسکان، میرے آفس

کے مین ڈور کا پائیدان...اور....اور...

دو — کیا بات کرتے ہو،اس کے پیچھے امبیڈ کر کے لکھے ہوئے وہ شبد ہیں جو ناند گاؤں کے اسکول کے باہر کھڑے رہ کر پہلی بار لکھے تھے انہوں نے اپنی سلیٹ پر...

تین — نہیں اس کے پیچھے ہے وہ سم کارڈ ہے جو داؤد ابراہیم کو فون کرنے کے لیے استعمال کیا تھا ٹائیگر میمن نے...بم بلاسٹ سے پہلے...

چار — منہ آیا بول دیا گاؤنڈ میں آیا ہگ دیا...وہ ٹائم موبائل فون کدھر تھا بے...میرے خیال میں نام دیو ڈھسال کی کویتاؤں میں شور مچانے والی گالیاں ہیں اس میں...

چھ — گالیاں نہیں گولیاں ہیں!اس میں ہیں بندوق کی وہ ساری گولیاں جس سے مرنے والے ہیں آنے والے سمے کے ڈھابول کر۔

سات — وہاٹ ربش...اس کے پیچھے ہے وائر پولیشن سے مرنے والی مچھلیاں۔

ایک — اپولو بندر پر شبانہ اعظمی کے ہاتھوں سے جلائی گئی موم بتیاں...

آٹھ — نہیں بے...اس میں ہے کسان منتری شرد پوار کے لان میں اڑنے والی تتلیاں...

سب — او...آ...آ...او...او...او...(قطار توڑ کر گاتے ہیں اور آلاپ کے فوراً بعد قطار میں آ جاتے ہیں سوائے نمبر دس کے)

دس — اس میں ہے آتم ہتیا کرنے والے کسانوں کی استھیاں...(دوبارہ قطار میں آ کر کھڑا ہو جاتا ہے)

پانچ — نہیں جناب اس میں ہے بارود کے رنگ کی چڑیا اور نریندر مودی کا نو لاکھ تیس ہزار کا کرتا...

نو — نو...نو...نو...اس میں ہیں ماں سرسوتی کے وستر...جنہیں اتارا تھا ایم ایف حسین نے اپنی پینٹنگ میں...

دس — اس کے پیچھے ہے۔کیسٹرول فری چپس کا پاکٹ۔

گیارہ — نہیں...اس میں ہے کرے کا بلیٹ پروف جیکٹ...

دو — اس میں ہے وہ ترنگا جسے وہ پکڑا تھا نا تھا رام گوڈسے نے پھانسی کے وقت اپنے ہاتھوں میں مضبوطی سے...

چار   نہیں... اس کے پیچھے کھڑا ہے اداس، تنہا اور نہتا پندرہ اگست سن انیس سو
          سینتالیس...

ایک   نہیں...نہیں...اس میں ہے ...

          (سب ایک ساتھ بولنے لگتے ہیں ...شور....ہنگامہ، رگھو اپنے بیگ میں کچھ رکھتا
          ہے... شور و غل جاری ہے...اندھیرا)

          (ڈاؤن اسٹیج پر ایک اسٹول ہے، جس پر رام چندر ہاتھوں میں جوتے لیے پالش
          کر رہا ہے، پھر کچھ ڈھونڈنے لگتا ہے)

رام چندر کُسم...کُسم... ٹوپی کدھر ہے؟

کُسم   (آتے ہوئے) ٹوپی گئی چولہے میں ...ٹوپی کیا نصیب ہی چولہے میں گرا ہے
          میرا...خاکی چڈی دیکھ کر گھر والوں نے شادی کرائی تھی کہ بیٹی راج کرے گی...
          (اس دوران رام چندر اپنی ٹوپی ڈھونڈ رہا ہے)

رام چندر مجھے لگتا ہے یہ تیرے لاڈکے نے ہی رکھ دی ہوئے گی کدھر ۔سمجھا اسے ....بہت
          سر چڑھ گیا ہے وہ ...ابھی کنٹرول نہیں کیا تو...بعد میں اپنے کو ہی بھاری گرے گا
          (کُسم کو اداس دیکھ کر اس کے قریب آتا ہے) پر تو دل چھوٹا مت کر یہ رگھو ہی
          اپنا سب ٹھیک کرے گا...ایک بار بڑا ہو جان دے ...دیکھنا وہ اِتّا بڑا ہوئے گا کہ
          اس کو دیکھنے کے لیے اپنے کو سر اِتّا اونچا... اِتّا اونچا کرنا پڑے گا کہ سر کی ٹوپی بھی
          نیچے گر جائے گی...

کُسم   ٹوپی تبھی گرے گی جبھی سر پہ ہوئے گی...(ٹوپی اٹھا کر سر پر رکھتی ہے۔)

رام چندر ہاں یہ تو ہے (کُسم کے ہونٹوں پر ایک اُداس مسکان رینگ جاتی ہے)

کُسم   کام پر نہیں جانا ہے کیا...میں ٹفن لاتی ہوں ...
          (کہہ کر اندر جاتی ہے تب ہی رگھو آتا ہے، وہ رام چندر سے بچ کر نکلنا چاہتا ہے۔ رام
          چندر اس کا بیگ پیچھے سے پکڑ کر کھینچتا ہے)

رام چندر اوئے ہیرو...ہیرالال ...

رگھو   بول پنالال ...

رام چندر باپ کو پنالال بولتا ہے...بابا بولنے میں شرم لگتی ہے...

رگھو   لگتی ہے نا! (جانے لگتا ہے اس کے بیگ کو دیکھ کر)

رام چندر   رک گیا! اس میں کیا ہے؟

رگھو   جیکٹ...

رام چندر   جیکٹ...؟؟ (ایک دم چونک جاتا ہے) کس کا...؟؟

رگھو   شاہ رخ خان کا... (رام چندر کچھ کہنے جاتا ہے اس کی بات کاٹ کر) کسی کا بھی
              ہوئے تیرے کو کاسئے کی پنچایت... یہ پولس گیری ادھر نہیں چلے گی۔

رام چندر   یہ پولس گیری نہیں باپ گیری ہے...اور...

رگھو   (تب ہی کسم آتی ہے رگھو چٹکی بجا کر اشارہ کرتا ہے) ادھر...

کسم   بیٹے کے ساتھ تمہاری اتنا کشتری ابھی تک چلو ہے...

رام چندر   نہیں وہ میں... (رگھو پیچھے سے نکل جاتا ہے) دیکھا بھاگ گیا نا...

کسم   اس کے بارے میں مت سوچا کرو...سنو کھانے کے بعد یہ گولی ضرور لینا...

رام چندر   اچھا (رام چندر جانے کے لیے مڑتا ہے اور کسم بھی تیزی سے نکل جاتی ہے...رام
              چندر پلٹ کر دیکھتا ہے کچھ پل بعد ہاتھوں میں کھلونے والی مشین گن لیے رگھو آتا
              ہے اس نے وہی جیکٹ پہن رکھا ہے۔ آواز نکال کر گولیاں چلانے لگتا ہے۔ رام
              چندر مسکرا کر اسے دیکھتا ہے... اندھیرا اور اسٹیج کے دوسری طرف روشنی۔ ایک
              عورت زمین پر پھر کا مار رہی ہے۔ کبیر اور اشوک سنگھ آتے ہیں۔)

سنگھ   کبیر تم یہاں نئے ہو اس لیے بتا رہا ہوں...چینل امیدوں کی نگری ہے...
              امیدوں کی...جسے کہتے ہیں اس نگری ...and dont forget ass

              have no eyes but the hole..

کبیر   لیکن سنگھ سر...

سنگھ   (بات کاٹ کر) ہمارے فیلڈ میں کبیر یقین ہوتا ہے...لیکن نہیں...(اچانک
              جھاڑو و مارنے والی عورت کو دیکھ کر) شنگو بائی جلدی جلدی ہاتھ چلاؤ... بورڈ
              میٹنگ ہے ادھر...(پھر پلٹ کر کبیر سے) ہاں کیا کہہ رہے تھے تم...؟

کبیر   میں نہیں سر آپ ہی کہہ رہے تھے...

سنگھ   ہاں! مسز آہوجہ سے دور رہنا...بچہ پکڑنے والی گاڑی ہے وہ...نئے، ینگ اور

ٹیلنٹڈ چھوکروں کو دیکھتے ہی کہتی ہے...

آہوجہ: (ونگ میں کسی کو دیکھ کر)I will take you home(اور پھر ہنس کر) کیا سنگھ صاحب میرے بارے میں کیا پٹی پڑھا رہے ہو اس معصوم کلی کو...(اس سے پہلے کہ سنگھ کچھ کہے) مسٹر کبیر میں نے تمہارا concept نوٹ پڑھا...بہت اچھا تھا...لیکن اس میں ایک جو بات (کہہ کر اسے ایک طرف لے جاتی ہے...وہ تھوڑا ہچکچاتا ہے) ادھر آؤ تم کو کھا نہیں جاؤں گی...بہت اچھی ران بریانی بناتی ہوں میں۔اور میرے ہاتھ کی بریانی تو شدھ شاکاہاری بھی کھاتے ہیں...(سنگھ اس کو دیکھ کر مسکراتا ہے تب ہی پیچھے سے شگو بائی آتی ہے)

شگو بائی: صاب...صاب...میرے بیٹے کے لیے کچھ کرو...بس اب آپ کا ہی سہارا ہے...ایکسڈینٹ میں میرا گھر والا امرا نہیں ہوتا تو...میں وہ دھوا نہیں ہوتی اور نہ ایسے آپ کے پاؤں پکڑتی...میرے بیٹے کو نوکری دلا دو صاب...تین بچے ہیں...میں بڈھی کب تک ان کا پیٹ بھروں گی...

سنگھ: ٹھیک ہے...ابھی میٹنگ ہونے والی ہے بعد میں دیکھتے ہیں...ابھی تم جاؤ... CEO سر آنے والے ہیں...(پلٹ کر) اور ہاں خود کو بڈھی نہ کہا کرو...مجھ سے عمر میں چھوٹی ہو تم...

(تب ہی کچھ لوگ آتے ہیں۔ایک قطار میں بیٹھ جاتے ہیں بھارگو سر آتے ہیں)

بھارگو: یہ بتانے کی ضرورت نہیں کہ میں نے یہ میٹنگ کیوں کال کی...TRP ہر چینل کے وہیل ہوتے ہیں لیکن ہم اور ہمارا چینل بنا وہیل کے چل رہا ہے۔ہمارے چینل کی TRP horriblly hopeless ہے...پرابلم یہ نہیں کہ ہم اپنے آڈینس سے دور ہوتے جا رہے ہیں، پرابلم یہ ہے کہ ہمارا آڈینس ہم سے دور ہو رہا ہے۔ایک پروگرام ایسا نہیں ہے جو آڈینس کو سات منٹ سترہ سیکنڈ تک ہولڈ کر سکے...مجھے TRP کے ریکارڈ توڑنے والا پروگرام دو...کم آن شوٹ...

ایک: سر اگر ہم دنیا کے بڑے بڑے کرمنل کی لائف کو سیریلائز کریں تو...کرائم پٹرول کے جائز میں۔سر میں کہتا ہوں اس میں پورا مسالہ ملے گا ہمیں...ایکشن تھرل اور ڈراما...

دو: what a ideaسرجی...

بھارگو: اوئے ابھیشیک بچن...اپنی ایشوریہ رائے اپنے پاس رکھ...

تین: سر سو نمبر tested پروپوزل ہے، راکھی ساونت اور راہل مہاجن کے بعد... اگر ہم سنی لیونی کا سو نمبر...

بھارگو: (نفی میں گردن ہلاتے ہوئے) بگ بجٹ we cant afford it...نہیں سر اتنا نہیں ہوگا...بگ باس میں اس نے جو کانٹریکٹ کیا تھا...

سنگھ: اس کے کا سٹیویم کے بل بھرتے بھرتے ہمارے کپڑے اتر جائیں گے مسٹر سنگھ!

تین: پر سر وہ پہنتی ہی کیا اور کتنا ہے؟

بھارگو: تب ہی تو...نیکسٹ

چار: سر ہم لوگ hidden کیمرہ سے بریکنگ نیوز کو ٹیلی کاسٹ کریں، جیسے کسی ریپ کا لائیو ٹیلی کاسٹ کسی کسان کی آتم ہتیا کا لائیو پرفارمینس...جیسے...

بھارگو: آکاش اپنے کیمرے سے مجھے شوٹ کرو...میں ابھی اسے اپنی ریوالور سے اسے شوٹ کرنے والا ہوں ۔نیکسٹ...

چار: سوری سر...

بھارگو: ایسی stupid اسٹوری کے بدلے کچھ magic brenzi لاؤ...!

کبیر: سر ایک آئیڈیا ہے جو نیا نہیں ہے اور سریس بھی ہے، میرا خیال ہے اگر ہمارا چینل اسے ایک ایسے پوائنٹ آف ویو...

بھارگو: چینل کا ایک ہی پوائنٹ آف ویو ہوتا ہے، وہ ہے TRP اور TRP کا کوئی پوائنٹ آف ویو نہیں ہوتا...کمپنی کے شیئر ہولڈرس میرے سر پر آ کر بیٹھ گئے ہیں...تم آئیڈیا دو...

کبیر: 26/11 (سب ایک ساتھ سر پر ہاتھ رکھتے ہیں)

بھارگو: (چونک کر) hang on کیا...کیا کہا come again...

کبیر: یس سر... 26 سلیکش 11 ہر سال نومبر کی چھبیس تاریخ کو بھی ممبئی حملہ میں مرنے والے کو شردھا نجلی دیتے ہیں لیکن ہم شردھا نجلی نہیں دیں گے ۔ ہم اس سال اس ٹریجیڈی کے ذریعے دیش بھگتی کی بھاؤنا کو جگائیں گے...

بھارگو: یس! دیش بھگتی اور ٹریجیڈی ہمیشہ ورک کرتی ہے (سب بھارگو کی ہاں میں ہاں ملاتے ہیں۔ بھارگو کبیر کو بدھائی دیتا ہے اور پھر پلٹ کر مسز آہوجہ سے) مجھے پوسٹ لنچ اس پروجیکٹ کا بلیو پرنٹ چاہئے۔ (نکل جاتا ہے)

آہوجہ: What a intellegent boy بہت خوب I will really take you home

کبیر: لیکن میڈم! اس سے پہلے کیا میں ایک فون کروں انسپکٹر شرما کو....

آہوجہ: کیوں ہمیں کسی کا مرڈر تھوڑے ہی کرنا ہے....

(سب ہنستے ہیں کبیر وہاں سے نکلتا ہے اندھیرا اور دوسرے ہی لمحے روشنی، کسی پولس اسٹیشن کے احاطے کا منظر دو تین بار پولس مین آ جا رہے ہیں۔ رام چندر آتا ہے اپنا فون کھولنے لگتا ہے تب پیچھے سے رکھو ہاتھ میں AK-47 لیے منہ پر اجمل قصاب کا ماسک چڑھائے اندر داخل ہوتا ہے)

رکھو: اوئے شیطان کی اولاد...کیا کرتا ہے تم...؟ (رام چندر پلٹ کر دیکھنے کی کوشش کرتا ہے) اگر ہلنے کی کوشش کی تو ابھی کہ ابھی سترہ اگست کا چھبیس گیارہ کر دے گا۔ (رام چندر پلٹ رکھو کو دیکھتا ہے اور حیرت سے پوچھتا ہے)

رام چندر: کون ہو تم؟

رکھو: کیا تم ام کو نہیں پہچانتا...ہم امر سنگھ چودھری ہے

رام چندر: معاف کرنا ہم جیا پر دا نہیں ہے۔ آگے جاؤ....

رکھو: (نقاب اتار کر) کیا پتہ لال تیرا جی کے بہت weak ہے۔ سالا اتنی محنت سے اجمل قصاب کا فیس تیار کیا کہ کھانے کے ٹائم پہ جا کے تیرے کو ڈراؤں گا۔ مگر....

رام چندر: کھانے کے ٹائم پہ کسی کو ڈرانے کا ہوئے گا تو اجمل قصاب کا نہیں امبانی کا ماسک چڑھا کے جانے کا...اچھا یہ بول تیرے کو وہ جیکٹ...

رکھو: لگتا تیرے کو کوئی آواز دے رہا ہے۔ (رام چندر ادھر دیکھتا ہے اور رکھو نکل جاتا ہے۔)

انسپکٹر: انسپکٹر شرما کبیر کے ساتھ آتے ہوئے) دیکھا...انسپکٹر کپل شرما کبھی جھوٹ نہیں بولتا...کہا تھانا...یہ یہیں ملے گا۔ رام چندر یہ کبیر ہے اور یہ...(رام چندر غور سے

کبیر کو دیکھتا ہے اور بیگ میں ڈھونڈنے لگتا ہے) کیا ہوا؟

رام چندر   oberoi ہوٹل میں فہد اللہ کی گولی سے مرنے والا ایک اسپینش بالکل اس کی طرح دکھتا تھا۔

انسپکٹر   کہا تھا نا...تمہارے کام کا آدمی ہے، ممبئی حملے کا چلتا پھرتا انسائیکلو پیڈیا...رام چندر یہ ایم آئی ایم چینل میں کام کرتا ہے...اور یہ رام چندر بہت ہی ایماندار اور جانباز پولیس مین...ممبئی حملے کے ٹائم پر یہ چھٹی پہ تھا نہیں تو...(اس کے سیل کی گھنٹی بجتی ہے) ہیلو...ہیلو...(کبیر سے) تم بات کرو.... (نکل جاتا ہے)

کبیر   آپ کی طبعیت...؟؟

رام چندر   میں ٹھیک ہوں...کہو کیا کام تھا آپ کو؟

کبیر   مسٹر میرے پاس کچھ سوال ہیں...2008ء کے ممبئی حملہ پر ہمارا چینل...

رام چندر   (بات کاٹ کر) رہ گیا مجھے ابھی اس جیکٹ کے بارے میں بتا رہا تھا جو...

کبیر   (ایک دم چونک کر) رہ گیا...؟ کون رہ گیا...؟؟ کون سا جیکٹ؟؟؟

رام چندر   میرا بیٹا رگھو...رگھو....(ٹرانس میں جاتے ہوئے) تم نہیں جانتے رگھو کی نسوں میں لوہا بھرا ہے پر وہ پلپلے لوگوں میں گھرا ہے۔(یہاں وہاں دیکھ کر) کہاں چلا گیا...رگھو...(ونگ میں جاتا ہے اور کبیر بھی "ارے سنیے...سنیے ایک منٹ...رکیے..." کہتا ہوا اس کے پیچھے لپکتا ہے...سوچ اور...چینل کا آفس...سبھی لوگ ایک قطار میں اسٹول پر آ کر کھڑے ہو کر فون کرنے لگتے ہیں)

ایک   ہیلو...ہیلو...

دو   ہیلو میں سمرن بول رہی ہوں

تین   ایم آئی ایم چینل کی ای پی

چار   نہیں نہیں...یو پی سے نہیں ہوں...ای پی...ایگزیکٹیو پروڈیوسر

پانچ   ہم لوگ اگلے مہینے 26/11 کی ساتویں anniversary منا رہے ہیں...

نو   یس سر ہمارا چینل 26/11 میں شہید ہوئے ہیں ان کو tribute دینے کی سوچ رہا ہے۔جیسے کہ شہید ہیمنت کر کرے...

سات   کیا بھگت سنگھ بھی شہید ہوئے تھے؟ اچھا نہیں let me check سر بھگت سنگھ

کے نام کا تو کوئی بھی 26/11 میں شہید نہیں ہوا۔ پھر بھی میں اپنے اے ڈی سے کنفرم کرلوں گی اگر شہید ہوا ہے تو اس event میں بھگت سنگھ کی فیملی کو بھی ضرور invite کریں گے ۔ (روشنی مدھم ہوتے ہی سب مائم کرتے ہیں ۔ دوسری طرف اسپاٹ روشن ہوتا ہے جہاں رام اور کبیر ہیں)

کبیر   ہیمنت کرکرے کی موت کا سمبندھ کیا مالیگاؤں بم بلاسٹ سے اتنا ہی سیدھا ہے جتنا انتولے نے کہا تھا۔

رام چندر   انتولے کا بیان پالیٹیکل اسٹنٹ تھا... مسلمانی پالیٹیکل اسٹنٹ تھا لیکن خالی پالیٹیکل اسٹنٹ ہے ایسا کہہ کر اس کو ٹالنے کی کوشش بھی ایک اسٹنٹ ہے ۔ ایک سرکاری پالیٹیکل اسٹنٹ ۔ یہ سچ ہے کہ کرکرے کی موت سے پہلے رائٹ ونگ کے لوگ جس طرح اسے نشانہ بنا رہے تھے ۔ اس سے وہ پریشان تھا۔ اسے دھمکیاں بھی مل رہی تھیں ۔ 19 نومبر کو یعنی 26/11 کے ایک ہفتہ پہلے اس نے اپنے گھر کی دیوار اونچی اٹھائی تھی ۔ ایک کتا بھی لایا تھا اس نے اپنے گھر میں... کرکرے ڈرنے والا آدمی نہیں تھا لیکن اپنے پریوار کی سیکیوریٹی کے لیے وہ پریشان ضرور تھا۔ (اخبار بڑھا کر) یہ دیکھو 14 اکتوبر 2010 کا انڈین ایکپریس ...

سات   میڈم اس ایکسڈینٹ میں جو لوگ شہید ہوئے ہیں ہم ان کو شردھانجلی دینا چاہتے ہیں...

سات   یس سر ہم چاہتے ہیں کہ event پر آ کر 26/11 اس دن کی کنڈلی کا والیشیشن کریں اور درشکوں کو بتائیں کہ دیش کی سرکشا، سمردھی، شانتی، یش، ایشوریہ اور ویبھو کے لیے ستاروں کی دشا کے حساب سے ہمیں کیا کرنا چاہیئے...

چار   CEO کی طرف سے بول رہی ہوں سر... ممبئی حملے کے سمے ساتھ ممبئی کے ایس پی تھے... آپ کا آنا تو بنتا ہے سر...

پانچ   یس میم وہ گانا آپ ہی گائیں گی... آپ کی آواز اتنی مدھر ہے، لگتا ہے آپ کوئل کا آملیٹ کھا کر گاتی ہیں...

رام چندر   بتاؤ... بتاؤ... ATS چیف کا کیوں اور کیسے قتل ہوا؟ ان کو اس جگہ بھیجنے کے لیے کس نے کہا تھا؟ یہ آرٹیکل دیکھو Who pull the triger on

اس میں بہت سے سوال ہیں ... یہ دیکھو ہیمنت Hemant Karkare
کرکرے کی پوسٹ مارٹم رپورٹ ...جس سے پتہ چلتا ہے کہ کسی ایسے شخص نے
کندھے کی طرف گولی ماری تھی جو گاڑی میں موجود تھا۔سوال یہ کہ ہماری فورس
پولس افسر کو بچانے میں ناکام کیوں ہوئی؟ ان کو قتل کرنے والے لشکر طیبہ کے لوگ
یا جماعت دعویٰ کے؟ دکن جہاد کہاں ہے؟ ممبئی اٹیک کے بارے میں انٹلی
جینس رپورٹ وقت پر کیوں نہیں ایشیو کی گئی؟؟؟ یہ ایسے سوال ہیں جن کے
جواب ہمیں ابھی تک ملے نہیں ہیں ۔اور کبیر یہ ہمیں ڈھونڈنے ہیں ...
(چینل کے آفس کے حصے میں روشنی)

دس	You will get space to promote your film

میم آپ جیسی سپر ماڈل آئٹم سانگ پیش کریں گی تو ہمارا event تو ...   **دو**

میں ایم آئی ایم چینل سے بول رہی ہوں آپ نے جو کتاب ممبئی اٹیک پر لکھی ہے، ہم   **پانچ**
چاہتے ہیں کہ اس پر ایک ...

کیا بات کرتے ہیں سر؟ نانا پاٹیکر جیسے ایکٹر کو لے کر اس event پر آپ نے فلم   **و**
بنائی ...یس سر دیکھی ہے میں نے ...روز دیکھتا ہوں سر ...

میں کہہ رہا ہوں نا Its a profitable proposition بعد میں بہت   **دو**
دیری ہو جائے گی ...نو رتن تیل، امبوجہ سمینٹ ،وڈافون اور ...جھنڈو بام ... یہ
سب پہلے ہی سے ہمارے اسپانسر بورڈ پر ہیں ...

بس پروگرام چلاؤ کہ انا ہزارے آجائیں event پر ...کم سے کم بابا رام دیو ...   **آٹھ**

یہ دیکھو سترّ سوالوں کی لسٹ بنائی ہے میں نے ... یہ ... یہ ناندیڑ دھماکے کے   **رام چندر**
آر پی کے نارکوٹست اور برین میپنگ کی رپورٹ ... یہ لو ...اسے پڑھو مادیو والا
کی فارینسک سائنس لیباریٹری کا خلاصہ ....یہ مسز کرکرے کا بیان کہ اپنے پتی کے
مرنے کے بعد ان کی لاش کے ساتھ کیسے اکیلی تھیں وہ ...کوئی بھی سینیر پولس
افسر نہیں تھا وہاں ... ان کی بلیٹ پروف جیکٹ کہاں گیا ... وہ پوچھتی رہ گئیں
مگر ...(چینل آفس میں فون پر ایک ساتھ بولتے ہیں، پھر خاموشی)

تھینک یو ...تھینک یو رام چندر ...ان ساری انفارمیشن کے لیے ...مگر وہ ...وہ مسز   **کبیر**

کرکرے جس جیکٹ کے بارے میں...

رام چندر: ابھی ملا نہیں ہے مجھے لیکن...رگھو جانتا ہے، پر بتاتا نہیں ہے سالا...

کبیر: تو مجھے لے چلو اس کے پاس...

رام چندر: نہیں نہیں گڑبڑ ہو جائے گی۔ پر تم گھبراؤ نہیں میں نکلوں گا اس کے پاس سے، وہ جیکٹ...(بڑبڑاتے ہوئے ایک طرف نکل جاتا ہے کبیر اسے روکتا ہے مگر وہ سنتا نہیں۔ کبیر کچھ پل کھڑا رہتا ہے اور پھر فون کرتا ہے)

کبیر: ہیلو سر...بہت سی انفارمیشن ملی ہے...ہاں سر ڈاٹا جمع کر رہا ہوں...
(اندھیرا...اور پھر روشنی رام چندر رگھو کے بیگ کی تلاشی لے رہا ہے...تب ہی رگھو کمرے میں آتا ہے، رام چندر نے اسے دیکھا نہیں ہے)

رگھو: کیا بنا لال...پولس کے آدمی ہو کر چوری...چھی...چھی...چھی...چھی...

رام چندر: (گھبرا کر) ن...ن...نہیں تو...

رگھو: پولس کے آدمی ہو کر چوری؟ یا چوری اس لیے کر رہے کہ پولس کے آدمی ہو...؟

رام چندر: نہیں میں تو دیکھ رہا تھا کہ تو نے اسکول کا ہوم ورک کیا ہے کہ نہیں...

رگھو: (پیچھے سے جیکٹ نکال کر) یہی ہے کیا وہ ہوم ورک...جو تو دیکھنا چاہتا تھا

رام چندر: یہ کہاں ملا تجھے؟ (رگھو خاموش) میں پوچھ رہا ہوں کہاں ملا یہ؟؟

رگھو: چرنی روڈ اسٹیشن ہے نا...اس کے ایسٹ میں پیٹرول پمپ ہے چرچ گیٹ اینڈ پر...اس کے سامنے والی گلی میں ایک ساؤتھ انڈین ہوٹل ہے بس اس کے سامنے ایک بڑی سی دوکان ہے، وہاں سے...

رام چندر: کون سی دوکان؟

رگھو: مگن لال ڈریس والا...

رام چندر: (غصے سے) مذاق کی بات نہیں ہے...

رگھو: مذاق کی ہی بات ہے...بلیٹ پروف جیکٹ اور اس پر اتنا بڑا چھید...یعنی انڈین ایڈمنسٹریشن کا بھید...ہمیں ہے بہت ہی کھید...(داد وصول کرنے والے انداز میں) واہ...واہ...واہ...

رام چندر: اوئے جاوید اختر، معلوم بھی ہے...یہ کس کا ہے؟ مطلب کس کا ہو سکتا ہے؟

رگھو
(لاپرواہی سے) کوئی بول رہا تھا کہ ہیمنت کر کرے کاہے۔

رام چندر
ہیمنت کرکرے... ابے تیرے کو پتہ ہے کہ وہ کون ہے... بولے تو کون تھے؟ کچھ جانتا بھی ان کے بارے میں...؟

رگھو
ATS کے چیف... 21/ دسمبر 1954ء کی پیدائش اور 26 / نومبر 2011 کو اشوک کامٹے اور سالسکر کے ساتھ مارے گئے۔ مرنے کے بعد 26 /جنوری 2009ء کو انہیں اشوک چکر دیا گیا۔ مہاراشٹرین فیملی سے آئے اس آفیسر نے ناگپور یونیورسٹی سے انجنیئرنگ کی ، کچھ دن ہندوستان لیور میں جاب کی اور 1982 کے IPS بیچ سے پولس سروس میں آئے۔ کچھ سال آسٹریلیا میں...

رام چندر
بابا رے بابا... تجھے کتنا معلوم ہے کرکرے کے بارے میں...

رگھو
گھنٹا معلوم ہے؟ یہ ساری انفارمیشن تو وکی پیڈیا پر ہے۔ گوگل سرچ انجن پر ٹائپ کر کے ہٹ مارو سب مل جائے گا۔

رام چندر
اچھا؟

رگھو
(اترا کر) پنا لال تیرے رگیا کے پاس تو وہ انفارمیشن بھی ہے جو نہ وکی پیڈیا پر ہے نہ وکی لنک پر...

رام چندر
کیا؟؟

رگھو
یس باس! وہ انفارمیشن جو نہ تیرے پولس ڈپارٹمنٹ کے پاس ہے... نہ سی آئی ڈی کے پاس، نہ را کے پاس، نہ آئی بی کے پاس... بول منگتا کیا؟؟

رام چندر
(حیرت سے) ہاں پر یہ بول کہاں سے ملی تجھے انفارمیشن...

رگھو
آئی ایس آئی سے ڈائریکٹ...from the horses mouth حافظ سعید بولے تو اپنا منہ بولا ماموں ہے اور ہیڈلی بولے تو اپنا کان سنا چاچا (رام سوالیہ نظروں سے دیکھتا ہے) کہیں سے بھی ملی، تجھے اس سے کیا...

رگھو
(اس کے ہاتھ سے جیکٹ لے کر چھید میں دیکھتا ہے) یہ دیکھ اس چھید میں سے سب دکھتا ہے...لائیو ٹیلی کاسٹ...ارے دیکھ تو...(رام چندر ہچکچاتا ہے) شرما کیوں رہا ہے، سنی لیونی کی پکچر تھوڑے ہی دکھار ہا ہوں...

(رام چندر چھید میں دیکھتا ہے، اندھیرا... بہت سی گولیوں کے لوگوں کے چیخنے اور

چلانے کی آواز یں اور پھر رونے کی آوازیں، دھیرے دھیرے یہ آواز مکھی کی
بھنبھناہٹ تبدیل ہو جاتی ہے اور روشنی ہونے پر بھارگو اپنے کیبن میں مکھی کو
بھگانے کی کوشش کرتا دکھائی دیتا ہے تب ہی سنگھ آتا ہے)

کیا ہوا سر؟ سنگھ

سالی یہ مکھی کیسے گھس گئی میرے کیبن میں ۔ بھارگو

جیسے اجمل قصاب گھس گیا تھا اپنی ممبئی میں ۔ سنگھ

(غصے سے) رام جیٹھ ملانی Dont behave like ... you are not بھارگو

a arm chair comedian

سوری... سنگھ

event کا اسٹرکچر تیار ہو گیا...(سنگھ ہاں میں گردن ہلاتا ہے اور اپنی ٹیم کو بھارگو
اشارے سے بلاتا ہے ۔ آہوجہ اور آکاش، کنگنا اور اس کے اسٹنٹ آتے ہیں)

(بلیو پرنٹ بڑھاتے ہوئے) سر جیسا یہ کاغذ پر ہے اگر ہم ویسا ہی اسکرین پر دکھا آہوجہ
سکے تو let me tell you اس سال کا 26/11 کا دن ہمارا اور ہمارے چینل
کا ہو گا ۔ (بھارگو دیکھ کر متاثر ہوتا ہے) یس سر جس طرح اجمل قصاب اینڈ کمپنی نے
اکیاون گھنٹے تک پورے ممبئی کو ہائی اسٹیج بنا کر رکھا تھا ہمارا چینل بھی پورے دیش کی
آڈینس کو ہائی اسٹیج بنا کر رکھ سکتا ہے کم سے کم اکیاون منٹ تک ...بٹ...

I dont want any if and but jn this event بھارگو

سر ... یہ پولس مین فیملی کا پول ہے، یہ یہاں این ایس جی کے کمانڈوز، ریلوے آہوجہ
پولس، فائر بریگیڈ اور ہوم گارڈ کی فیملی والے ہوں گے ۔

یہ بولو celeberaties کا کیا سین ہے؟ کون کون آرہا ہے ...؟ بھارگو

celebrities کی تو برسات ہو گی ہمارے سیٹ پر .... یہ دیکھئے یہ ناموں کی سنگھ
لسٹ ہے اور یہ ان کے کنفرمیشن لیٹر

گریٹ ! اب سیٹ ... بھارگو

یہ سیٹ کا رف ڈیزائین ہے سر ... آہوجہ

(دیکھ کر ایکدم خوش ہو جاتا ہے) واؤ ... فینٹاسٹ گوس ... بھارگو

سنگھ	دو فلور کا سیٹ ہوگا۔
بھارگو	نہیں! let me know the choreography
آکاش	(ٹیب بڑھا کر) میں نے پورے event کا اسٹوری بورڈ تیار کیا ہے۔
سنگھ	ہم فریم اوپن کرتے ہیں مسٹر سالسکر کی تصویر سے...کیمرہ پُل بیک ہوتا ہے تم ہم دیکھتے ہیں ساتھ میں ہیمنت کر کرے اور....وہ تیسرا آفسر کون تھا...
کنگنا	سم تھنگ کامٹے...
سنگھ	یس کامٹے...ان تینوں افسروں کی لارج سائز تصویر...اور ان کے پیچھے ان سبھی پولیس والوں کے فوٹوز جو 26/11 کو شہید ہوئے تھے۔
بھارگو	(متاثر ہو کر) ہوں!
آکاش	یش چوپڑا کی چاندنی میں شری دیوی کے تصویروں کا کولاژ تھانا بالکل ویسا ہی...اور ان کے سامنے جلتی ہوئی سینکڑوں ڈیزائنر کینڈلس...
آہوجہ	کینڈل کے سورس ہم اپنا سیٹ reveal کرتے ہیں جو پوری طرح کالا ہے jet black...جس میں...
بھارگو	نہیں...نہیں بلیک نہیں سیٹ میں چیری ریڈ اور کسٹرڈ ڈیلورنگ ٹھیک رہے گا۔
سنگھ	ریڈ اینڈ یلو...!!!
بھارگو	ریڈ چیری ہوگا اور یلو کسٹرڈ...بھول گئے دیو داس میں سنجے لیلا بھنسالی نے یہی رنگ استعمال کیا تھا اور...
آکاش	ہاں مگر...
بھارگو	دیو داس ایک ٹریجیڈی تھی...ہم چاہتے ہیں کہ 26/11 کا واقعہ ٹریجیڈی کے اسی لیول پر دیکھا جائے...
سنگھ	گریٹ سر...وڈافون ہمارے event کا اسپانسر ہے اور ان کے پروڈکٹ کا بیسک کلر بھی یہی ہے۔
آہوجہ	بالکل...ہم سیٹ پر وڈافون کے ڈسپلے بھی جگہ جگہ لگائیں گے۔
آکاش	اور ٹائٹل کریڈٹ کے دوران ستیہ میو جیتے کی huge مورتی کا کٹ آؤٹ آسمان سے نیچے اتاریں گے

سنگھ   لیکن ابھی امبوجہ سیمنٹ والوں سے بات چل رہی ہے،اگران سے طے ہو جاتا ہے تو تری مورتی کے بدلے امبوجہ سیمینٹ کا huge کٹ آؤٹ اترے گا،مگر کاپی رائٹ کی پرابلم ہوسکتی ہے۔

بھارگو   ستیہ میو جیتے کی مورتی کا concept اچھا ہے ایسا کرو امبوجہ سیمنٹ کے لوگو پر وہ کٹ آؤٹ لگا دو۔ it will creat a great sense آم بوجہ سیمینٹ ستیہ میو جیتے کے لوگو کو سیمینٹ کی بوری کی طرح اٹھائے ہوئے

سنگھ   بالکل ٹھیک سر... پھر ہم جلتی ہوئی موم بتی کے درمیان مسٹر سالسکر کی تصویر کو سوپر امپوز کرتے ہیں ۔اور پھر کیمرہ سب کا پینو رامک ویو لیتا ہے اور ٹلٹ ہو کر نیچے آتا ہے تو ہم دکھاتے ہیں ... سفید شیفون کی ساڑی میں ایک عورت کھڑی ہے ... بال کھلے ہوئے ... ساڑی کا پلو دو میٹر لمبا ... وہ دھیرے دھیرے سیڑھی سے اتر رہی ہے ۔اس کا پلو سیڑھی کے زینوں کو چھو رہا ہے ... وہ عورت دھیمے دھیمے قدموں سے چل رہی ہے ... وہ سالسکر کی تصویر کی طرف بڑھتی ہے تب ہی ہم دیکھتے ہیں کہ وہ مسز سالسکر ہیں۔

بھارگو   کیا مسز سالسکر ...!Is she coming

سنگھ   کنفرم تو نہیں ہے کیا ہے مگر ...ہم لانے کی کوشش کریں گے سر ...

بھارگو   اگر تیار نہیں ہوئی تو ...

آم بوجہ   بہت سی ہیں ... مسز کامٹے،مسز جادھو ... مسز ...

سنگھ   اور کوئی نہ ملا تو شگّو بائی کو سفید ساڑی پہنا کر کھڑا کر دیں گے ... وہ تو سہاگن تھی تب بھی بیوہ لگتی تھی ...

آکاش   اور میلو بھی ہے ... کام آئے گی سر ...اسے Emotional Soliloquy دے سکتے ہیں ...

کنگنا   لیکن بعد میں پرابلم ہوئی تو ...(بھارگو سوچنے لگتا ہے)

سنگھ   سر 91 پولس والے مرے ہیں ... کوئی نہ کوئی ودھوا تو تیار ہو ہی جائے گی ...اگر کوئی تیار نہیں ہوئی تو ہم ان کی ماؤں ...

بھارگو   نہیں ... نہیں better to get the Vidhwa type ودھوا میں کچ

سنگھ ہے۔ مردوں کے سیٹ پر وہائٹ کی کنٹرا اس بھی اچھا نکل کر آئے گا...

اور سرا اینکرنگ کے لیے ہم سوچ رہے ہیں...

بھارگو (اشارے سے روکتا ہے، ٹیب دیکھتا ہے) میوزک، سیٹ، کرٹین، سب ایک دم پرفیکٹ ہے... Up market گریٹ تم لوگ رائٹ ٹریک پر ہو مگر...

مگر...(کہتے ہوئے کھڑا ہو جاتا ہے، اس دوران کبیر آتا ہے)

سنگھ مگر کیا؟

بھارگو پتہ نہیں مگر... something is missing

آہوجہ کیا سر...؟

بھارگو نہیں جانتا... پر لگتا کچھ تو ہے جسے ہم مس کر رہے ہیں؟

سب (ایک ساتھ) وہاٹ سر...؟

بھارگو وہی تو نہیں جانتا...(کبیر کو دیکھ کر) تم کب آئے؟ کوئی بریکنگ نیوز ہے...

(کبیر خاموش ہے) کیا اپ ڈیٹ ہے؟

کبیر سر 26/11 میں مسٹر کر کرے کا جیکٹ! یہ ایک ایسا سوال ہے جس کا جواب ابھی تک نہیں ملا؟

سب (ایک ساتھ) جیکٹ!!!

بھارگو رائٹ!(بھارگو ٹرانس میں جاتا ہے ایک شخص کتھک کرتے اس کے چاروں طرف ناچتا ہے)

ڈانسر وہی جیکٹ جو 26/11 کی رات کو مسٹر کر کرے پہنے ہوئے تھے... وہی جو بلیٹ پروف تھا لیکن اجمل قصاب کی بلیٹ کو روک نہیں سکا تھا... وہی جیکٹ جس کا پنچ نامے میں کوئی ذکر نہیں ہے... وہی جیکٹ بھانڈوپ کے ڈمپنگ زون میں ملنے کی نیوز کسی لوکل اخبار میں چھپی تھی۔ وہی جیکٹ جس کا کانٹریکٹ... (ڈانس کرتے ہوئے نکل جاتا ہے)

بھارگو ہاں تم کچھ کہہ رہے تھے جیکٹ کے بارے میں...

کبیر اگر ہم کوشش کریں تو اس جیکٹ کے بارے میں کچھ clues مل سکتے ہیں۔

بھارگو (ایک دم سے چونک کر) کیا سچ...

کبیر: یس سر...ایک حولدار ہے...رام چندر نام کا،اس کے پاس...

بھارگو: (بات کاٹ کر ایک دم جوش میں) میں کہہ رہا تھا نا...کچھ کمی ہے event میں...یس یہی جیکٹ now we will rock this یہی جیکٹ ہمارے event کی آتما ہو گی...

کبیر: لیکن سر ہمیں ابھی صرف اس کے کچھ clues ہی ملے ہیں...اگر یہ صحیح ڈھنگ سے اسے follow کریں تو...

بھارگو: (خوش ہو کر) It is brilliant..it is more than brilliant.. it is mega brilliant کبیر...go ahead یہ میری پرسنل ڈائری،اس میں سبھی جرنلسٹ،منسٹرس،ان کے پی اے،دلال،گورنمینٹ افیسرس،بیورو کریٹس،فکسرس سبھی کے نمبر ہیں...سب سے بات کرو...بس اس کا نسٹبل...کیا نام بتایا تھا تم نے اس کا...؟

کبیر: حوالدار رام چندر...

بھارگو: حوالدار...رام...چندر...ہمارے چینل کی لنکا کو یہی رام بچائے گا...

کبیر: یس سر لیکن یہ رام چندر کچھ عجیب ہے۔ He talks in riddles

بھارگو: All rams talk in riddles بس تم اس رام چندر کے ہنومان بنے رہو with hanuman energy...ایک بار یہ event پون پوتر ہو جائے،ہم سب ہوا میں ہوں گے۔قسمت خود ہمارے گھر کا پتہ پوچھے گی...

آہوجہ: (کبیر سے) اور تمہارے گھر کا پتہ میں پوچھوں گی کبیر...

سب: (ایک ساتھ) I will take you home (سب ہنستے ہیں)

کنگنا: ابھی پارٹی تو بنتی ہے سر...

بھارگو: سب سے پہلے شیمپین لاؤ...تھری ہیپ ہیپ فار کبیر...ہیپ

سب: (ایک ساتھ) ہرّے

سب: (لوگ منچ پر آ کر ''ہرّے'' کہتے ہیں بھارگو شیمپین کی بوتل کھولتا ہے سب ہنستے قہقہے لگاتے ہیں اور اچانک سب کہ سب فریز ہو جاتے ہیں۔ان ساکت و جامد کھڑے لوگوں کے بیچ گھوڑو اور رام دونوں گزرتے ہیں۔کبیر لوگوں کے بیچ رام اور

رگھوکوکھوج رہا ہے،ایک اسپاٹ روشن ہوتا ہے اس میں ایک لڑکی کھڑی ہے)

سات   دیویکا...دیویکا نام ہے میرا...عدالت میں بیان دینے والوں میں سب سے کم عمر
گواہ تھی اس وقت...میں سی ایس ٹی ریلوے پلیٹ فارم پر بھائی آکاش لال کے
ساتھ ٹرین کا انتظار کر رہی تھی تب ہی...(ایک پل رک کر) یہ ادھر (ٹخنے کی طرف
اشارہ کرتے ہوئے) ادھر گولی لگی... پہلے پہلے چلنے میں تکلیف ہوتی تھی پر ابھی...
ابھی ٹھیک ہے۔

(اسپاٹ بجھ جاتا ہے اور ڈاؤن اسٹیج پر کبیر رام چندر کو ڈھونڈ رہا ہے، مگر رام
چندرو ہاں نہیں ہے، کبیر فون کرتا ہے)

آواز   آپ جس نمبر سے سمپرک کرنا چاہتے ہیں وہ اس وقت آؤٹ آف رینج ہے...کر پیہ
تھوڑی دیر بعد فون کریں یا...

(آکاش کبیر کی طرف بڑھتا ہے پھر کچھ سوچ کر آگے چلا جاتا ہے۔ کبیر فون کٹ
کرتا ہے، دوسری طرف فون کی گھنٹی بجتی ہے۔ فریز کھڑے لوگوں میں نمبر چار فون
اٹھاتا ہے)

چار   (فون اٹھا کر) ہاں! کملیش بھائی بعد میں فون کرتا ہوں۔ (فون کٹ کر کے
درشکوں سے) میرا نام اشیش واگھیلا ہے۔ اس وقت آٹھ سال کا تھا۔ میرا باپ بازو
کے جی ٹی ہسپتال میں کلاس فورتھ میں تھا۔ رات نو بجے تھے باپو دوسری پالی ختم کر
کے گھولی پہ آیا، ماں اسے کھانا پروس رہی تھی اور باہم لوگوں کے لیے چھوٹے کمرے
میں سلار رہی تھی تب ہی دو آدمی پیٹھ پر بڑا بیگ، ہاتھوں میں لمبی بندوق...گھر کے
اندر گھس گئے۔ ماں انہیں دیکھ کر ڈر گئی پوچھا''کون ہو تم لوگ اور کیا چاہئے''''ابھی
پتہ چلے گا''اس میں سے ایک نے کہا۔''پانی ملے گا؟''دوسرے کی آواز آئی۔ ماں
پانی لینے کے لیے موری کے پاس گئی تو پہلے نے تڑاتڑ گولیاں چلا دیں ماں پر....
ماں موری میں چھپ گئی اور باپو پھٹاک سے تھالی پر سے اٹھا...ماں کی چیخ
اور گولیوں کی آواز کے سوا ہمیں کچھ سنائی نہیں دیا۔ دوسی نے گدڑی سے ہم دونوں
کے منہ ڈھک لیے۔ تھوڑی دیر بعد ہم لوگ باہر آئے تو باپو زمین پر گرا ہوا تھا اور
خون اس کے سر سے بہہ رہا تھا۔ تب میں بہت بہت چھوٹا تھا۔ ماں اس کے بعد

پاگل سی ہو گئی ہے۔ (فیڈ آؤٹ، فیڈ اِن، کبیر فون لگا تا ہے۔)

آواز: آپ جس نمبر سے سمپرک کرنا چاہتے ہیں...(فون کٹ کرتا ہے۔ بے چینی سے ٹہلتا ہے پیچھے سے آکاش اپنی اسسٹنٹ کنگنا کے ساتھ آتا ہے)

آکاش: (کبیر کو دیکھ کر) کیا بات ہے کبیر کچھ پریشان دکھائی دے رہے ہو؟

کبیر: نہیں خاص نہیں (آکاش سگریٹ پیش کرتا ہے، کبیر منع کرتا ہے)

کلپنا: میں کلپنا ہوں...آج سوچتی ہوں تو لگتا ہے میرے پتی کا قاتل کون ہے؟ پاکستان سے آئے ہوئے آتنگ وادی یا میں۔

آکاش: ہاں کیا پوچھ رہی تھی تم...(دونوں نکل جاتے ہیں)

تین: پنکج کی بزنس میٹنگ ابو رائے میں تھی اور وہ میٹنگ کے لیے تیار نہیں تھا...مگر میں نے اسے زبردستی اس میٹنگ میں بھیجا...کہتے ہیں موت بہانا ڈھونڈتی ہے ...میں اس شخص کی موت کا بہانہ بن گئی جو میری زندگی کا سہارا تھا۔ جو آخری شبد اس نے مجھ سے کہا تھا وہ تھا بائے...(رک کر) بائے...میرا سات سالہ بچہ سرجن کہتا ہے...

چھ: (تین کو مخاطب کر کے) کیا کیا کہے گا وہ...؟ جو ہونا تھا وہ ہو چکا...(پھر ناظرین سے) نمستے اس دن میں لیو پولڈ کیفے کے بارے میں اپنے دوستوں کے ساتھ تھا...نچلی منزل پر میری بہن اپنی سہیلیوں کے ساتھ کھانا کھا رہی تھی۔ تب ہی فائرنگ شروع ہو گئی...جب نیچے پہنچا...لیو پولڈ کے فرش پر لاشیں بچھی ہوئی تھیں ...چاروں طرف بھگدڑ مچی ہوئی تھی۔ اور اس بھگدڑ میں مجھے اپنی بیبو کا پتہ ہی نہیں چل رہا تھا۔ اسے فون کیا مگر فون نہیں لگا...میں اسپتال پہنچا...سینٹ جارج اسپتال کے ہال میں لاشیں چادروں سے ڈھکی ہوئی تھیں، لگتا تھا سب لوگ ایک قطار میں سو رہے ہیں۔ میں ایک ایک کر کے چادر ہٹا کر اپنی بہن کو دیکھ رہا تھا۔ پہلی، دوسری، تیسری...چوتھی، مگر ایک لاش کے پاس آ کر میرے قدم جم گئے۔ میں نے چادر سے باہر جھانکتے ہوئے پیروں سے اپنی بیبو کو پہچان لیا۔ اس کے وہ پاؤں...

(تب ہی دوسری ونگ سے کنگنا اور آکاش نمودار ہوتے ہیں)

آکاش: (کبیر کو دیکھ کر) کیا بات ہے بڑی...جب سے دیکھ رہا ہوں...

کبیر: کچھ نہیں...وہ رام چندر کو فون کر رہا ہوں مگر فون آؤٹ آف رینج ہے...

آکاش: فون آؤٹ آف رینج ہے نا...وہ تو نہیں...جاؤ گھر پر جا کر دھر لے...

کبیر: اوہو...ہاں...ہاں...(کہہ کر تیزی سے نکل جاتا ہے)

آکاش: (کنگنا سے) دیکھا تم نے جس طرح اینٹ کے بھٹے میں...(کہتے ہوئے دونوں نکل جاتے ہیں)

آٹھ: لوگ کہتے ہیں پاپا کی مرتیو 26/11 کے آتنک وادی حملے میں ہوئی تھی۔ جبکہ سچائی یہ ہے کہ پاپا آتنک وادی حملے میں جیتے رہے۔ جی ہاں! آتنک وادی حملہ ہوا تھا 2008ء میں اور پاپا حملے کے چھ سال بعد یعنی 2014ء تک جئے...چھ سال ایک مہینہ اور تین دن بعد وہ off ہوئے...مرتیو کا کارن یہ تھا کہ کانچ کے باریک باریک ٹکڑے ان کے شریر میں دھنس گئے تھے اور مرتے دم تک وہ ان کے شریر میں رہے۔ وہ قسطوں میں مرتے رہے دھیرے دھیرے installment میں...دس پندرہ دن میں کانچ کا ایک ٹکڑا ان کے شریر کے کسی حصے سے درد بن کر ابھرتا...اس وقت ان کی حالت دیکھنے جیسی ہوتی۔ درد سے کراہتے تو...باپ رے...درد کی وہ کراہ ابھی تلک میرے کانوں میں ہے۔ انہیں فوراً ڈاکٹر کے پاس لے جایا جاتا اور ڈاکٹر نشتر سے کانچ کے اس ٹکڑے کو شریر سے آزاد کر دیتا...کچھ دن سب ٹھیک رہتا پھر اچانک ہفتہ دس دن بعد کوئی دوسرا ٹکڑا ان کے شریر کے کسی دوسرے حصے میں اپنا سر اٹھانے لگتا اور پھر اس کی چبھن کو کم اور ختم کرنے کے لیے ڈاکٹر ایک نشتر اور چلاتا...اور پھر کچھ دنوں بعد...یہ سلسلہ 3 نومبر 2015ء تک لگا تار چلتا رہا۔ گئے سال off ہوئے وہ...جب راکھ چلنے شمشان گیا تو را کھ کم کانچ زیادہ تھی۔ ان کا شریر را کھ بن چکا ہے پر پتہ نہیں کیوں مجھے اب بھی لگتا ہے کانچ کے یہ ٹکڑے ان کی آتما میں اب بھی دھنسے ہوئے ہیں...اور ان کے کراہنے کی آوازیں رہ رہ کر سنائی دیتی ہیں مجھے۔ کیا آپ نہیں سنائی دیتیں...آپ کو کیسے سنائی دے گی آپ کے پاپا تھوڑے ہی تھے۔

محمد اسلم پرویز — آپ کا سعادت حسن منٹو

(کبیر مختلف لوگوں کے بیچ میں سے نکلنے کی کوشش کر رہا ہے)

سات: میں لکشمی نارائن گوئل ۔ حیدرآباد کے مشہور وکیل...ان کی بہن مینا ہوں...میرا
بس چلے تو ابھی کہ ابھی کراچی چلی جاؤں اور وہ سارا تماشہ وہاں جا کر کروں جوان
لوگوں نے بمبئی میں کیا تھا۔

دو: میری بہو...آمنہ بیگم...کے حلق پر لگی تھی اس با کڑ بلّے کی گولی...اگر میرے
کو...

آٹھ: ایسٹرن ایکسپریس ہائی وے سے پارلے میں جیسے ہی بنٹی کی ٹیکسی داخل ہوئی...بم
دھماکے سے ٹیکسی چندی چندی ہوگئی۔

دس: (کھانستے ہوئے) اس ٹی بی نے کہیں کا نہیں رکھا، ورنہ قصاب اس کافر کو اس ہاتھ
سے جہنم رسید کرتا (کھانستا ہے)

پانچ: آتنک وادی تو کیول جمورے ہیں آئی ایس آئی کے...اور ا...اور اگر...

نو: دس منٹ...خالی دس منٹ میں میرا پورا پریوار گولیوں کا نشانہ اور موت کا نوالہ بن
گیا اور میں...

ن: میں کہہ رہی ہوں نہ ان میاؤں کی کوکھ میں آج بھی سوا لاکھ اجمل قصاب پل رہے
ہیں...ان کا کچھ کرو...

سات: میں شاہ نور بیگم ۔ ہم لوگاں آندھرا کے نظام آباد ضلع سے آئے تھے حاجی علی کی زیارت
کرنے کو...

(اسی دوران کبیر لوگوں کے بیچ سے نکلتا رام چندر کے گھر آتا ہے، لوگ ایک ساتھ
بولتے نکلتے ہیں ۔ دروازے پر دستک دیتے ہی کسم باہر آتی ہے۔)

کبیر: میرا نام کبیر ہے...رام چندر ہے کیا...

کسم: وہ تو ابھی تک آئے نہیں...

کبیر: میں گیا تھا چوکی وہ وہاں آئے ہی نہیں...دیکھئے پلیز...مجھے ان سے ملنا بہت
ضروری ہے...آپ کے ہاتھ جوڑتا ہوں...

کسم: آپ رکو میں آتی ہوں (تیزی سے اندر جاتی ہے، مختلف ونگ سے لوگ نکلتے ہیں
اور زور زور سے بولتے ہوئے دوبارہ ونگ میں چلے جاتے ہیں ۔ کسم باہر آتی ہے

اور دروازہ بند کرتی ہے اور باہر نکلتی ہے ...اس کے پیچھے کبیر"ارے سنو...سنو...''
کہتا ہوا نکلتا ہے دوسرے ہی پل رگھو اور رام چندر منچ پر آتے ہیں ۔دونوں نے
چہرے پر ماسک چڑھا رکھے ہیں ۔ان کے ہاتھوں میں تلوار اور پیٹھ پر ڈھال
سجی ہے ۔رام چندر کے ہاتھوں میں ایک گٹھری ہے اسے ایک طرف رکھ کر)

رام چندر   سن ...سن ...رگھو ...(رگھو رکتا نہیں ہے ۔رام چندر تلوار کھینچ کر اسے روکتا ہے ،
جواب میں رگھو بھی تلوار نکال لیتا ہے ۔اب یہ دونوں تلوار بازی کرتے ہوئے
مکالمے کہتے ہیں)بتاتا کیوں نہیں ہے ...وہ جیکٹ کدھر ہے ...؟

رگھو   کون سا جیکٹ؟

رام چندر   کر کرے کا جیکٹ...کہاں ہے بتا جلیبی مت بنا اور جلدی بتا 26/11 کی رات کو
ہیمنت کرکرے نے جو جیکٹ پہنا تھا...وہ جیکٹ گیا تو گیا کدھر ...

رگھو   کرکرے کے جیکٹ کی پڑی ہے ...کبھی اجمل قصاب اور اس کے ساتھیوں کے
کپڑوں، بیگ اور جوتوں کے بارے میں سوچا...وہ کدھر گئے ...؟

رام چندر   کدھر گئے ...؟

رگھو   وہی تو میں پوچھ رہا ہوں ...26/11 کے بعد وہ تو کٹ لیے ...پر اپنے بدبو
مارتے ہوئے جوتے اور کپڑے چھوڑ گئے ...کیا لگتا کہاں میں وہ سب...کیا انڈیا
گورنمینٹ نے پاکستان کو کورئیر کر دیئے یا بھارت ماتا کی جئے بولنے والی
سنستھاؤں نے اسے میوزیم میں سجانے کے لیے رکھ چھوڑے تا کہ آنے والے
وقت میں ان سے اٹھنے والی سڑاندھ کو بارود بنا کر تاریخ کے پنوں پر سجا سکیں ...
یا پھر دیش کے نیتا یا افسر ان اُنھیں انڈر گارمینٹ کی طرح استعمال کر رہے ہیں ...
بول اس کا کوئی حساب کتاب ہے کیا تیرے پاس ...

رام چندر   رگھو وقت سے پہلے اور ضرورت سے زیادہ مت سوچا کر...(لاڈ کرتے ہوئے)ا
چھا بیٹا ہے نا جلدی بتا جو پوچھتا ہوں ...

رگھو   بتاتا ہوں ...پر یہ اموشنل ڈراما نہیں ...پوچھ کیا پوچھنا ہے ...(رام چندر پوچھنے
جاتا ہے اس سے پہلے)رگھو ...پھر کس لیے ...کس لیے چاہیے تجھے وہ جیکٹ یا
جیکٹ کے بارے میں انفارمیشن ...؟ (رام چندر کی گٹھری کی طرف اشارہ کرتے

ہوئے) خون کے گھونٹ پی پی کر تونے یہ جو کاٹھ کباڑ جمع کیا ہے اس کا پیو گ کیا ہے ...کس کام میں آنے والا ہے یہ سب...کتنے لوگ مارے گئے ...کیسے اور کیوں مارے گئے، کتنے زخمی ہوئے ...کتنوں کے گھر میں اس کی وجہ سے کیا ہوا، کتنوں کو compensation ملا کتنوں کو نہیں ...کتنے ابھی تک اس کو یاد کرتے ہیں اور کتنے اسے بھول گئے ...اب بھی اس تاریخ کو کتنے کینڈل جلاتے ہیں اور کتنوں نے منتریوں اور سنتریوں کو میمورنڈم دئیے ...کس کس نے نیوز چینل کے کیمروں کے سامنے پاکستان اور پاکستان کے بہانے مسلمانوں کو گالیاں دیں۔ ان سب ہگنی موتنی باتوں کی details جمع کرکے فائدہ کیا رام چندر ... بول ...چپ کیوں ہے۔ اچھا مت بول خالی یہ بتا تو گرے مردے کیوں اکھاڑ رہا ہے تو ...؟ (ایک دم چپ ہو جاتا ہے۔ تلوار ایک طرف رکھ کر بیٹھ جاتا ہے۔ رگھو دھیمے سے اُس کے کندھے پر ہاتھ رکھتا ہے۔)

رام چندر   (رگھو کی طرف گردن اُٹھا کر) 26/11 میرے لیے کوئی مردہ نہیں رگھو جسے گاڑ دیا گیا ہو۔ یہ، یہ ایک پریت ہے، جیتا جاگتا پریت ...سانس لیتا ایک پشاچ جو چمٹ گیا ہے میری جان سے تیری طرح ...اس پریت سے مکتی ضروری ہے ۔ مرنے والے تو مر گئے پر ... یہ ...(گھڑی کی طرف اشارہ کرتے ہوئے) ان کی ہگنی موتنی کی details نہیں ...مرنے والوں کی استھیاں بھی نہیں ہیں یہ ... یہ ... یہ تو مرنے والوں کو دی جانے والی شردھانجلی یا یہ اس سسٹم کو دی گئی گالی۔

رگھو   باپو یہ گر یہ شردھانجلی ہے تو غلط شردھانجلی ہے اور یہ اس سسٹم کو دی گئی گالی ہے تو بہت ہی نیوٹنک گالی ہے ...(تالی بجا کر) ایک ہیجڑا گالی 26/11 ...کو کیا کیا اس کی ہر ایک بات منہ زبانی یاد ہے مجھے، پر یہ دیکھ 26/11 کے بعد کیا ہوا، کیا ہو رہا ہے؟ اجمل قصاب کو پھانسی پر چڑھا کر تالی بجانے والے ہاتھ ابھی تک پنسارے اور ڈھابولکر کے قاتلوں تک پہنچنے میں ناکام ہیں ۔ کیا وہ آتنک وادی حملہ نہیں ہے ۔ داؤد ابراہیم کا گریبان پکڑ کراسے ممبئی لانے والی تیری پولس پنسارے اور ڈھابولکر کے قاتلوں کو پکڑنے میں کیوں ناکام ہے (رام چندر خاموش) بتاؤں کیوں؟ کیونکہ کرکرے کے بلیٹ پروف جیکٹ میں ایک چھید ہے جو

بلیٹ نے کیا ہے...مرنے والا مر گیا اب نہ اس کی راکھ بچی ہے نہ خاک...ابھی خالی بیٹھے ہیں مرنے والوں کے سمارکوں کے باہر اسٹول لگا کر بیٹھے ہوئے بیوپاری...اور چوتیے یہ بھی نہیں جانتے کہ 26/11 تو ان کی ایڑیوں میں لوٹ رہا ہے۔

(جس وقت رام چندر اور رگھو کے یہ مکالمے جاری رہتے ہیں، کسم اور کبیر رام چندر کو ڈھونڈتے ہوئے ادھر ادھر چکر کاٹتے ہیں۔ آخری مکالموں سے قبل کسم رام چندر کو دیکھ لیتی ہے پیچھے پیچھے کبیر بھی آتا ہے)

رگھو: لے آ گئی تیری دھرم پتنی...بولے تو میری ماں...آئی لا...اس کے پیچھے چینل کا وہ کبوتر بھی ہے...لگتا ہے یہ کبوتر بھی جیکٹ کا دانا چگنے آیا ہے۔(کبیر کے پاس آ کر) کبوتر آ...آ...آ...آ...(کبیر react نہیں کرتا ہے۔)

رام چندر: (رگھو سے) ادھر آ...ادھر کیوں ناچ رہا ہے۔؟ وہ ایسا نہیں ہے رے۔(کہہ کر کبیر کے پاس جاتا ہے)

رگھو: سنبھل کے جانا اپنا نہ لال کبوتر کی بیٹ سے سوائین فلو جلدی ہوتا ہے...
(کسم سے) یہ...یہ اکیلے میں کس سے باتیں کر رہے ہیں؟

کبیر: اپنے بیٹے سے۔

کسم: بیٹے سے؟ یعنی رگھو سے؟؟ مگر وہ کہاں ہے...؟

کبیر: ان کے پاس ہی...

کسم: (یہاں وہاں دیکھنے لگتا ہے) کہاں ہے؟؟ کہاں۔ہے؟؟ مجھے تو...

کبیر: تمہیں نہیں دکھائی دے گا...کسی کو دکھائی نہیں دیتا وہ، مجھے بھی نہیں...صرف انھیں ہی دکھتا ہے...

کسم: کیا مطلب؟

کبیر: وہ اصل میں ہے، ہی نہیں...

کسم: کیا...یعنی کہ...

رام چندر: (کبیر کے پاس آ کر) ہاں...کبیر یہ کہتی ہے وہ صرف مجھے دکھائی دیتا ہے۔ میں حیران کہ وہ سب کو کیوں نہیں دکھتا؟ وہ تو اپنے پورے ہاڑ مانس کے ساتھ کھڑا

ہے۔ہمارے ساتھ، ہمارے اس پاس جس دن رات آتنگ وادیوں نے مُبئی پر
حملہ کیا تھا۔ یہ پورے دن سے تھی۔۔۔شام سے اسے لیبر پین شروع ہو گیا تھا۔اسی
وجہ سے میں ڈیوٹی پر نہیں جا سکا تھا۔۔۔کیونکہ یہ سالا اس کے پیٹ میں تھا۔مجھے
بعد میں اس نے جتنا حیران اس سے زیادہ اپنی ماں کو ہلکان کیا اس نے، باہر
ہی نہیں آر ہا تھا اس کے گر بھ سے۔۔۔کیا بتاؤں کیسے تڑپ رہی تھی یہ۔۔۔بڑی مشکل
سے جنم ہوا اس کا۔۔۔دیکھا پھر غائب ہو گیا۔۔۔اس سے جیکٹ کے بارے میں ہی
پوچھ رہا تھا میں۔۔۔اسی لیے بھاگ گیا۔(رام چندر رگھو کی طرف جاتا ہے۔)ر۔۔۔
رگھو۔۔۔اُئے رگھو۔۔۔

قسم میں نے بچے کو ضرور جنم دیا تھا۔۔۔مگر مرے ہوئے بچے کو۔۔۔مرے ہوئے رام
کو۔۔۔پر یہ ہیں کہ ماننے کو ہی تیار نہیں۔۔۔

رام چندر ارے سن تو رگھو۔۔۔(اسے ایک جگہ بٹھاتا ہے)

رام چندر ہاں لا مجھے جلدی دے۔۔۔جیکٹ تو دے۔۔۔

رگھو میں کہاں سے دوں۔۔۔؟

رام چندر ابھی پھر سے مت شروع ہو جا میرے باپ۔۔۔مجھے معلوم ہے وہ تیرے پاس ہی
ہے۔

رگھو کر کرے کو نہ بچا سکا اس جیکٹ کے لیے تو اتنا کیوں مرا جا رہا ہے۔اور وہ میرے
پاس نہیں بھائی تیرے پاس ہی ہے۔

رام چندر میرے پاس۔۔۔میرے پاس کہاں سے آیا۔۔۔؟

رگھو ماں قسم۔۔۔تیری اس گٹھری میں ہے ہی سب کچھ۔

رام چندر کیا؟اس میں کیسے آیا؟؟؟

رگھو یہ جو تو نے ساری details جمع کی ہے نا۔۔۔اس میں دیکھ،شبدوں اور آنکڑوں
کے جنتر منتر میں ہے ہی وہ۔

رام چندر اس میں؟

رگھو ہاں! شبدوں کے ان خالی ڈبوں اور آنکڑوں کی خالی بوتلوں میں دبا ہوا ہے وہ۔
سچی ماں قسم! ان آنکڑوں اور شبدوں کے بیچ جو خالی جگہ ہوتی ہے نا اسے کرید کے

دیکھ...بجھی ہوئی سگریٹوں، پالی تھن کی گندی تھیلیوں، چبائی ہوئی ہڈیوں، استعمال کی ہوئی تھر ماکول اور کاغذ کی تھالیوں میں، زنگ لگے پتروں، گلے ہوئے پھلوں چھوڑے ہوئے چھلکوں، ردی کاغذوں، چتھڑوں، مکھیوں و مچھروں کے جھرمٹ کے بیچ ہی چھپا ہوا ہے ہیمنت کرکرے کا جیکٹ...(بے یقینی سے رگھو کو دیکھتا ہے) ہاں بابا! سچ بول رہا ہوں میں...تو دیکھ تو سہی...

(رام چندر پوٹلی کھولنے لگتا ہے اس میں سے جیکٹ نکلتا ہے)

رام چندر   (چونک کر) رگھو کیا یہ سچ مچ وہی جیکٹ ہے؟

اس کے بعد ایک کے بعد ایک لوگ فوجی بینڈ پر پریڈ کرتے ہوئے داخل ہوتے ہیں ۔ان سبھی نے بلیٹ پروف جیکٹ پہن رکھی ہے جس میں چھید کی جگہ کمپنی کا لوگو چپاں ہے)

ایک   ایک بلیٹ پروف جیکٹ اور... اس پر ایک بلیٹ کا گڈھا...

تین   یہ بلیٹ پروف جیکٹ صرف ایک جیکٹ نہیں... دل اور lungs کو بچانے والا انتر... یہ، یہ...

پانچ   یہ....یہ synthetic vest کے pattern میں بنا ہوا جیکٹ....

چھ   جو کہنے کو تو اندھے کی لاٹھی ہے، سپاہی کی ڈھال ہے...گینڈے کی کھال ہے

سات   چھت والا گھر ہے...سرکشا چکر ہے...دیش کی شرم گاہ چھپانے والا کور ہے۔

ایک   یہ جیکٹ جو اتنا مضبوط ہے کہ AK-47 اور SLR کی bullets کو روک لیتا ہے اپنے سینے پر...مگر....

سب   (ایک ساتھ) مگر...(ایک پل کی خاموشی)

ایک   نہیں روکا اس نے 26/11 کی شام کو...اجمل قصاب اور نور الٰہی کی بلیٹ کی رفتار کو...

چھ   کیوں؟

(اور پھر سب کیوں کیوں کی کانا پھوسی کرتے ہیں اور اس کے بعد ایک ایک کر کے جیکٹ اتار کر پھینکتے ہیں)

دو   یہ ہمارے سسٹم کا بلیو پرنٹ بھی ہے...ہمارا ایکسرے...یہ صرف ایک جیکٹ

نہیں ...

تین	یہ تو ایک حمام ہے ایک سرو جانک حمام ہے جس میں سبھی پارٹی کے نیتا کپڑے اتار کر بے دھڑک نہاتے ہیں۔

چار	یہ آنے والے اچھے دن کی وہ شراب ہے جسے ہماری گردن پکڑ زبردستی ہمیں پلائی جاتی ہے ...

پانچ	وہ کینڈل ہے جو ہر گھٹنا کے بعد جلائی جاتی ہے۔ گھوٹالوں کے پیپر وہ ہیں جو نہیں ملتے سی بی آئی انکوئری میں۔ ...

چھ	دنگوں کے وہ ملزم ہیں جو کھو جاتے ہیں اکثر نئے یگ کی لکھی جانے والی پران میں ...

سات	صابن کی ٹکیہ سے نکلنے والا سونے کا سکہ ہے ...

آٹھ	بابری مسجد کا ملبہ ہے۔

سب	(ایک ساتھ) جئے شری رام ... جئے شری رام ...

آٹھ	جو ہندو ہے وہ کی بات کرے گا

سب	(ایک ساتھ) وہی دیش پر راج کرے گا ...

دو	بیسلیری کی بوتل ہے، چدر بدل ہوٹل ہے۔ ورت منتری کی ناک پر اٹکا ہوا رے بین کا گوگل ہے۔

تین	واہگرہ کی گولی کھانے والا بچپن ہے لال قلعہ پر سے دیا جانے والا پردھان منتری کا بھاشن ہے۔

چار	کافی کا مگ ہے جیکٹ جسے کرن جوہر اپنے ہاتھوں میں پکڑتا ہے۔

پانچ	وہ ایشیو ہے جسے لے کر ہر شام ارنب گوسوامی جھگڑنے کی ایکٹنگ کرتا ہے۔

(جس وقت یہ مکالمے جاری رہتے ہیں کسم بلک بلک کر روتی رہتی ہے، کبیر اس دوران وہاں سے خاموشی سے نکل جاتا ہے۔ رام چندر اس کو روتا ہوا دیکھ اس کے قریب آتا ہے)

رام چندر	کیا ہوا ... تو کیوں رو رہی ہے ... رو مت کسم ... سب ٹھیک ہو جائے گا ... اپنا یہ رگھو ہے نا ... وہی سب ٹھیک کرے گا۔ ہاں سچ میں ہماری اور ہمارے دیش کی

ساڑھے ساتی تو دیکھنا یہی دور کرے گا...(اچانک یہ دیکھ کرکہ کبیر نہیں ہے) پر یہ... یہ چلا کہاں گیا؟ اسے یہ جیکٹ دینا تھا...جو اس گھٹنا کی پوری سچائی بتاتا ہے (کسم رو رہی ہے)...پر تو تو مت رو....

(دھیرے دھیرے اندھیرا، ایک نئی میوزک کے ساتھ روشنی...کبیر اور کنگنا پوڈیم کے پیچھے کھڑے ہیں)

کبیر: 26 نومبر 2008ء یعنی ایک تاریخ...کیلنڈر کے تین سو پینسٹھ دنوں میں سے نکلی ایک عام اور معمولی تاریخ...ایک date جو بن گئی ایک اتہاس آتنک کا...

کنگنا: اور یہی وہ دن تھا جب پاکستان سے بارہ سوسائڈ بامبر کالے بھیڑیے پر سوار ہو کر ممبئی میں داخل ہوئے تھے اور جنھوں نے اس شہر کو پانچ دن تک ہائی اسٹیج بنا کر رکھا۔

کبیر: اور سیکنڈ ہینڈ بیٹری سے چلنے والا ہمارا پرشاسن بے بس مجبور اور لاچار یہ سارا تماشہ دیکھتا رہا...پورا ملک سکتے میں تھا...سب کی نظر ممبئی پر تھی...ایک ایک فریم لوگوں کی آنکھوں میں جما ہوا تھا۔

کنگنا: اب اس گھٹنا کو سات سال ہو گئے ہیں۔اس بیچ ہم نے بہت سے اچھے دنوں کو دیکھا اور بھوگا۔ان اچھے دنوں میں 26/11 کی یاد دھندلی سی ہو گئی ہے۔

کبیر: ان دھندلی یادوں کو تھوڑا اصاف کیجیے...تو آپ کو شاید یاد آ جائے۔اس رات...ہیمنت کرکرے کی وہ تصویر جب ہم سبھی نے اپنے ٹی وی اسکرین پر دیکھیں دیکھا تھا بار بار اپنی ہیلمٹ کو سر پر جماتے ہوئے اور اپنا بلیٹ پروف جیکٹ پہنتے ہوئے...

کنگنا: مگر کہاں ہے وہ جیکٹ؟

کبیر: اور جب ان کی باڈی کا پنچ نامہ ہوا تو وہ جیکٹ غائب تھا۔۔کیا آپ جانتے ہیں...

کنگنا: کیا آپ جانتے ہیں...آپ یہاں بیٹھے ہر آدمی سے پوچھتی ہوں کیا وہ جانتا ہے کہاں ہے ہیمنت کرکرے کا جیکٹ؟

کبیر: کوئی نہیں جانتا۔ہم ہیڈلی نہیں...لیکن ہم بتائیں گے آپ کو...کہاں گیا وہ جیکٹ اور کہاں ہے وہ جیکٹ؟؟ کیونکہ...

دونوں: (ایک ساتھ) Our hearts beat for India

کبیر: لیکن اس سے پہلے ہمیں لینا ہوگا ایک کمرشیل بریک...

کنگنا: کہیں مت جائیے گا...دو منٹ کے کمرشیل بریک کے بعد ہم بتائیں گے کرکرے
کے جیکٹ کا راز...

(اسی کے ساتھ میوزک شروع ہوتا ہے اور ایک ایک کرکے لوگ آتے ہیں
آئیڈیا کا جنگل گاتے ہیں)

کورس: نہیں بنیں گے الّو...نہیں بنیں گے الّو آج سے...
آدمی کتنا شیانا ہو، چونا لگانے والا ہو
آدمی کتنا شیانا ہو، we dont care
انٹرنیٹ ہے ساتھ آئیڈیا ہے ساتھ
نہیں بنیں گے الّو...نہیں بنیں گے الّو آج سے...
اب بجے گی ان کی پنگی، جو چوری اچکا ہو یا ڈھونگی
اب بجے گی ان کی پنگی، I swear
انٹرنیٹ میرے پاس، آئیڈیا میرے پاس
نہیں بنیں گے الّو...

(اور اسی کے ساتھ دھیرے دھیرے پردہ گرنے لگتا ہے کہ اچانک رگھو انٹر ہوتا
ہے اس کے ہاتھ میں ریموٹ ہے وہ گاتے ہوئے لوگوں کی طرف ریموٹ کرتا
ہے سب فریز ہو جاتے ہیں)

رگھو: I know یہ ڈرامے کو end کرنے کا بہت ہی کلیشیڈ یعنی بادل سرکاری طریقہ
بلکہ ہتھکنڈہ ہے مگر پھر بھی مجھے یہ اپنانا پڑ رہا ہے۔ مجبوری ہے۔ اس ڈرامے کو ایم
ڈی کالج کے ودیارتھیوں نے پیش کیا آئی این ٹی کے لیے ڈراما مقابلے میں نئی
اسکرپٹ ضروری ہوتی ہے۔ سبجیکٹ پرانا ہوا تو واندھہ نہیں۔ اس لیے ہم نے سات
سال پرانے سبجیکٹ پر نئی اسکرپٹ پیش کرنے کی کوشش کی۔ بچوں نے ریسرچ
کی بہت سی کتابیں پڑھیں، گوگل یوٹیوب میں کتنے ہی ہٹ مارے، واٹس اپ
اور فیس بک کی مدد لی اخبار میگزین کی چھان پھٹک کی ان جگہوں کا دورہ کیا، پولس
افسروں سے بات چیت کی، منتریوں سے ملاقات کی، نوٹس تیار کیے اور وہ سارا ڈاٹا

محمد اسلم پرویز   آپ کا سعادت حسن منٹو

رائٹر مہود یو کو دیا اور اس نے ہمیں جو اسکرپٹ تیار کی وہ ہم نے ابھی آپ کے
سامنے پیش کی ۔ پر میں رگھورام چندر پوری ذمہ داری سے یہ قبول کرتا ہوں کہ
یہاں جو کچھ پیش کیا گیا وہ جھوٹا تھا نقلی جعلی اور fake...سوائے میرے ...ہاں
جناب سب جھوٹ تھا سوائے میرے...

(کہہ کر پلٹ کر ریموٹ خاموش کھڑے کورس کی طرف کرتا ہے وہ لوگ دوبارہ
گانے لگتے ہیں

کورس   ۔نہیں بنیں گے الّو آج سے...
اب الّو بننے سے مکت ہوئے...نئی آزادی مل رہی ہمیں
اب الّو بننے سے فری ہوئے
انٹرنیٹ تھینک یو، آئیڈیا تھینک یو...
نہیں بنیں گے الّو...نہیں بنیں گے الّو آج سے...

رگھو استہزا یہ مسکراہٹ کے ساتھ پہلے کورس کو دیکھتا ہے پھر ناظرین کو اور دھیمے
دھیمے قدموں سے درشکوں میں اتر جاتا ہے پردہ دھیرے دھیرے گرتا ہے)

❖ ❖ ❖

مصنف کا مختصر تعارف

نام: محمد اسلم پرویز

والد: محمد ابراہیم

والدہ: نورالنساء

تعلیم: بی۔اے

پیشہ: ملازمت (ایڈیٹر ''اردو لوک راجیہ'' حکومت مہاراشٹر)
پروفیشنل گجراتی پلے رائٹ

مطبوعات: پکنک   (بچوں کے لئے فل لینتھ ڈراما)
پنکھ ہوتے تو...،   (فل لینتھ ڈراما)،
آپ کا منٹو   (مرتب: منٹو کے خطوط)
منٹو اور چچا سام   (مرتب: چچا سام کے نام خطوط)
ملتے ہیں بریک کے بعد   (یک بابی ڈراموں کا مجموعہ)

تحریر کردہ ڈرامے:

فل لینتھ ڈرامے

● سوگندھی (منٹو کے خلق کردہ کردار پر مبنی) ● آؤ پکنک چلیں ● پنکھ ہوتے تو... ● بات لات کی... ● دستک ● ایک مادھو باغ ● اسٹوری ان دی سانگ ● آپ کا منٹو ● آوارہ (مجازی کی حیات و خدمات پر ایک دستاویزی ڈراما)

یک بابی ڈرامے و شارٹ اسکتس

● جلیاں والا باغ ● سوگندھی ● دستک ● جینتی لال ● ٹھاکر کا کنواں (پریم چند کی کہانی پر مبنی) ● کولاژ ● سومو۔دی پاگل ● ناٹ فارسیل ● فریز پوائنٹ ● ریٹرن آف ایک لوئیہ (سلام بن رزاق کی کہانی پر مبنی) ● ویل کم رام ● فار دی سیک آف گاڈ ● تب تاریخ کچھ اور ہوتی... ● منٹو...دی بلیک مارجن ● بگ باس کا گھر

ترجمہ و اڈاپٹیشن

● ادھانتر-مصنف: جینت پوار (اب تک یہ ڈراما کھیلا نہیں گیا ہے)   ● ہم لے گئے تم رہ گئے - کیدار شندے کے تحریر کردہ ڈرامے ''سہی رے سہی'' کا اڈپٹیشن   ● دھرم پتر- مصنف: مہیش الکنچوار

● یاری ہے... - مصنف: چنیتن داتار   ● جلوس- 2007 بادل سرکار کے تحریر کردہ ڈرامے جلوس کا اڈاپٹیشن   ● دریا کے پار- بادل سرکار کے تحریر کردہ ڈرامے ''ہٹو ملو واپارے'' کا اڈپٹیشن

● اگنی پنکھ   - مصنف: پربھاکر لکشمن میکر

انعامات

● جلیان والا باغ (اپٹا کے انٹر کالجیٹ ڈراما مقابلے میں بیسٹ اسٹوڈینٹ، اسکرپٹ کا ایوارڈ)

● جینتی لال (اپٹا کے انٹر کالجیٹ ڈراما مقابلے میں بہترین ڈراما کا اول انعام) اور دیگر ایوارڈ کے علاوہ بیسٹ اسکرپٹ کا ایوارڈ و خواجہ احمد عباس ٹرافی

● سو مودی پاگل (اپٹا کے انٹر کالجیٹ ڈراما مقابلے میں بہترین ڈراما کا اول انعام) اور دیگر ایوارڈ

● ویل کم رام (اپٹا کے انٹر کالجیٹ ڈراما مقابلے میں بیسٹ اسکرپٹ کا ایوارڈ اور خواجہ احمد عباس ٹرافی)

● فریز پوائنٹ- بھارتیہ ودیا بھون کے اردو ڈراما مقابلے میں بیسٹ اسکرپٹ کا ایوارڈ

● کو لاژ (انڈین نیشنل تھیٹر (آئی این ٹی) کے مراٹھی ڈراما مقابلے میں بہترین ڈراما کا اول انعام اور دیگر ایوارڈ کے علاوہ بیسٹ اسکرپٹ کا ایوارڈ امرت کمبھ کے مراٹھی ڈراما مقابلے میں بہترین ڈراما کا اول انعام اور دیگر ایوارڈ کے علاوہ بیسٹ اسکرپٹ کا ایوارڈ وئی ڈراما فیسٹیول میں بہترین ڈرامے کا اول انعام اور بہترین ہدایت کار کا اول انعام

● **دستک** (چترلیکھا گجراتی فل لینتھ ڈراما مقابلے میں ''آگنٹک'' کے نام سے کھیلا گیا اور بہترین ڈراما کا اول انعام، ممبئی یونیورسٹی کی طرف سے انٹر یونیورسٹی کے نیشنل اور زونل راؤنڈ میں بہترین ڈراما کے لئے اول انعام حاصل کیا اور سارک ممالک کے لیے بھارت کی نمائندگی کی)

● **ناٹ فار سیل** (بھارتیہ ودیا بھون کے مراٹھی ڈراما کمپیٹیشن میں اول انعام اس کے علاوہ دیگر انعامات کے ساتھ بیسٹ اسکرپٹ کا ایوارڈ، بھارتیہ ودیا بھون کے اردو ہندی مراٹھی انگریزی اور سنسکرت ڈراما مقابلے میں اول انعام اور منشی ٹرافی کے علاوہ دیگر انعامات کے ساتھ بیسٹ اسکرپٹ کا ایوارڈ، انڈین نیشنل تھیٹر (آئی این ٹی) کے مراٹھی ڈراما کمپیٹیشن میں بہترین ڈراما کا تیسرے انعام اور دیگر ایوارڈ کے علاوہ بیسٹ اسکرپٹ کا ایوارڈ

● **تب تاریخ کچھ اور ہوتی...** (بھارتیہ ودیا بھون کے اردو ڈراما کمپیٹیشن میں اول انعام کے علاوہ دیگر انعامات

● **ٹھاکر کا کنواں** (ممبئی یونیورسٹی کے ڈراما فیسٹول میں بہترین اسکٹ اور اسکرپٹ کا اول انعام، ملہار ڈراما فیسٹول میں بہترین اسکٹ کا اول انعام

● **ریٹرن آف ایک لوئیہ** (ممبئی یونیورسٹی کے ڈراما فیسٹول میں بہترین اسکٹ اور اسکرپٹ کا اول انعام، ملہار ڈراما فیسٹول میں بہترین اسکٹ کا اول انعام

● **جلسہ کرو جینتی لال** (ٹرانس میڈیا کے پروفیشل ڈراما کمپیٹیشن میں بہترین ڈراما اور بہترین اسکرپٹ کا اول انعام)